여행자의
어원 사전

Found in Translation

The Unexpected Origins of Place Names

이 세계를 열 배로 즐기는 법

Found in Translation

여행자의 어원사전

덩컨 매든 지음 | 레비슨 우드 서문
고정아 옮김

윌북

한눈에 들어오는

세계지도

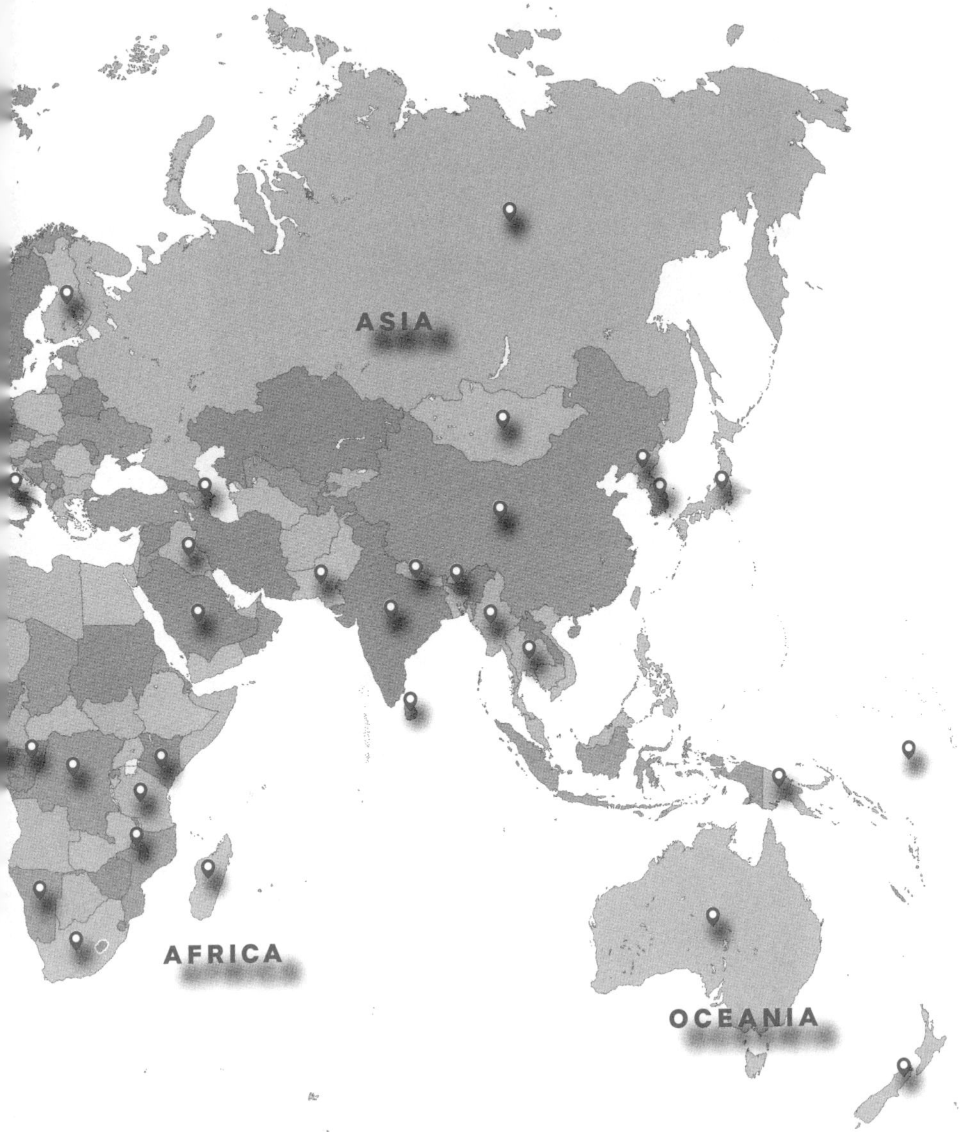

추천의 글

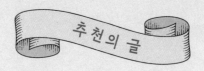

세계지도를 처음 접했을 때 신기했던 것은 알쏭달쏭한 나라 이름들이었다. '왜 이 나라의 이름은 이렇게 정해졌을까?' 이런 궁금증을 가져본 기억이 아마 모두에게 한 번쯤은 있을 것이다. 유튜브 채널 〈최준영 박사의 지구본 연구소〉를 시작하면서 여러 나라를 소개할 때 했던 노력 가운데 하나도 '왜 그런 나라 이름이 되었는가?'를 다루는 것이었다. 이름 속에는 다양한 역사와 이야기가 녹아 있다. 하지만 국내에서 매번 마음에 드는 수준의 설명이나 자료를 찾기란 쉽지 않았다. 해외에는 국경이 왜 그렇게 설정되었는지, 국기는 어떻게 결정되었는지 등 세부적인 분야를 다루는 책이 많은데, 국내에는 소개되지 않은 탓에 답답하기도, 안타깝기도 했다. 하지만 이번에 덩컨 매든의 책 『여행자의 어원 사전』을 만나면서 이 갈증은 상당 부분 해소되었다. 6개 대륙, 65개 나라를 직접 여행해온 저자가 생생하게 펼쳐나가는 나라 이름에 관한 재미있는 이야기를 따라가다 보면 '아하' 하고 감탄사를 외치는 자신의 모습을 여러 번 마주할 것이다. 세계를 바라보는 제대로 된 안경을 장만한 기분을 여러분도 느껴봤으면 좋겠다.

최준영 | 〈최준영 박사의 지구본 연구소〉 소장

일러두기

- 이 책에 언급되는 주요 인명, 지명, 국명 등은 국립국어원 외래어 표기법을 따르되 일부는 관례에 따라 소리 나는 대로 표기했다.
- 영어 이외의 언어로 쓰인 참고 자료는 원서 제목을 우리말로 옮겨 적고 원어를 병기했다.

서문

그 나라를 이해하는 가장 정확한 방법

1492년, 크리스토퍼 콜럼버스가 운명의 항해로 아메리카 대륙을 만난 이후 이른바 '신대륙'의 소식은 들불처럼 퍼져나갔다. 유럽의 수많은 군인, 상인, 선교사가 이 비옥한 개척지를 두고 흥분으로 끓어올랐다. 카리브해 섬들은 신세계New World라고만 알려진 이 지역 탐험의 기항지가 되었다. 아메리카라는 이름이 아메리고 베스푸치라는 무명 이탈리아 상인에게서 왔다는 것은 이미 잘 알려진 이야기다. 무려 두 대륙의 이름이 되었다는 것은 살짝 지나친 감이 있지만, 어쨌건 단순하고 명쾌한 설명인 것에 반해 다른 지명들은 그 뿌리가 상당히 복잡하거나 불분명하다.

1517년에는 콜럼버스의 뒤를 이어 스페인 콩키스타도르 프란시스코 에르난데스 드 코르도바가 선단을 이끌고 멕시코 해안에 상륙했다. 전설에 따르면 코르도바가 원주민에게 그곳의 이름을 묻자 주민들이 "당신이 뭐라고 말하는지 모르겠다"고 대답했는데, 그 말이 마야어로 '유카탄'과 비슷해서 탐험자들이 그곳에 유카탄Yucatan이라는 이름을 붙였다고 한다. 그 이름이 그대로 정착되었다는 것은 오늘날 칸쿤 공항을 드나드는 사람이면 모두 안다.

나는 세계를 여행하며 이야기하는 것을 직업으로 삼은 행운아다. 바쁜 현대인들은 어느샌가 목적 없이 여행을 다니고, 순간에 사로잡혀 주변을 둘러보지 못한다. 나는 직업상 방문 지역을 깊이 이해해야 해서 도보로 느리게 여행하며 멋진 사람들을 만나고, 그들이 각자의 고향에 붙인 이름의 의미를 알아내려 해왔다. 이 책은 지명 모음집인 동시에 여행 안내서이며, 우리는 덩컨 매든을 따라 역사의 타래를 훑는 시간 여행을 하게 될 것이다.

단어 하나에는 오래전에 사라진 문화, 민족 이동, 종교, 언어, 갈등, 정복, 지형, 지도자의 이야기가 담겨 있다. 어떤 이름은 단순하게 침략자의 이름을 따거나 주요 지형에서 오기도 한다. 이 계통의 멋진 사례는 오스트레일리아 북동쪽에 있는 섬, 나우루Nauru다. 이 이름은 '나는 해변에 간다'라는 뜻의 토착어 '아나오에로Anaoero'에서 왔다. 하지만 어떤 지명은 수많은 이야기와 수수께끼가 뒤얽힌 판도라의 상자다. 우리는 이런 단어들을 통해 오늘날 알고 있는 세계의 작은 역사를 추적할 수 있다.

이름의 어원을 찾는 일은 흔히 암중모색이 되고, 명백한 사실보다 신화나 전설에 빠지기도 쉽다. 내가 좋아하는 탐험가 중 한 명인 토르 헤위에르달은 고인류가 대양을 건널 능력이 있었다는 것을 증명하기 위해 1947년에 발사나무 뗏목 콘티키호로 태평양을 항해했다. 그런데 헤위에르달은 그것 말고 다른 수수께끼 하나도 증명하고자 했다. 그는 스칸디나비아 바이킹이 캅카스 지역, 특히 오늘날의 아제르바이잔에서 유래했다고 믿었다.

이 이론의 근거는 800년 된 아이슬란드 사가였다. 사가에 따르면 북유럽의 신 오딘은 '아스호브As-hov' 또는 '아세르Aser'라는 땅을 떠나 추종자들과 함께 북유럽으로 이주했다. 헤위에르달은 그곳이 오늘날의 아제르바이잔Azerbaijan이라고 주장했다. 사실 여부를 알기는 힘들겠지만 어쨌건 이 이야기는 두 나라를 이어준다. 헤위에르달은 아제르바이잔 노르웨이 친선 협회의 명예 회장이었고, 그의 주장은 두 나라의 유대 관계에 공헌했다.

오늘날은 방금 올린 글과 영상이 단 몇 시간 만에 전 세계로 퍼져나가고, 외국어는 스마트폰을 통해 순식간에 번역된다. 우리는 그 어느 때보다 긴밀하게 연결되어 있고, 세계는 점점 더 좁아지는 것 같다. 이렇게 연결된 세상에서 더 이상 새로 발견할 대륙은 없을지라도 탐험에 대한 욕망과 미지에 대한 호기심은 대발견 시대 못지않게 우리 마음속 깊이 타오르고 있다. 그런 의미에서 언어의 세계를 탐험하는 것도 미지의 대양을 항해하고 미답의 봉우리를 오르는 것만큼이나 흥미진진한 탐험이다.

매든은 오래전부터 언어의 마법을 탐구했다. 이름이라는 짧은 말이 역사 속에서 그렇게 많은 의미와 역사와 이야기를 품고 변화를 거듭했다는 사실이 놀랍지 않은가? 이 책을 읽고 나면 내가 아는 지명들이 아무렇게나 붙은 이름이 아닌, 이야기가 가득한 보물 상자라는 것을 알게 될 것이다. 길 위의 이정표나 지도 위의 지명이 새롭게 보일 수도 있다. 또 소통은 사람과 사람을 연결하기에 인류가 언어 장벽을 초월한다는 것도 알게 될 것이다.

여행에서 무엇보다 중요한 것은 호기심을 잃지 않는 것이다. 이 책은 세계를 이해하는 독특한 가이드북이다. 그리고 세계에 대한 이해는, 적어도 나에게는 여행을 하는 중요한 이유다. 이 책과 함께 여러분은 흥미로운 세계 탐험을 시작하게 될 것이다.

레비슨 우드

들어가며

알쏭달쏭한 이름의 기원을 찾아서

내가 처음 집을 떠나 여행의 길에 들어선 것은 1990년대 초였고, 그때 나는 광대한 캐나다 땅을 동부 호수들에서 서부 해안까지 왕복 횡단했다. 같은 언어를 쓰는 나라를 다니면서도 낯선 곳에 있다는 사실이 몹시 즐거웠고 지역 방언, 독특한 표현, 낯선 이름에서 크나큰 매혹과 혼란과 기쁨을 느꼈다.

캐나다의 메트로폴리스 토론토Toronto는 알고 보니 원주민 모호크족의 말 '트카론토tkaronto'에서 왔고, 나무들이 물속에 서 있는 곳이라는 뜻이었다. 내가 열아홉 살 생일을 맞은 곳인 새스커툰Saskatoon시는 다른 북아메리카 원주민 크리족의 말 '마니미사스콰탄manimisāskwatān'에서 온 것으로, 사스콰탄sāskwatān 열매가 자라는 곳이라는 뜻이다. 이 어원 이야기는 입에서 입으로 대대손손 전해졌다.

반면 밴쿠버Vancouver는 영국 탐험가 조지 밴쿠버에게서 왔다. 이 성씨의 유래는 네덜란드 지명 쿠보르던Coevorden으로, 소가 강을 건너는 곳이라는 뜻이다. 내가 별 생각 없이 쓰던 지명들이 지역과 거기 살던 사람들에 대해 그렇게 많은 이야기를 해줄 줄은 전혀 몰랐다. 그렇게 호기심이 발동한 내 앞에는 전 세계의 지명과 거기에 얽힌 이야기가 탐험과 발견을 기다리고 있었다.

오늘날 세계에는 헤아리는 방식에 따라 193개에서 215개에 이르는 나라와 영토가 있고, 그곳에는 80억 명에 가까운 사람들이 산다. 현생 인류인 호모사피엔스가 지상에 출현한 20만 년 전 이후로 이 세상에 태어난 인류의 총수는 1170억 명에 이르는 것으로 추산된다. 이 기간 동안 우리 종은 지구 곳곳에 퍼져 수많은 대륙과 섬과 바다를 차지했다. 그 과정은 쉽지 않았다. 지금 우리 앞에 있는 세계는 힘겨운 싸움으로 얻은 것이다. 수천 년에 걸친 갈등과 변화의 결과고 이주, 침략, 식민화뿐만 아니라 문화와 종교의 탄생과 죽음, 인류 전체의 꾸준한 세계화가 모두 기여했다.

우리가 이런 일을 할 수 있는 수단은 무엇보다 언어다. 때로는 실패하기도 하지만 말은 우리가 소통하고 협력하게 해주며, 이름은 우리가 맞닥뜨린 새로운 장소와 사람들을 식별하고 연결해준다. 언어는 세계 전역의 아무리 고립된 문화 속에서도 부족, 공동체, 왕국, 제국, 나라의 발달 정도와 무관하게 공통적으로 일어난 현상이다.

이 언어들에는 놀라운 유사점도 많다. 언어들에 이런 공통점이 있는 이유를 최초로 발견한 사람은 영국 학자 윌리엄 존스다. 존스는 1783년에 인도에 갔다가 그곳 문화와 역사에 매혹되어 아시아 학회를 창립하고, 몇 년 안에 산스크리트어에 대한 여러 연구를 발표해 비교언어학의 발전을 이끌었다. 그는 산스크리트어, 그리스어, 라틴어뿐만 아니라 고대 페르시아어, 켈트어, 게르만어, 프랑스어, 영어 사이의 공통점을 발견했다. 영어 mother이 산스크리트어로 matar, 라틴어로 mater, 고대 켈트어로는 mathir인 것도 그렇다. 존스는 이 언어들이 이제는 사라진 조상 언어에서 발전했다는 것을 처음으로 밝혔다. 오늘날 그 조상언어는 인도유럽어라고 한다.

인류가 열렬한 탐험으로 세계의 지리, 식물, 동물, 민족, 문화에 대한 방대한 지식을 얻어갈 때 언어는 그 정보를 기록하고, 새로운 지도를 작성하고, 우리가 아직 모르는 것이 많다는 사실을 역사상 처음으로 인정하게 해주었다. 중세가 끝나갈 때 지리학자를 비롯한 학자들은 비로소 지도를 그릴 때 태동하는 신세계의 모르는 장소들을 빈 공간으로 남겨두기 시작했다. 인류 역사에서 늘 그랬듯 저돌적인 탐험가, 모험가, 상인, 군주는 이런 빈 공간에 자극받아 그곳에 새로운 이름과 이야기를 채워 넣으러 달려갔다. 특히 15세기와 16세기에 기술이 발전하면서 이런 열망을 실현할 수 있게 되자, 유럽의 수많은 원정대가 지구 거의 대부분 지역을 지도로 작성해 최초의 전 세계 무역망을 건설했고, 인류는 고립된 민족과 문화의 집단을 벗어나 통합된 단일 사회로 변모했다.

언어에는 변덕과 모순과 기벽이 가득하지만 그럼에도 제멋대로 발전한 것은 아니다. 대륙, 나라, 도시의 경우 거의 모든 이름에 의미와 이야기가 있고, 그 이야기는 상당수가 장소 자체, 그러니까 그곳의 지형, 역사, 수호신, 과거에 살았거나 현재 살고 있는 민족의 이야기다. 우리는 이 여행에서 각 대륙의 65개국을 방문해 국명의 어원이 무엇이고 역사 속에서 의미가 어떻게 변했는지를 탐구하고, 그 이름들이 오늘날의 지도에 자리 잡게 된 경위를 알아볼 것이다.

그 길에서 우리는 어원학이 정밀과학이 아니라는 것을 알게 될 것이다. 살아 있는 모든 것이 그렇듯 언어는 성장하고, 발전하고, 세월 속에서 변화하며 때로는 형태를 알아볼 수 없이 흡수된다. 오늘날 세계에는 7000여개의 언어가 있다고 추산되지만, 그중 화자가 1000명 미만인 언어가 40퍼센트이며 세계 인구 절반 이상이 단 스물세 개 언어의 화자다.

역사적으로 인류가 사용한 언어들(언어학자들은 3만 1000개가 넘는다고 추정한다)의 대부분은 오래전에 사라져서 역사책 속에만 남아 있거나, 문자가 없는 많은 언어의 경우에는 그런 흔적조차 남기지 못했다. 짐작할 수 있겠지만 이런 이유 때문에 어원 탐구는 끈기, 해석, 심지어 정황에 근거한 추정 작업일 뿐 만족스러운 결과를 보장하지는 않는다.

하지만 덕분에 역사적 오류, 오해, 우연, 논리를 초월한 믿음을 요구하는 인간에 대한 학문이 되기도 한다. 대부분의 지역은 어원에 대한 설이 두 개 이상이고, 셀 수 없이 많은 곳도 적지 않다. 나는 나라마다 가장 가능성 높고 흥미로운 설들로 균형을 맞추었고, 무엇을 믿을지에 대한 판단은 독자의 몫으로 남겨놓았다.

어원 여행을 하다 보면 거의 모든 국명의 어원이 네 갈래 중 하나에 해당한다는 것을 알게 된다. 의미보다는 그 나라의 탄생과 발전에 영향을 미친 요소들로, ①주요 지형(예: 아이티. '높은 산들의 나라'), ②위치나 방향(예: 일본. 중국의 동쪽에 있어서 '해가 뜨는 나라'), ③민족(예: 프랑스. 게르만족의 일파인 프랑크족에서 유래), ④유명하거나 중요한 인물(예: 아메리카. 이탈리아 탐험가 아메리고 베스푸치에서 유래)이 그것이다.

그리고 오해와 착각이 놀라울 만큼(어쩌면 놀랍지 않을 수도 있지만) 큰 역할을 한다. 역사 속에서 이런 일은 너무도 흔하며, 크리스토퍼 콜럼버스나 마르코 폴로 같은 유명 탐험가도 예외는 아니다. 탐험가와 원주민 사이의 의사소통 문제에서 비롯된 경우도 있고(예: 세네갈 국명은 오해로 인해 카누에서 비롯되었다), 지도를 잘못 읽어서 생긴 경우도 있다(예: 마다가스카르섬은 마르코 폴로가 모가디슈 항구로 착각하고 붙인 이름이다). 이런 것이 모두 지명과 그 의미 탐색을 어렵게 만드는 요소다.

본격적으로 들어가기 전에 어원학을 처음 접하는 사람들을 위해 이 책에서 계속 마주칠 단어 몇 가지를 소개하겠다. 타칭명exonym이라는 말은 어느 지역에 대해 외국인이 붙인 이름을 가리킨다. exonym은 이름을 뜻하는 그리스어 ónoma에 외부를 뜻하는 접두사 éxō가 결합된 말로, 외부 이름이라는 뜻이다. 반면 자칭명endonym은 원주민들이 쓰는 지명을 가리킨다. endonym의 접두사 éndon이 내부라는 뜻이기 때문이다. 독일의 경우를 예로 들면 Deutschland는 독일인이 쓰는 자칭명이고, 영어 Germany는 타칭명이라 할 수 있다.

앞으로 거듭해서 보겠지만 일부 지명은 어떤 문화나 제국이 사라진 뒤에도 세상에 남긴 강력한 흔적을 보여준다. 단어의 끝부분인 접미사가 그런 표지 중 하나로, 라틴어 -ia는 오스트레일리아Australia, 몽골리아Mongolia, 볼리비아Bolivia, 나미비아Namibia 등 수많은 나라 이름에 등장한다. 비슷하게 페르시아어 -stan은 아프가니스탄Afghanistan, 우즈베키스탄Uzbekistan 등 모두 일곱 나라의 국명에 쓰인다. -ia와 -stan 모두 '~의 나라'라는 뜻으로, 이 지명들은 '몽골족의 나라' 또는 '우즈베크족의 나라' 같은 뜻이다.

언어학의 몇 가지 기초를 파악하고 출발하기 전에 꼭 알아두어야 할 것 하나는 이름은 때로 위험하다는 것이다. 어느 지역과 주민에 대한 근거 없는 선입견을 담고 있는 이름도 있기 때문이다. 아마 이 책에서도 오늘날의 정서와 맞지 않는 이야기와 이름을 많이 만나게 될 것이다.

불교 철학자 다르마키르티는 말했다. "이름은 막대기와 같다.

막대기는 스스로 때리지 않고 그것을 휘두르는 사람의 뜻에 따른다. 이름은 스스로 대상에게 적용되지 않는다. 쓰는 이의 마음을 따를 뿐이다." 이름은 관습적인 지칭일 뿐 거기에 객관성을 부여해서도, 표지 기능을 넘어서는 불변의 의미를 부여해서도 안 된다는 것이다.

하지만 이런 관점은 조금 나중이다. 이름은 우리가 과거를 바라보는 창문이고, 그것이 변할 수 있다는 사실 자체가 인류의 진보를 기록하는 서사로서 흥미 요소다. 언어는 계속 변화하고 발전할 것이며 그에 따라 새로운 이름이 생겨나고 옛 이름은 사람들 입에서 사라지겠지만, 당시 사람들의 표현이 갖는 의의는 어원과 의미에 영원히 남을 것이다.

덩컨 매든

목차

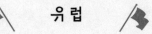

아프리카

아시아

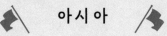

오세아니아

북아메리카

캐나다	Canada
아메리카합중국	United States of America
멕시코	Mexico
과테말라	Guatemala
벨리즈	Belize
코스타리카	Costa Rica
파나마	Panama
쿠바	Cuba
아이티	Haiti

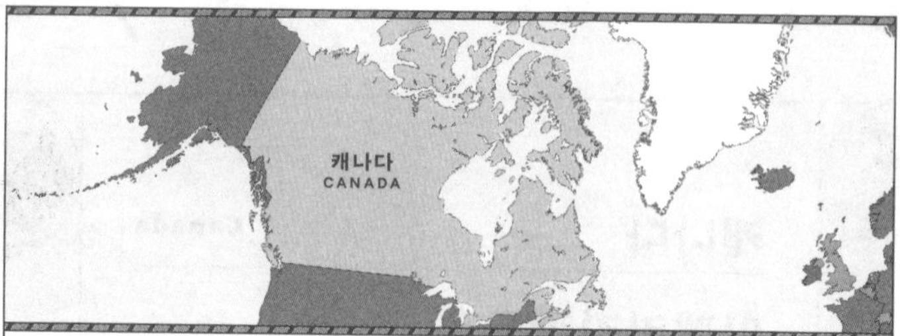

캐나다

Canada

Kanata

우리 '마을'에 오신 것을 환영합니다

언어적 아이러니의 멋진 사례를 찾는다면 국토 면적이 세계 2위인 나라로 눈을 돌려 그 이름의 뜻을 알아보는 게 최고다. 면적 9,984,670제곱킬로미터, 인구 3800만 명에 가까운 캐나다를 마을이라 부르는 것은 그다지 적절하지 않아 보이기 때문이다.

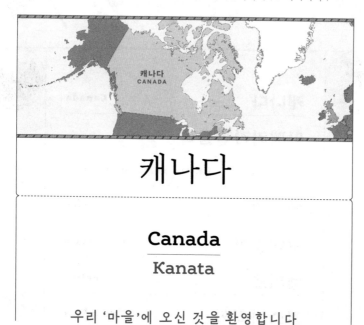

물론 이 아이러니는 어원에서 비롯된 말장난보다는 재미난 우연에 가깝다. 캐나다의 현재 이름은 16세기 중반에 생겨났는데, 이때 캐나다는 지금처럼 아메리카 대륙 꼭대기에 얼음 왕관처럼 얹혀

서 그 뿔을 북극권으로 깊이 뻗어 올린 땅이 아니었다. 이 이름은 어원학에서 드물게도 명명 관련 상황이 명확한 경우다. 1535년에 프랑스 탐험가 자크 카르티에가 오늘날의 캐나다를 프랑스령으로 선포하면서 캐나다라는 이름을 붙였기 때문이다. 하지만 거기까지 가는 과정을 먼저 봐야 한다.

그보다 일 년 전, 프랑스 국왕 프랑수아 1세는 카르티에에게 아시아로 가는 서쪽 항로를 찾아 금과 여타 귀한 물품이 가득하다는 섬과 땅들을 발견하라는 임무를 맡겼다. 카르티에는 임무에 따라 프랑스를 떠나 서쪽으로 항해했는데, 20일도 지나지 않아 아시아 대신 북아메리카 동부 해안의 뉴펀들랜드섬에 닿았다.

카르티에는 세인트로렌스만을 가볍게 탐험하고, 몇몇 토착 부족과 약간의 교역을 하고, 전형적인 탐험가 방식으로 처음 보는 야생동물들을 잔혹하게 사냥한 뒤(이때 펭귄의 일종인 큰바다쇠오리 수백 마리가 희생되었고 곧 멸종했다) 자신이 아시아에 닿았다고 믿었다. 그래서 가스페만 해변에 10미터 높이 십자가를 세우고 그 땅을 프랑스 영토로 선언했다.

그리고 여기서 세인트로렌스 이로쿼이족을 만났다. 그들은 오늘날의 퀘벡과 온타리오주를 흐르는 세인트로렌스 강변에서 회합했다. 그러다 이로쿼이 족장 도나코나가 그들의 의도를 알고 카르티에를 냉대하자, 카르티에는 족장의 두 아들을 프랑스로 납치해가면서 나중에 무사히 데려올 것이며 교역할 물품도 가지고 돌아오겠다고 했다.

그다음 해 카르티에는 세 척의 배에 100명이 넘는 남성을 태우고 세인트로렌스만으로 돌아와 도나코나의 마을에 갔다. 이로쿼이족은 휴런-이로쿼이어 방언으로 자신들이 사는 곳을 '카나타kanata'라 불렀고, 그것이 캐나다의 이름으로 이어졌다.

캐나다 민담에 따르면 카르티에가 휴런-이로쿼이어에 능숙하지 않아서 마을과 거주지를 뜻하는 kanata를 원주민의 마을 이름으로 착각했다고 한다. 오늘날의 퀘벡이자 이로쿼이족의 수도였던 그 마을의 실제 이름은 '스타다코나'다. 어쨌건 그 이름은 철자가 Canada로 바뀌어 뿌리를 내렸고, 이후 스타다코나뿐만 아니라 세인트로렌스강을 포함해 도나코나가 다스리는 지역 전체를 가리키다가, 곧 세인트로렌스강과 오대호 북쪽 전체로 범위를 넓혔다. 이렇게 해서 뉴프랑스라는 광대한 북아메리카 황야 지대의 한 작은 식민지가 Canada가 되고 그 주민은 Canadien이 되었다. ◁ 영어로 Canadien은 프랑스 후손인 캐나다인만을 가리키는 옛말이고, 그냥 캐나다인은 Canadian이다.

카르티에는 이런 사실과 자신의 모험담을 담아 1545년에 『1535년과 1536년에 실행한 항해에 대한 짧은 이야기와 간략한 서술Bref récit et succincte narration de la navigation faite en MDXXXV et MDXXXVI』이라는 귀에 쏙 꽂히는 제목의 책(물론 짧지도 간략하지도 않다)을 냈다. 장황한 제목에도 불구하고 이 책은 꽤 인기였는데, 신기한 모험담 때문이기도 하지만 그보다는 이 책에 속설이 전하는 어원에 대한 역사적 반론이 나오기 때문이다.

카르티에는 자신은 처음부터 kanata의 진정한 의미를 알았다고 했으며("그들은 마을을 canada라고 부른다"고 썼다), 실제로 그 지역을 '마을들의 나라'라는 뜻의 Le pays de Canadas라고 불렀다. 이 사소하면서도 중대한 이야기가 맞다면 카르티에는 이름을 착각한 적이 없을 뿐만 아니라 이 이름이 수용되거나 해석되는 과정과도 별 관련이 없어 보인다!

본래의 이야기로 돌아오면, 북아메리카는 풍부한 천연자원으로 개발 욕망을 부추기는 대륙이었다. 이 거대한 미개척지에는 용감하고 모험적이고 무모한 사람들이 인생을 새로 열거나 비참하게 마감할 가능성이 가득했다. 탐험가, 모피 사냥꾼, 채굴꾼이 쏟아져 들어와 서쪽과 남쪽으로 영토를 개척해나갔고, 그 과정에서 오늘날 캐나다의 국경이 계속 확장되었다. 18세기 초에는 이 이름이 미국 중서부 지역과 남부의 루이지애나까지를 포함하는 프랑스령 전체를 가리키게 되었다.

다른 이름은 없었을까?

캐나다 연방 창건을 앞두고 캐나다 말고도 많은 이름이 국명 후보에 올랐다. 알비오노라, 보레알리아, 에피스가Efisga(**E**ngland, **F**rance, **I**reland, **S**cotland, **G**ermany, **A**boriginal land의 첫 글자로 이루어진 괴조합), 투포니아(북아메리카를 뜻하는 **T**he **U**nited **P**rovinces **o**f **N**orth **A**merican의 첫 글자로 이루어진 괴조합), 호첼라가, 슈페리어, 트랜스애틀란티아 등등이 그것이다.

하지만 정치인이자 기자로 활약한 다재다능한 인물 토머스 다시 맥기가 이 움직임에 제동을 걸었다. 그는 연방 탄생 2년 전인 1865년에 이렇게 말했다. "한 신문에서 여남은 개의 국명 후보를 보았습니다. 어떤 사람은 투포니아를 고르고 어떤 사람은 호첼라가가 새 나라의 국명으로 적절하다고 합니다. 저는 존경하는 하원 의원님들께 묻고 싶습니다. 의원님이 어느 맑고 밝은 날 아침 잠에서 깨었는데, 이제부터는 캐나다인이 아니라 투포니아인이나 호첼라가인이라고 한다면 어떤 느낌이 들 것 같으신가요?"

영토가 이렇게 급속히 팽창했지만 캐나다라는 이름이 공식적으로 쓰인 것은 1791년에 퀘벡 지방이 두 개의 영국 식민지인 어퍼Upper 캐나다와 로어Lower 캐나다로 분리되면서였다. 두 지역은 50년 뒤에야 통일되어 캐나다의 한 주가 되었다. 1867년 7월 1일에는 온타리오, 퀘벡, 뉴브런스윅, 노바스코샤 네 개의 주로 이루어진 공식 캐나다 자치령이 태어났다. 오늘날 열 개의 주와 세 개의 준주로 이루어진 이 광대한 나라는 세계에 재미난 이름을 여럿 선물했다. 감자튀김에 치즈와 소스를 얹은 음식인 푸틴, 개 품종 이름 뉴펀들랜드와 래브라도가 그것이다.

아메리카합중국

United States of America

Amerigo Vespucci

베스푸티아합중국이 될 수도 있었다?

캐나다와 아메리카합중국 사이의 국경은 세계 최장의 국경으로, 길이가 8800킬로미터가 넘는다. 이 국경은 전쟁이나 분쟁이 드물어 세계적으로 평화로운 국경이지만(물론 다툼이 아예 없지는 않았다) 여기에도 나름의 재미난 사연이 있다.

당연히 첫째는 국경이 두 개라는 것이다. 하나는 캐나다 남부가 미국 본토와 만나는 부분이고, 또 하나는 캐나다 서부와 미국의 북극권 월경지 알래스카주가 만나는 부분이다. 둘째는 이곳이 국경임을 확실히 하기 위해 두 나라가 태평양에서 대서양에 이르는 기나긴 국경 전체에 6미터 폭의 공간을 깨끗이 비워놓았다는 것이다. '슬래시'라는 별명이 붙은 이 공간은 너무도 선명해서 인공위성에서도 보이고 현대 지도에도 명확히 표시된다. 두 나라가 몇백 년 동안 지역과 주별로 계속 새로운 협정을 맺어가며 국경은 많은 중대한 변화를 겪었다. 그러다 1818년 조약에 따라 오늘날 우리가 아는, 대체로 북위 49도선과 나란한 직선 형태로(전체가 직선은 아니다) 정착했다.

이 시절 캐나다는 아직 공식적으로 캐나다가 아니었지만 아메리카라는 이름은 이미 널리 쓰이고 있었다. 아메리카는 오늘날 아메리카의 출생증명서라고도 불리는 1507년의 세계지도에 처음 등장하는데, 이때는 남아메리카 대륙을 가리키는 말이었다. 이 지도를 작성한 독일의 지리학자이자 지도 제작자 마르틴 발트제뮐러는 이탈리아의 탐험가 아메리고 베스푸치의 이름을 라틴어화해 이 이름을 만들었다.

아메리고 베스푸치는 1501년에 아시아의 동해안을 찾아 항해에 나섰다가 자신이(그리고 콜럼버스 같은 그에 앞선 탐험가들이) 발견한 땅이 아시아가 아니고 완전히 새로운 대륙이라는 설을 제기했다. 발트제뮐러는 이렇게 썼다. "이 지역의 이름을 이 대륙을 발견한 아메리고의 이름을 따서 아메리카라고 부르는 것을 정당한 이유로 반대할 사람이 있을지 모르겠다." 당시로서는 대담했던 이 주장과 뒤이은 자기 홍보 덕분에 아메리고는 세계 일곱 대륙 중 두 개의 대륙에 자기 이름을 새겨넣을 수 있었다.

발트제뮐러의 지도는 큰 인기를 끌어 유럽 전역에서 수천 부가 팔렸다. 그러자 1538년에는 멋진 이름을 가진 플랑드르의 지도 제작자 헤르하르뒤스 메르카토르(메르카토르도법의 그 메르카토르다)가 발트제뮐러를 뒤따라 새로운 세계지도를 제작하면서 한 걸음 더 나아가 남쪽과 북쪽 대륙 모두, 그러니까 서반구 전체를 아메리카라고 명명했다. 한 걸음이라기에는 엄청나게 큰 한 걸음이었지만 어쨌건 그렇게 해서 두 대륙의 이름이 태어났다. 아메리고Amerigo라는 이름은 게르만어 계열 고딕어로 작업용 자를 뜻하는 '아말리히Amalrich'에서 왔다. 오늘날 여기 해당하는 이름은 '에머리히Emmerich'로, 영화감독 롤런드 에머리히가 그 예다. 그가 감독한 재난 영화 〈인디펜던스 데이〉는 우연히도 미국이 독립해서 새로운 이름을 선포한 날에 관한 이야기다! 같은 어원을 가진 이름이 200년이 넘는 시간을 사이에 두고 멋지게 만난 순간이다.

메르카토르도법의 문제

메르카토르도법은 지구를 원통형으로 가정해서 만든 지도다. 이 지도는 북쪽을 위쪽으로, 남쪽을 아래쪽으로 해서 각 지역의 방향과 모양을 정확히 표현했기 때문에 수백 년 동안 항해의 표준 지도로 쓰였다. 그러나 이 지도는 적도에서 멀어질수록 나라의 크기가 크게 부풀려진다는 단점이 있다.

이 지도는 현대 세계가 태동하던 시절에 사람들의 세계관에 큰 영향을 미쳤다고 여겨진다. 즉 메르카토르도법에서 면적이 부푼 나라들은 그렇지 않은 나라들보다 중요해 보였다는 것이다. 이 도법의 최대 수혜자는 어디일까? 바로 미국, 러시아, 영국을 포함한 유럽 열강이다. 이런 근거 없는 국가적 자부심을 부추길 우려 때문에 오늘날의 지도는 메르카토르도법을 잘 사용하지 않는다. 특히 적도에서 먼 지역을 나타날 때는 더욱 그렇다.

그런데 발트제뮐러는 왜 베스푸치가 아니고 아메리고를 선택했을까? 그것은 아주 개인적인 취향 때문인데, 심지어 그가 경칭과 친칭을 엄격하게 구별하는 독일인이라는 점을 생각하면 더욱 그렇다. 답은 단순하다. 아메리고가 베스푸치보다 라틴어화하기 쉬웠기 때문이다. 베스푸치를 라틴어식으로 바꾸면 '베스푸셔스'고, 여기서 나올 이름은 '베스푸티아' 정도였기 때문에 발트제뮐러는 아메리고를 선택했다. 그러니까 미국은 어쩌면 '베스푸티아합중국'이 될 수도 있었다.

하지만 알다시피 아메리카는 정식 이름의 일부일 뿐이다. 아메리카합중국이라는 공식 명칭을 사용한 가장 오래된 기록은 1776년 1월 2일, 보스턴 포위전 당시 스티븐 모일런이라는 아일랜드인이 조지 워싱턴의 참모인 조지프 리드 대령에게 보낸 편지다. "저는 아메리카합중국의 완전하고 강력한 힘을 스페인으로 가져가고 싶습니다." 이 편지는 미국독립전쟁에 외국의 지원을 받자고 제안하는 내용이었다.

이 사례는 커티스 퍼트넘 네틀스가 1951년에 발간한 『조지 워싱턴과 미국 독립George Washington and American Independence』에서 처음 보고되었는데, 연구자들은 일개 군 비서에 불과한 모일런이 상관인 워싱턴의 승인 없이 그런 용어를 쓸 수는 없었을 테니, 미국에 이 공식 명칭을 처음으로 부여한 사람은 다름 아닌 조지 워싱턴일 것이라 추측하고 있다.

모일런의 편지 이후 합중국이라는 용어는 대륙회의 사람들의 편지에 수차례 등장하고, 같은 해에 몇몇 간행물(윌리엄스버그의 《버지니아 가제트》 4월 6일 자, 《펜실베이니아 이브닝 포스트》 6월 29일 자)에도 나타나다 마침내 독립선언서에서 "1776년 7월 4일 아메리카합중국의 대표들이 전체 회의에서"라는 문구로 확정되었다.

오늘날 아메리카합중국은 United States, US, USA, US of A 등 다양한 약어로 쓰이지만, 이 나라가 세계 1강임을 가장 잘 보여주는 사실은 그냥 아메리카라고만 불릴 때가 가장 많다는 것이다. 독일인이 이탈리아인의 이름을 따서 지은 이 지명이 실제로는 나라가 아닌 대륙, 그것도 두 개의 대륙을 가리키는 데도 말이다.

멕시코

Mexico

Mēxihco

달의 배꼽에 있는 나라

아메리고가 아메리카에 미친 영향력을 뒤로 하고, 우리는 수많은 갈등과 사연을 담은 미국의 남쪽 국경을 넘어 멕시코로 간다. 북아메리카에서 국토 면적 3위인 멕시코는 1821년에 스페인에게서 독립했으며 처음부터 멕시코는 아니었다. 명확한 사실도 많지만 환상적이고 의심스러운 전설도 가득한, 역사와 수수께끼의 나라 멕시코의 특징을 그 이름의 유래만큼 잘 담고 있는 것도 없다.

Mexico 발음은 기원을 추적할 때 중요한 역할을 한다(멕시코는 영어식 발음이며 멕시코인이 쓰는 스페인어로는 '메히코'다). 이 이름은 고전 나와틀어 Mēxihco가 스페인어를 거쳐 만들어진 것이다. 여기서 e 위의 대시(-)는 두 배로 길게 발음하라는 뜻이고, x는 '시sh' 소리이며, h는 성문폐쇄음(우리말 '아야!' 할 때의 '아' 또는 영어 'uh-oh'에서 들을 수 있는 소리. 'ㄲ'와 살짝 비슷하다—옮긴이)이다. 이런 음성적 차이는 중요하다. 헨젤과 그레텔의 빵 조각처럼 우리가 올바른 유래를 찾고 잘못된 것들을 배제하게 도와주는 실마리이기 때문이다.

출발점은 14세기 멕시코(물론 그때는 멕시코라는 이름이 아니었다)로, 당시 그곳은 오늘날의 아즈텍 제국이자 스페인 침공 이전의 중앙아메리카와 멕시코 남부 지역이기도 한 메소아메리카에서 다인종 사회를 이루어 번성하고 있었다. 이 지역에 약 1세기 전에 처음 나타난 아즈텍인은 신화적 고향 아즈틀란에서 남하하여 아즈텍 삼각동맹을 이루는 세 개의 도시국가를 세웠다. 오늘날 아즈텍이라는 말은 주로 멕시코 계곡에 세운 가장 큰 도시국가 '메시코 테노치티틀란'을 본거지로 해서 1428년부터 거의 1세기 동안 아즈텍 제국을 다스린 사람들을 가리킬 때 쓴다.

아즈텍인은 멕시코 계곡을 그들의 나와틀어로 '아나왁Anahuac'이라 불렀다. 현대적으로 해석하면 물 근처, 물에 둘러싸인 땅이라는 뜻인데, 거기 다섯 개의 호수가 서로 연결되어 있던 것을 생각하면 자연스러운 명명이다. 그중 가장 큰 호수인 텍스코코호에는 1325년에 아즈텍인들이 메시코 테노치티틀란을 건설한 섬이 있다. 그들은 스스로를 '메시카Mēxihcah' 또는 '테노치카Tenōchcah'라고 불렀는데, 이것은 이전의 이름 '메시틴Mexihtin'의 변형이었다.

이렇게 '메시Mex-'로 시작하는 비슷한 말이 많다 보니 나와틀어의 메시코가 메시틴의 나라라는 뜻이고, 여기서 멕시코가 왔다는 널리 알려진 설로 자연스레 이어진다. 간단하지 않은가? 그런데 Mēxihco의 ē 위에 있는 짧은 선 때문에 언어학과 발음 문제가 개입하면 맑았던 물이 혼탁해지고 만다.

멕시코계 미국인 작가이자 번역가이자 텍사스 리오그란데밸리 대학교 나와틀어 교사인 데이비드 볼스는 Mēxihco의 장모음 ē가 통상적으로는 Mexihtin의 단모음 e에서 비롯되지 않는다며, 아즈텍인들이 "일종의 민간어원을 믿게 되었다"고 말한다. 민간어원이란 단어의 기원을 잘 모르는 사람들이 어원을 잘못 짐작하는 일이다. 그러면 결론이 무엇일까? 물론 이 가능성도 배제하면 안 되지만 다른, 어쩌면 좀 더 창의적인 해석도 탐색해볼 필요가 있다. 그런 다음 공통점을 찾고 발음 문제를 해결해보자.

먼저 널리 알려진 설 하나로 시작해보자. Mēxihco는 나와틀어로 달을 뜻하는 mētztli와 배꼽을 뜻하는 xīctli가 결합된 말에 장소를 뜻하는 접미사 -co가 붙어 Mētzxīcco 비슷한 것이 되었다가 생겨난 이름이라는 설이다. 오늘날의 멕시코시티인 메시코 테노치티틀란의 위치가 텍스코코 호수 안의 섬이었다는 사실은 이 설에 상당한 무게를 실어준다. 이 호수는 많은 지역 주민에게 Mētztli īāpan, 즉 달의 호수라고도 불린다. 그렇다면 결론이 어떻게 될까? 무언가의 중심점을 배꼽이라고 불렀다고 가정하면 Mētztli īāpan īxīc는 '달 호수의 배꼽의 장소'라는 결론이 나온다. 여기에 번역이 허용하는 창의적 변형을 더하면, 약간 우스꽝스럽지만 귀여운 '달의 배꼽에 있는 나라'라는 뜻이 된다.

하지만 어원학의 전설이 다시 한번 마법을 깰지 모른다. 미국의 언어학자 프랜시스 카터넌은『나와틀어 분석 사전An Analytical Dictionary of Nahuatl』에서 이 유래에 의문을 제기한다. Mēxihco의 다른 모음 길이 때문에 가능성이 없다는 것이다. 이 단어의 단모음 i는 Mētzxīcco의 장모음 ī와 다르고, 후자에는 성문폐쇄음 h가 없기 때문이다. 이 논리는 가장 아메리카적인 식물 아가베가 등장하는 다음 이론도 반박한다. 아가베는 감미료와 테킬라 등을 만드는 재료이며 나와틀어로 metl이다. 여기에 īxīc과 접미사 -co를 더하면 '아가베의 배꼽 안' 정도가 나온다. 이 역시 재밌지만 역사가들을 사로잡기에는 부족하다.

그러면 이제 마지막 설로 가보자. 이 설은 Mēxihcah의 수호신이자 전쟁의 신인, 까다로운 발음의 위칠로포치틀리와 관련이 있다. 전설에 따르면 그에게는 몇 개의 비밀 이름이 있었고, Mexi나 Mēxihtli도 거기 속했다. 그러니까 이 설에 따르면 멕시코는 Mēxihtli의 나라, 전쟁의 신의 나라에서 유래했을 수도 있다. 최고의 신의 이름을 나라 이름으로 삼는 것은 그다지 특이한 일이 아니다. 특히 용맹함과 신의 도움을 자랑하고 싶어 하는 전투 민족이라면 말이다. 이 단순한 설명은 다른 유래들처럼 언어학적 문제를 일으키지 않아 강력한 후보가 된다.

1521년, 메시코 테노치티틀란으로 밀려든 스페인 콩키스타도르들은 본래 도시의 모습을 별로 남겨두지 않았다. 그런 뒤 3년 동안 이곳을 스페인 스타일로 재건하며 누에바 에스파냐 부왕령의 수도로 지정했고(누에바 에스파냐는 오늘날의 멕시코보다 훨씬 영토가 넓었다), 1583년에 '시우다드 데 메히코', 즉 멕시코시로 개명했다. 여기에 1세기 전 아즈텍 삼각동맹의 제국 개혁을 더해보자. 이때 이미 본래의 메시카 역사는 대부분 파괴되고 아즈텍 제국의 일부로 재가공되었기 때문에 오늘날 우리에게 남은 것은 수백 년 동안의 온갖 해석으로 뒤틀린 신뢰할 수 없는 가능성의 잡탕이다. 확실하게 말할 수 있는 것은 멕시코 어원과 관련된 설들 가운데 확실한 게 아무것도 없다는 것뿐이다. 그리고 아마 앞으로도 계속 그럴 것 같다.

나와틀어에서 온 말들

나와틀어는 아직도 150만 명가량의 화자가 있는 멕시코 최대의 토착어다. 나와틀어에서 영어로 들어온 어휘가 상당히 많은데, 특히 과일과 채소 쪽이 그렇다. 토마토를 가리키는 나와틀어 '토마틀'의 본래 뜻은 '뚱뚱한 물'이다. 배꼽에 대한 집착에 걸맞게 아즈텍은 '시토마틀', 즉 '배꼽이 있는 뚱뚱한 것'이라는 신종도 재배했다. 아보카도는 인류가 기원전 1만 년 전부터 먹었지만 그 이름은 나와틀어 '아와카틀'에서 왔다. 속설에 따르면 이것은 생긴 모양 때문에 고환이라는 뜻도 가지고 있으며 이에 따른 합리적인 반론도 있다. 전설 중에는 아즈텍인들이 아보카도의 성욕 촉진 기능을 우려한 탓에 수확철이면 젊은 여자들이 밖에 다니지 못하게 했다는 이야기도 있다.

과테말라

Guatemala

Cuauhtēmallān

나무가 너무 많아 숲을 볼 수 없는

북아메리카 대륙이 남쪽으로 내려가면 폭이 좁아져 중앙아메리카 지협이 되는데, 여기에 다음번 목적지인 과테말라가 나온다. 그리고 남북아메리카의 수많은 지역과 나라가 그렇듯 과테말라의 이야기에도 스페인이 큰 역할을 한다. 이것은 정복과 식민지 건설, 자연의 신비와 재해, 문화적 흡수의 이야기다.

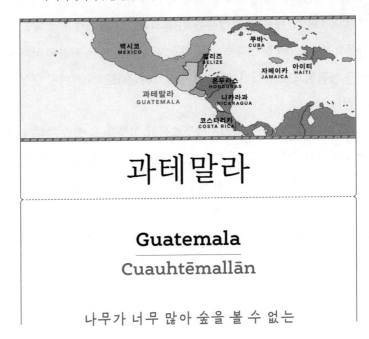

과테말라에 가본 사람이라면 왜 2만 년 전부터 이곳에 사람들이 다양한 방식으로 고원과 저지대를 누비며 살았는지 알 것이다. 까

마득한 수렵 채집 시대부터 마야문명이 꽃핀 메소아메리카 전성기까지, 과테말라는 항상 놀라운 생물 다양성 속에 인류가 함께 번성한 곳이다. 1519년에 신대륙 정복을 위해 과테말라에 몰려든 스페인 사람들도 이 사실에 상당히 놀랐다. 오늘날 우리가 아는 이름인 과테말라가 본격적으로 나타난 것도 이 시절이지만 과정은 그다지 분명하지 않다.

그 이유는 교활한 콩키스타도르들이 정복을 홀로 수행하지 않았기 때문이다. 자신들 앞에 놓인 막대한 과제와 거기 따라오는 알 수도, 상상할 수도 없는 위험 때문에 그들은 오늘날 멕시코 지역의 토착 부족 틀락스칼텍족과 어색한 동맹을 맺고, 그 도움으로 풍요롭지만 통행 자체가 어렵던 이 지역을 식민지로 만들었다. 틀락스칼텍족은 당시 멕시코의 많은 토착 인종 집단과 마찬가지로 나와틀어를 썼다(다른 언어도 사용했다). 나와틀어는 앞에서 보았듯이 멕시코 국명의 기원이 된 언어라 이 언어에서 과테말라라는 이름이 기원한 것도 자연스럽다.

스페인 사람들은 이 지역에 오고 얼마 지나지 않아 마야의 한 마을에 최초의 수도를 건설했는데, 그들을 도와준 틀락스칼텍족은 그곳을 콰우테말란이라 불렀다. 콰우테말란은 나와틀어로 나무가 많은 땅이라는 뜻이다. 이는 같은 뜻이거나 많은 나무라는 뜻을 가진 마야 원주민 키체족의 언어에서 온 것으로 보인다. 나와틀어 발음이 스페인 콩키스타도르들의 혀에 붙지 않는 탓에 콰우테말란은 조금 더 편한 과테말라가 되었고, 스페인 사람들은 이것을 가지고 장황한 새 이름을 만들었다. 이름하여 '산티아고 데 로스 카바예로스 데 과테말라Santiago de los Caballeros de Guatemala'로, 과테말라 기사단의 성

제임스라는 뜻이다. 이후 이 이름이 지역 전체를 가리키게 되었고 마침내 오늘날 우리가 아는 국명이 되었다.

과테말라라는 이름이 매우 적절하다는 증거는 자연에 차고 넘친다. 당시 과테말라는 수목이 울창하다는 표현으로도 부족한 수준이었다. 오늘날에도 이 나라는 현대인의 무시무시한 벌목 사랑이 실현 중임에도 국토의 3분의 1이 울창한 삼림에 덮여 있다. 그러니 몇백 년 전의 산업화 이전 시기로 거슬러 올라가면 나무는 정말 많았을 것이다.

그러나 다른 주장을 하는 민족사학자들도 있다. 언어라는 것의 복잡함, 세월의 변덕, 언어의 역사에서 무언가를 확신하기는 어렵다는 점을 생각하면 그들의 주장도 무시할 수만은 없다. 나와틀어로 나무를 뜻하는 cuāhtli와 독수리를 뜻하는 cuahuitl을 예로 들어보자. 두 단어의 차이를 알아채기까지 양쪽을 몇 번 왕복했는가? 적어도 두 번 이상일 것이다.

이 이야기를 꺼내는 데는 여러분의 뇌세포를 운동시키는 것 말고도 어원과 관련된 이유가 있다. 스페인이 점령해 수도 콰우테말란으로 삼은 마을로 잠시 돌아가보면, 그곳의 본래 마야 이름은 '이심체'였다. 과테말라와 전혀 달라 보이지만 마야인, 정확히 마야인 중 카크치켈족에게 이심체가 역시 수도로서 엘리트 군대의 기지였다는 걸 생각하면 퍼즐이 맞는다. 그 군대는 독수리 전사단이라는 멋진 이름을 가지고 있다!

여기서 콰우테말란(그리고 그 연장선상에 있는 과테말라)의 뜻이 독수리의 땅이라는 그럴듯한 설이 나온다. 증명까지는 아니라도 이 설을 뒷받침해주는 것은 천에 그린 16세기 그림지도 '콰우퀘촐란 범포'다. 이 그림지도는 나와-스페인 동맹이 만든 것으로, 과테말라 정복 과정을 묘사하고 있으며 2004년에 네덜란드 고고학자 플로리네 아셀베르흐스가 『정복당한 콩키스타도르Conquered Conquistadors』라는 명저에서 그 내용을 해독했다. 그림지도의 화려하고 어지러운 장면들은 콰우테말란과 콩키스타도르에 대항하는 독수리 전사들을 묘사한 것이라고 한다.

해피밀의 원조는 과테말라?

과테말라 이야기 중 갑자기 어린이들이 사랑하는 맥도널드 해피밀 이야기를 하는 게 의아할 테지만 다 연관이 있다. 사람들은 흔히 이 미국 문화의 아이콘을 미국인 딕 브람스(해피밀의 아버지로 불리는 그는 이 세트에 장난감과 추가 앙트레를 넣은 사람이다)가 창조했다고 생각하지만, 실제로는 1970년대에 과테말라에서 욜란다 페르난데스 데 코피뇨라는 사람이 처음 개발해 출시한 것으로, 이름도 '메뉴 로널드'였다. 그러니 다음번에 맥도날드에 가면 욜란다를 기념하는 의미로 맥플러리를 들어 건배를 하자!

벨리즈

Belize

Balix

흙탕물과 스코틀랜드 해적 이야기

중앙아메리카 최상부에서 카리브해와 과테말라 숲을 양옆에 끼고 있는 벨리즈는 여행서가 흔히 말하는 도가니의 완벽한 사례다. 정글도 많고 목가적인 섬도 곳곳에 흩뿌려진 이 작은 나라는 인구가 500만이 채 안 되지만 크리올, 메스티소, 마야, 영국, 동인도, 가리푸나, 메노교, 레바논, 중국 문화가 오랫동안 아슬아슬하게 공존하고 있다. 그야말로 'All a we mek Belize(우리 모두 벨리즈를 이룬다)'라는 크리올어(식민국 언어와 원주민 언어가 결합해 태어난 언어. 처음에는 불완전한 피진어로 시작하지만 이후 세대에서 완전한 언어로 발전한다—옮긴이) 그대로다. 이런 놀라운 다문화, 다인종 상황은 마야 제국에서 시작해 해적들의 해외 거점 역할을 거쳐 영국의 유일한 중앙아메리카 식민지가 되었다가 독립한 벨리즈의 독특한 역사를 이해하는 것뿐만 아니라, 벨리즈의 현대 국명의 어원을 추적하는 데도 도움을 준다.

현대 국명이라고 말한 이유는 1798~1973년까지 '영국령온두라스British Honduras'라고 불렸기 때문이다. 이 이름은 당연히 영국이 지은 것이고, 당시 벨리즈는 자메이카에 부속된 식민지였다. 실제로 벨리즈가 완전한 독립 국가가 된 것은 그로부터 8년이 지난 1981년이다. 하지만 2022년인 현재까지 아직 영연방에는 남아 있다.

잠시 돌아가보면 영국령온두라스라는 이름의 유래는 아주 분명해 보인다. 이들이 이웃 나라도 아닌 인근 국가 온두라스의 이름을 쓴 역사 때문에 오늘날까지도 많은 사람이 전혀 다른 이 두 나라를 헷갈려 한다. 하지만 이 이름은 국명 온두라스가 아니라 온두라스만에서 온 것이다. Hondura는 깊다는 뜻의 스페인어 '온도hondo'에서 왔다. 카리브해 한쪽 구석에 자리한 길이 200킬로미터의 이 만은 벨리즈, 과테말라, 온두라스의 동해안을 이룬다. 이 만은 세계 2위 크기의 산호초 군락을 품고 있고, 한때 해적 블랙비어드의 주요 활동 무대로 악명이 높았다. 자, 이제 다시 벨리즈로 돌아가자.

벨리즈라는 이름의 진정한 기원에 대해서는 그럴듯하거나 그렇지 않은 다양한 설이 난무해서 확고한 정설이 없지만, 그중 두드러지는 것이 두 가지 있다. 먼저 원주민 마야의 언어에서 비롯된 가장 설득력 있는 이론부터 시작해보자. 원래 벨리즈는 고대 마야문명이 오늘날의 멕시코에서 엘살바도르까지 메소아메리카의 광대한 영역에

뻗었을 때, 그 심장부에 자리하고 있었다. 기원전 1800년에 시작해 서기 6세기 무렵 전성기를 누린 마야문명은 당시 가장 강력하고 앞서가는 사회 중 하나로서 농업, 건축, 수학, 예술, 도자기, 상형문자 등을 크게 발전시켰다. 실제로 오늘날 벨리즈는 마야가 남긴 놀라운 사원과 성채 같은 고고학적 유산으로 많은 관광객을 끌어모으고 있다.

마야문명에는 벨리즈의 복잡한 강 체계가 중요한 역할을 했다. 강들은 정글 속 오지들을 구석구석 연결하는 천연 수송로 역할을 해 흑요석, 옥, 구리, 카카오, 케트살 깃털 같은 귀중품을 실어 날랐다. 이 강들은 비옥한 땅을 흐르는 동안 황톳빛이 되어 마야어로 흙탕물을 뜻하는 '발리시'라 불렸는데, 이 말은 벨리즈와 큰 차이가 없다.

작가 앨런 트위그가 쓴 책『벨리즈의 이해: 역사적 안내서 Understanding Belize: A Historical Guide』에 따르면, 이 어원설을 최초로 기록한 것은 도미니크회 사제 프라이 호세 델가도의 1677년 일기다. 델가도의 일기에는 카리브해 연안을 북쪽으로 올라가면서 마주친 강들의 이름이 통역된 대로 기록되어 있다. 거기 적힌 소이테, 시붐, 발리스강은 오늘날 시테, 시분, 벨리즈강이 되었다. 많은 이의 공통된 견해는 발리스강이 마야어 balix(혹시 잊었다면 흙탕물을 떠올려보자)에서 왔고, 이 씨앗이 뿌려진 뒤 다른 언어 사이의 의사소통 문제를 거치며 벨리즈라는 지명이 태어났다는 것이다. 그러니까 벨리즈는 단순히 흙탕물이라는 뜻을 가진 지명이다.

하지만 최근에 미국 학자 매슈 레스톨이 새로운 설을 제시했다. 레스톨은 "'벨리즈'의 탄생: 경계 지역의 발견과 명명 역사"라는 글에서 이 이름이 마야의 '벨 이트사'라는 표현에서 왔다고 주장한다. 벨 이트사는 이트사로 가는 길이라는 뜻이고, 이때의 이트사는 마야의 도시 치첸이트사라는 것이다. 개연성은 있지만 그다지 재미는 없는 설이다.

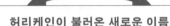

허리케인이 불러온 새로운 이름

1961년, 허리케인 해티호가 벨리즈의 수도 벨리즈시티를 강타해 주택과 사업체의 75퍼센트가량이 파괴되었다. 그러자 국가 정치 행정의 주요 인프라를 태풍으로부터 보호할 필요성이 제기되었고, 이를 위해 구성된 위원회는 다음 해 태풍을 피하려면 내륙 80킬로미터 위치에 새로운 수도를 건설해야 한다는 결론을 내렸다. 그래서 해수면보다 훨씬 높은 곳, 웅대한 파인리지산이 내다보이는 곳에 새 수도 벨모판이 건설되었다. 벨모판이라는 이름은 벨리즈강과 모판강 이름을 합친 것이다. 이번에도 벨리즈의 강들은 나라의 주요 지명 결정에 중요한 역할을 했다.

재미 이야기가 나왔으니 말인데, 두 번째로 널리 퍼진 어원설은 스코틀랜드 해적 피터 월리스와 관련된다. 월리스는 블랙비어드와 마찬가지로 인근 수역에서 금은보화 가득한 스페인 갈레온선을 공격한 해적으로, 1638년 무렵 벨리즈강 하구에 주둔했다. 자발적인 행동이었는지 떠밀려서 한 일인지는 분명하지 않다.

그러다 월리스는 차츰 풍부한 천연자원과 성난 스페인인보다 덜 폭력적인 지역 주민에 이끌려 그곳에 영구 정착하고, 자신의 이름을 그곳의 지명으로 삼았다는 구송 전승이 있다. 스페인어, 마야어, 그밖에도 다양한 언어의 여러 발음이 합해져 '월리스Wallace'가 '월리시Wallix'가 되고, '발리스Valis'가 되고, v가 b가 되면서 '발리스Balis'로 변했다가 마침내 현대의 벨리즈가 된 흐름이 전혀 개연성 없는 이야기는 아니다. 당연히 많은 사람이, 특히 트위그와 레스톨처럼 월리스의 존재 자체를 전설로 여기는 사람은 이런 이야기를 비웃는다. 그러니 이 이름의 기원은 앞으로도 영원히 혼탁할 가능성이 높다.

코스타리카

Costa Rica

Costa Rica

저 언덕에 정말로 금이 있는가?

중앙아메리카 남쪽으로 내려가면 대륙이 아주 좁아지고 양쪽으로 바다가 밀려든다. 이 좁은 땅은 화산, 산, 정글, 강, 호수가 가득하며 두 개의 대양이 눈부시고 험한 해변을 이루는 야생의 낙원이다. 그리고 이렇게 풍요로운 자연환경의 한가운데 코스타리카가 있다.

눈치챈 사람도 있겠지만 이곳의 해안은 코스타리카공화국이 오늘날의 이름을 갖게 된 데 핵심적인 역할을 했다. 스페인어 사용자가 아니더라도 코스타리카Costa Rica라는 이름이 풍요로운 해안rich coast이라는 뜻이라는 걸 짐작하기는 어렵지 않을 것이다.

그리고 이 보석 같은 나라를 방문해본 사람이라면 왜 이런 이름이 붙었는지도 쉽게 짐작할 수 있다. 니코야 반도의 정글 옆 해변에서 일광욕을 하든, 플라야 만사니요의 눈부신 바다에 몸을 담그고 있든, 카리브해의 일출을 보고 같은 날 태평양의 일몰을 보기 위해 나라 반대편으로 달려가든, 풍요로운 해안은 천혜의 자연을 갖춘 이 나라의 이름으로 더없이 적절하다고 느껴진다.

하지만 그게 문제다. 코스타리카라는 국명은 크리스토퍼 콜럼버스가 나이가 든 16세기 초에, 이른바 신대륙을 네 번째이자 마지막으로 방문했을 때 자기도 모르게 지었다는 속설이 있다. 콜럼버스가 탄 배가 카리브해에서 허리케인을 만나 손상되자 그는 긴급 수리를 위해 1502년 9월 18일에 코스타리카의 동부 해안, 오늘날의 푸에르토리몬 근처에 닻을 내렸다.

이때 콜럼버스는 푸르른 해안선에 매혹되어 그를 맞으러 나온 일대의 카리브 인디언들과 우호적인 만남을 가진 뒤, 내륙 탐사대를 꾸려 탐험을 하고 코와 귀를 금은보석으로 요란하게 장식한 원주민들과 선물을 주고받았다. 그런 뒤 돌아온 콜럼버스는 "에스파뇰라에서 보낸 4년보다 이곳에서 보낸 이틀 동안 더 많은 금을 보았다"고 말했다. 그런 뒤 이 발견의 유혹을 이기지 못하고 스페인 국왕에게 편지를 써 자신을 이곳의 총독으로 임명해달라 요청했다. 그는 편지에 "자연이 몹시 아름답고, 그런 해안선은 이제껏 본 적이 없으며, 황금이 풍부하다"고 설명했다.

하지만 결론적으로 콜럼버스는 황금을 차지하지 못했고, 풍요로운 해안으로 돌아가지도 못했다. 그래도 그의 유산은 남았다. 그가 처음에 '베 라과'라고 이름 지은, 온두라스에서 파나마에 이르는 지역이 이제 영원히 그의 설명에서 비롯된 '풍요로운 해안'이라는 이름으로 굳어졌기 때문이다.

깔끔하고 똑떨어지는 이야기다. 하지만 어원 문제가 흔히 그렇듯 콜럼버스 이야기에도 확실한 반론이 있다. 이는 힐 곤살레스 다빌라라는 스페인 콩키스타도르와 관련이 있다. 다빌라는 1519년에 중앙아메리카의 태평양 해안을 탐험하고 태평양과 대서양을 연결하는 수로를 찾는 대규모 원정에 나섰다. 실제로 처음에는 스페인의 식민지 파나마가 제대로 관리되지 않는다며, 항해의 목적을 왕실 세금 점검으로 정했다. 하지만 이런 애초의 의도나 구실은 그가 실제로 수행한 항해보다 훨씬 시시하기 때문에 그 부분은 잠시 건너뛰겠다.

본래의 이야기로 돌아와, 1522년에 다빌라와 군대는 오늘날의 코스타리카를 지나면서 원주민들에게 닥치는 대로 세례를 주었다. 이 지역 주민들의 온순함에 대해서는 이야기가 갈리지만, 분명한 것은 다빌라가 북쪽으로 올라가서 유럽인 최초로 오늘날의 니카라과에 들어서며 점점 더 많은 금과 진주를 획득했다는 것이다. 그가 이 지역을 오랫동안 깊숙이 탐험하고 금 채굴과 가톨릭 신앙 전파에 열렬한 노력을 기울였기 때문에 실제로 풍요로운 해안이라는 이름을 붙인 사람은 다빌라일 거라는 추측이 많이 생겨났다.

하지만 코스타리카라는 이름은 1539년 12월 17일, 이들이 스페인이 지배하는 파나마로부터 독립을 선언했을 때 처음 공식적으로 언급되었기에 진정한 기원은 끝까지 모를 가능성이 높다. 물론 그렇다고 해도 이 멋진 이야기를 포기할 필요는 없다.

순수한 인생의 폭격!

코스타리카에 가면 누구나 환한 미소를 띠고 '푸라 비다'하고 외치는 지역 주민을 만나게 된다. 이 말은 코스타리카 어디를 가도 들리기에 나중에는 거의 짜증을 유발할 정도다. 이 말은 스페인어로 순수한 인생이라는 뜻인데, 주민들은 이 말을 온갖 데에 다 사용한다. 주로 인생이 즐겁다는 뜻으로 사용하지만 인생을 평화롭고 따뜻하고 낙관적으로, 그리고 자연과 함께 살자는 표현으로도 쓴다.

이 표현은 기이하게도 유명 코미디언인 안토니오 에스피나 클라비야소가 출연한 같은 제목의 1956년 멕시코 영화에서 비롯되었다. 영화 속 남성은 운은 없지만 낙관주의가 가득한 인물로, 코믹하게 표현되는 불운의 연속 속에 '푸라 비다'를 외치며 대응한다. 이 표현이 크게 유행하면서 일상 속에 흔히 쓰이게 되었고 지금은 사전에도 올라 있다.

파나마

Panama

Panama

물고기와 나비와 나무가 가득한

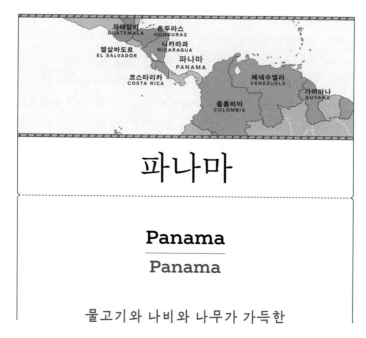

총 길이 3만 킬로미터로, 기네스북에 수록된 세계 최장 자동차 운행 가능 도로인 팬아메리칸하이웨이는 캐나다 북부에서 시작해 아르헨티나의 남단까지 이어진다. 지금까지 우리는 팬아메리칸하이웨이를 따라 내려왔는데, 다음번 목적지에서 이 도로는 잠시 끊긴다(사륜구동 차를 타고 다리엔 지협을 통과할 시간과 의향이 있지 않다면 말이다). 다리엔 지협은 파나마공화국을 남아메리카와 그곳의 경이로부터 분리시키는, 통행이 거의 불가능한 열대우림이다. 우리는 그곳에 들어가고 싶지 않기에 한동안 파나마에 머물 것이다.

앞에서 코스타리카를 탐험할 때 우리는 파나마의 수도 파나마시티에 잠시 들렀다. 스페인 콩키스타도르 힐 곤살레스 다빌라를 떠올려보자. 그에게 파나마시티는 코스타리카만큼은 즐겁지 않은 곳이었다. 당시 스페인 식민지 총독이 다빌라가 하는 세금 업무를 불쾌해한 탓에 서로가 충돌했기 때문이다.

파나마라는 국명이 수도인 파나마시티에서 왔다는 것은 알려져 있지만(그 반대가 아니다), 이름 자체의 기원은 수수께끼에 싸여 있다. 그리고 수수께끼가 있는 곳에는 언제나 그렇듯 그것에 답하려는 많은 설이 있다. 공식적인 답으로 시작해보자. 파나마 교육부는 파나마가 '물고기, 나비, 나무가 가득하다'는 뜻이라고 말한다. 이런 시적인 뜻의 뿌리를 찾으려면, 아니면 적어도 물고기가 가득하다는 뜻의 기원이라도 찾으려면 시계를 1515년으로 돌려 안토니오 텔로 데 구스만 선장의 배를 타고 그의 초기 스페인 식민지 개척 여행에 동행해야 한다.

구스만은 항해 일지에 태평양 연안에서 작은 원주민 어촌에 내렸다고 썼다. 널리 알려진 전설에 따르면 이곳이 어촌 파나마이거나 그 인근의 해변이다. 그리고 그 이름은 아마도 고대 과라니어(남아메리카에서 오늘날에도 널리 쓰이는 언어이자 파라과이의 공용어)로, 물고기가 많은 곳, 풍부한 물고기라는 표현에서 비롯되었을 것이라고 한다. 여기서 '전설' '아마도' '~라고 한다' 같은 말을 쓴 이유는 이 설의 빈약성을 보여주기 위해서다. 어원학에서는 이런 일이 흔하며 오히려 단어 여행에 매력을 안겨주는 수수께끼의 일부이기도 하다.

그때의 어촌으로 돌아가면, 정확한 위치는 세월이 흐르며 알 수 없어졌지만 이름을 보면 현재의 파나마시티 인근이었을 것이라고 추정되며 역사도 이를 증명한다. 구스만이 상륙한 후 2년도 채 지나지 않아 스페인 중위 돈 가스파르 데 에스피노사도 여기에 마을을 건설하기로 결심하기 때문이다. 그런 뒤 1519년에 또 다른 스페인 군인 페드라리아스 다빌라가 이곳에 스페인 제국의 태평양 항구를 세우겠다고 선언한다. 그래서 파나마에는 서반구 서해안 최초의 유럽인 정착지가 들어섰고, 스페인은 이곳을 '바다의 입구이자 우주의 열쇠'라 칭송하며 기착지로 삼아 태평양 탐험과 잉카제국 정복에 나섰다. 물론 이 이야기가 파나마 지명이 유래된 가장 유명한 설이라고 해서 가장 유효한 이야기는 아니다. 다른 그럴듯한 설도 많다.

물고기뿐 아니라 나비와 나무도 많다고 한 파나마 교육부의 설명으로 돌아가 보면, 여기에 대해서는 두 개의 설이 있다. 첫 번째는 최초의 식민지 건설자들이 나비가 철인 8월에 왔다가 풍부한 나비에 매혹되어 많은 나비를 뜻하는 기원 불명의 토착 아메리카 인디언 언어로 이곳의 이름을 지었다는 것이다. 두 번째는 이 이름이 지역에 흔한 나무인 파나마나무에서 왔다는 것이다.

최근 파나마 언어학계에서는 토착민 구나족(예전의 쿠나족) 족장들의 주장을 토대로 한 새로운 설이 신뢰를 얻어가고 있다. 그들의 주장에 따르면 파나마는 구나족 토착어로 '(저쪽) 멀리'라는 뜻의 '판나바' 또는 '반나바'가 스페인어식으로 변한 말이라고 한다. 그러니까 토착 구나족이 금과 은을 찾아온 스페인 탐험가들에게 현명하게 '저쪽 멀리!' 가야 한다고 말한 것을 탐험가들이 이름으로 착각했을 가능성도 있다는 말이다.

파나마에서 안 만드는 파나마 모자

파나마 하면 떠오르는 상품은 아단나무 잎으로 만든 파나마 모자다. 그런데 이 모자는 1833년에 에콰도르에서 처음 만들었고 지금도 마찬가지다. 실제로 중남미 대부분 지역에서는 그 모자를 대개 토킬라 모자나 몬테크리스티 모자라고 부른다.

파나마 모자라는 이름은 1850년대 당시 에콰도르의 관광산업이 취약하다 보니 모자 업자들이 물건을 팔기 위해 파나마시티로 옮겨간 데서 생겨났다. 이 모자는 골드러시 때 파나마를 거쳐 캘리포니아로 간 금광 채굴자들에게 특히 인기였는데, 이 채굴자들이 다른 사람들에게 파나마에서 그 모자를 샀다고 말하면서 또 하나의 엉뚱한 이름이 태어나게 되었다.

쿠바

Cuba

Cubanacan

기름지고 훌륭한 중심지의 땅

북아메리카 본토에서 내려와 좁은 남동쪽으로 중앙아메리카를 구불구불 지난 뒤 다리엔 지협에 막히면, 이제 방향을 정북으로 돌려 눈부시게 푸른 바다와 그림엽서 같은 모래밭이 깔린 섬들을 800킬로미터가량 건너가보자. 그곳에는 현대 역사에서 필요 이상으로 많은 국제적 관심을 받은 나라, 쿠바공화국이 있다.

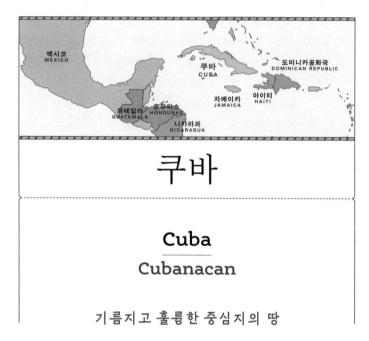

　큼직한 시가와 큰 자동차, 공산주의와 카스트로의 나라, 카리브해의 최대 섬인 이 나라는 카리브해, 멕시코만, 대서양의 교차 지점

에 자리하고 있다. 카리브해의 나라들이 대개 그렇듯 쿠바도 1492년 10월 27일에 이 섬을 처음 목격한 크리스토퍼 콜럼버스로 인해 바깥 세상에 알려졌다.

콜럼버스는 후원자인 스페인 이사벨라 여왕의 아들 돈 후안 왕자의 이름을 따서 이 섬에 '후아나'라는 이름을 멋대로 붙였다. '멋대로'라고 한 이유는 이름을 정할 때 콜럼버스가 이 섬에 이미 살고 있는 사람들을 고려한다거나 그들과 의논한다거나 하는 일이 전혀 없었기 때문이다. 그러나 이 이름은 오래 가지 않았다. 오늘날 우리가 아는 이름의 가장 유력한 기원을 찾으려면 원주민(토착민은 아니더라도 스페인의 신대륙 탐험이 시작되기 한참 전부터 거기 살던 사람들)에게 눈을 돌려야 한다. 역사가들의 말에 따르면 스페인 점령 전에 이 섬에는 과나아타베테족, 시보네이족, 타이노족이라는 세 부족이 살았다.

이 중 가장 오래된 과나아타베테족은 주로 섬의 서쪽 끝 지역에 살았고, 시보네이족은 남쪽으로 가늘게 퍼져 산호섬들로 뻗어 있었으며, 섬의 나머지 부분은 몇천 년 뒤인 기원전 500년 무렵에 온 인구도 많고 더 발전된 기술을 가진 타이노족의 차지였다. 남아메리카 아라와크족의 후손으로, 오늘날의 대앤틸레스제도로 이주해 카리브해 곳곳으로 퍼져나간 타이노족은 사냥과 고기잡이에 능했지만 그들을 정말로 번성하게 만든 것은 농업이었다. 타이노족은 풍부한 토양을 활용해 감자, 유카(마니오크 또는 카사바라고 하는), 옥수수, 땅콩, 고추, 과일, 그리고 물론 담배도 길렀다. 또 도자기를 빚고 돌 도구와 무기를 만들었으며, 땅의 혼령인 '제미'를 숭배하고, 세습 족장에서 천한 평민에 이르는 복잡한 사회제도를 만들었다.

하지만 카리브해 지역에서 상당한 성공을 누린 타이노족 역시 스페인 콩키스타도르들에게는 쉽게 정복당하는 바람에 반 세기도 지나지 않아 거의 절멸 수준에 이르렀다. 하지만 그들 문화의 요소는 아직 남아 있다. 특히 타이노어가 그렇다. 이 언어에 문자가 없었다는 걸 생각하면 놀라운 일이다. 그리고 이런 일에 관심 있는 많은 언어학자가 타이노어에서 오늘날의 쿠바라는 이름이 나왔다고 생각한다.

이 구송 전승설은 불가피하게 많은 논쟁을 일으켰고, 그 결과 현재 남은 어원 후보는 가장 큰 섬의 원래 이름에서 비롯된 세 개의 이름이다. 기름진 땅이 풍부한 땅이라는 뜻의 '쿠바오', 훌륭한 땅이라는 뜻의 '코아바나', 중심지라는 뜻의 '쿠바나칸'이 그것이다. 이 중 사실을 토대로 해 확고한 우위를 점한 것은 없다.

사실에 토대한 것이 없다는 말이 나온 김에 쿠바의 이름이 크리스토퍼 콜럼버스에게서 비롯되었다는 또 한 가지 흥미로운 곁가지 설을 소개하겠다. 이 설은 스페인 왕실에 대한 그의 충성이 아닌, 그의 본래 고향에 대한 추측에서 나온 이야기다. 20세기 초에 파트로시니오 리베이로라는 사람이 처음 주장한 이 설은 옛 법정 문서에 나오는 빈약한 증거에 토대하고 있다. 콜럼버스가 원래는 포르투갈 스파이로, 스페인이 아프리카를 돌아 인도로 가는 수익성 높은 항로를 찾지 못하게 하기 위해 가명으로 활동했다는 것이다!

이 설은 그다지 신뢰를 얻지 못하면서도 얼마간 인기를 누렸는데, 이때 쿠바라는 이름이 콜럼버스의 본래 고향인 포르투갈 베자주의 쿠바시에서 온 것이라는 이야기가 있었다. 설령 이것이 사실이라 해도 그토록 정교한 계획을 수행하는 일급 스파이가 단순히 조국을 기리기 위해 자신의 정체를 드러내는 모험을 했을 가능성은 매우 희박하다. 물론 바다에서는 더 이상한 일들도 일어나지만.

아이티

Haiti

Hayti

하나의 섬, 두 개의 나라, 세 개의 이름

바쁜 북아메리카 여행의 마지막 기착지는 히스파니올라섬에 있는 아이티다. 아이티는 쿠바 동쪽 끝에서 겨우 95킬로미터밖에 떨어져 있지 않다 보니 불가피하게 어원이 뒤섞였다. 게다가 원래 하나의 섬으로 발견되고 명명되었다가 두 개의 주권 국가로 분리되면서 이야기가 더욱 복잡해졌다. 지금 아이티는 도미니카공화국과 히스파니올라섬을 나눠 쓰고 있다. ✈ 참고로 카리브해에서 한 섬에 두 나라가 있는 경우는 두 곳뿐이다. 아이티를 제외한 다른 하나는 히스파니올라섬보다 훨씬 작은 세인트마틴섬으로, 프랑스령생마르탱과 네덜란드령신트마르턴이 함께 있다.

그래서 우리에게는 하나의 섬, 두 개의 나라, 세 개의 이름이 있다. 그러면 어디서 시작해볼까? 이른바 신대륙을 이야기할 때 흔한 일이지만 1492년 10월에 이 지역에 도착한 익숙한 인물인 크리스토퍼 콜럼버스로 시작해보자. 콜럼버스가 이곳의 많은 섬과 땅에 나누어준 스페인어 이름 중 가장 노골적인 것 하나가 이 섬에 붙인 '라 이슬라 에스파뇰라'다. 말 그대로 스페인의 섬이라는 뜻이기 때문이다.

스페인의 역사가이자 수도사이자 사제인 바르톨로메 데 라스 카사스가 이 섬에 와서 서인도제도의 식민지 건설을 기록할 때, 그는 콜럼버스가 지은 이름에서 '라 이슬라' 부분을 빼고 '에스파뇰라'라고만 했다. 스페인에 고용된 이탈리아 역사가 피에트로 마르티르 당기에라는 이를 한 발 더 끌고 나갔다. 그는 라틴어로 『신대륙 탐험사 Decades』라는 책을 쓸 때 스페인어와 라틴어를 섞어 '히스파니올라'라는 이름을 만들었는데, 이는 직역하면 인도인들이라는 뜻이다.

영어와 프랑스어는 당기에라가 지은 이름을 선호했고, 그 결과 히스파니올라는 과학 논문부터 이야기와 지도까지 모든 곳에서 가장 많이 언급되고 사용되었다. 1918년 이 섬을 점령한 미국도 히스파니올라라는 이름을 채택했고 그 결과가 오늘에 이른 것이다.

어쨌건 그 일부는 그렇다. 이제 다시 아이티라는 나라로 눈을 돌리면 또 한번 이웃한 쿠바와 어원이 뒤섞이는 일을 만나게 된다. 쿠바 문화를 지배했던 타이노족은 히스파니올라섬에서도 번성했고, 그들이 섬 전체를 가리킨 이름이 오늘날 섬의 3분의 1을 가리키는 이름이 되었다. 타이노족은 히스파니올라를 높은 산의 땅이라 불렀고, 이는 타이노어로 '아이티hayti'였다. 이런 두드러진 지리적 특성은 콜럼버스가 이 땅의 눈부신 아름다움을 라틴어로 쓸 때 주목한 것이기도 하다. “크고 건강에 좋은 많은 강이 이곳을 흐른다. 높디높은 산도 많다. 모든 섬이 매우 아름답고 별들까지 뻗은 다양한 나무들이 특징적이다.”

타이노어는 스페인을 만나 많은 어려움을 겪었다. 타이노어는 문자가 없었지만 그래도 이 지역 대부분을 규정한 길고 긴 식민지 시대를 오랫동안 견뎠다. 그러다 스페인이 히스파니올라의 3분의 1을 프랑스에 양도하자, 프랑스는 그곳을 ‘생도맹그’라 이름 짓고(섬의 나머지 부분인 스페인령산토도밍고는 오늘날의 도미니카공화국이다) 프랑스 제국의 설탕과 커피 생산지로 만들어 세계에서 가장 부유한 식민지로 성장시켰다. 하지만 생산자들은 거의 예외 없이 잔인한 농장주의 손에서 상상도 할 수 없는 고초를 견디며 일한 아프리카 출신 노예들이었다.

이런 가혹한 삶과 죽음 때문에 13년 동안 대규모 반란이 계속 일어났지만 실패만 거듭하다 마침내 용맹한 혁명가 장자크 데살린이 이끄는 노예 반란이 성공을 거두면서 오늘날의 나라를 이루게 되었다. 그 후 데살린은 1804년 1월 1일에 원주민 타이노족을 기려 생도맹그의 이름을 아이티로 바꾸었음을 세상에 알렸다. 이렇게 새해 첫날 새 나라가 출범했다.

남아메리카

베네수엘라	Venezuela
가이아나	Guyana
수리남	Suriname
브라질	Brazil
우루과이	Uruguay
아르헨티나	Argentina
칠레	Chile
페루	Peru
볼리비아	Bolivia

베네수엘라

Venezuela

Veneziola

남아메리카의 작은 베네치아

북아메리카에서 육로를 통해 남아메리카로 가는 일은 거의 불가능하다. 파나마 편에서 다리엔 지협을 살짝 봤지만, 그곳은 빽빽한 열대우림과 도적 떼 출몰로 통행이 불가능해서 굳이 그리 들어가지 않았다. 그렇기에 여기서도 똑같이 그곳을 건너뛰고 잇닿은 콜롬비아도 건너뛸 것이다. 콜롬비아의 국명이 어느 유명 탐험가에게서 비롯되었다는 것은 굳이 탐구할 필요가 없을 만큼 명백하기 때문이다.

북아메리카 여행은 아이티로 끝마치고 눈부시게 푸른 카리브해를 동남쪽으로 건너가보자. 플라멩코 해변과 위험한 산호초가 가득한 네덜란드령아루바섬도 지나고, 푼타갈리나스와 남아메리카 최북단인 콜롬비아의 라과히라반도도 조용히 비켜간다.

북동쪽으로 뻗은 라과히라반도의 아래쪽에는 오늘날의 베네수엘라만이 있다. 하지만 15세기 마지막 해에 이 수역을 처음 탐험한 스페인인 알론소 데 오헤다와 이탈리아인 아메리고 베스푸치에게는 이 지역을 가리킬 서양 언어로 된 이름이 없었다.

콜럼버스는 이보다 일 년 앞선 1498년에 이 지역을 발견했지만, 그냥 계속 동쪽으로 가서 오리노코 삼각주를 본 뒤 엄청난 양의 민물이 쏟아져나오는 파리아만에 감탄했다. 콜럼버스는 이사벨라 여왕과 페르디난드 왕에게 보내는 편지에 이렇게 썼다. "이 물이 낙원에서 흘러나오는 게 아니라면 더 놀라울 것입니다. 저는 세상에 이렇게 크고 깊은 강이 있는 줄 미처 몰랐기 때문입니다." 자연의 경이와 베네수엘라의 풍부한 해안선에 감탄한 그는 이곳에 은혜의 땅이라는 뜻의 '티에라 데 그라시아'라는 이름을 붙였다. 이 이름은 오늘날까지 이 나라의 별명으로 쓰인다.

그로부터 일 년 후인 1499년으로 돌아오자. 대담무쌍한 2인조 알론소 데 오헤다와 아메리고 베스푸치는 베네수엘라만을 건너고, 타블라소 해협을 지나고, 오늘날 베네수엘라의 석유 도시인 마라카이보도 지났다. 그리고 8월 24일, 마라카이보 호수에 들어오자 그들 앞에 이상하게 익숙한 광경이 펼쳐져 있었다. 그것은 토착민 와유족의 마을이었다. 기둥 다리 위에 수상 가옥이 지어져 있고, 수많은 다리가 집과 호수 변을 연결하고 있었기 때문이다. 베스푸치는 그 모습에 베네치아를 떠올리고 그 지역을 작은 베네치아라는 뜻의 '베네치

올라'라고 불렀는데, 이 이름을 스페인어로 하면 베네수엘라가 된다.

어떤 사람들은 베스푸치가 붙인 접미사 -uela를 불쾌해한다. 크기나 양이 작은 것을 가리키는 말인 지소사가 때로는 애정 어린 표현도 되지만, 이 경우에는 멸시의 의미를 담고 있다는 주장도 있기 때문이다. 베스푸치가 어떤 의미로 그 말을 썼는지는 알 수 없지만 앞서 보았듯이 그에게는 더 큰 명성이 기다리고 있었다. 아메리고라는 이름이 두 대륙 이름의 기원이 되지 않았는가!

천사 폭포의 진실

베네수엘라의 가장 유명한 자연경관은 두말할 나위 없이 979미터라는 이르는 세계 최고 높이의 폭포, '살토 앙헬Salto Ángel'이다. 나이아가라폭포의 열여섯 배 높이에서 중간에 한 번도 꺾이지 않고 단숨에 떨어져 내리는 이 폭포를 보면 천사라는 뜻의 '앙헬'이라는 이름이 붙은 이유가 분명해 보이지만, 실은 그렇지 않다.

이 이름은 미국 비행사 지미 앤젤Jimmie Angel에게서 유래했다. 1933년에 앤젤은 비행하던 중 이 폭포의 존재를 알게 되었고, 1937년에는 금을 찾아 나섰다가 살토 앙헬의 가장 크고 평평한 봉우리인 아우얀테푸이에 4인승 플라멩코 단엽기를 대담하게 착륙시켜 이 폭포를 전 세계에 알렸다. 하지만 착륙 후 진흙에 박힌 비행기는 꼼짝하지 못했고, 앤젤과 동료들(그의 두 번째 아내, 친구, 그리고 특이하게도 그의 친구의 정원사)은 11일 동안 정글을 헤맨 뒤에야 인간 거주지를 찾아 목숨을 구할 수 있었다. 놀랍게도 그 비행기는 1970년에 베네수엘라 군대가 치울 때까지 계속 그 자리에 있었다. 이 폭포는 현지 페몬어로 가장 높은 곳의 폭포를 뜻하는 '파라쿠파 베나'라고 불린다.

이것이 베네수엘라가 오늘날의 국명을 얻은 과정에 대한 정설이지만 물론 여기에는 작은 훼방꾼이 있다. 스페인 출신인 이 훼방꾼은 오헤다와 베스푸치의 선원이었던 마르틴 페르난데스 데 엔시소다. 페르난데스는 마라카이보 호수를 항해하고 20년가량 뒤에 『세계 모든 지역과 지방을 다루는 지리 대전Suma de Geografía que trata de todas las partidas y provincias del mundo』을 출간했다. ◁아보카도를 언급한 초기 서구 문헌 중 하나다. 아보카도의 어원도 몹시 흥미로운데, 그 뿌리가 궁금하다면 멕시코 편을 살펴보자. 이것은 스페인의 신대륙 정복지 전체를 스페인어로 설명한 최초의 책이다. 이 책에는 그들이 만난 원주민이 스스로를 베네시우엘라인이라 했고, 여기서 오늘날의 이름이 나왔다는 이야기가 나온다.

그런데 이 이름은 전체 이름의 일부일 뿐이다. 1999년 헌법을 채택할 때 이들은 '베네수엘라볼리바르공화국'을 정식 국명으로 삼았기 때문이다. 이 이름은 베네수엘라뿐만 아니라 볼리비아, 콜롬비아, 에콰도르, 페루, 파나마가 스페인 지배로부터 독립하도록 이끈 군사 지도자이자 대영웅인 시몬 볼리바르를 기리는 의미에서 만들어졌다.

가이아나

Guyana

Guiana

거친 해안, 물의 땅

베네수엘라에서 육로를 통해 동쪽의 가이아나로 가는 길은 결코 쉽지 않다. 식민지 시대에 유래한 다툼과 스페인, 영국, 네덜란드 식민지 건설자들 사이의 분쟁 때문에 에세키보강 서쪽의 국경 지역은 오늘날에도 접근이 금지된 분쟁 지역이다. 그래서 가이아나로 가려면 몇백 킬로미터 떨어진 브라질의 보아비스타 지역을 거쳐 우회해야 한다.

약간 불편하기는 하지만 국경을 안전하게 건너고 나면 가이아나협동공화국의 땅이다. 거칠고 뜨겁고 울창한 숲에 둘러싸인 나라 가이아나는 역사와 정치도 그렇지만 지형도 매우 복잡하다. 국토 면적이 영국보다 살짝 작으며 한때 로코노족과 칼리나족을 필두로 다양한 토착 민족이 살았지만, 그 후에는 익숙한 식민지 역사 속으로 들어가 16세기 말에는 네덜란드의 지배를, 18세기 말 이후로는 영국의 지배를 받다가 1966년에야 비로소 독립을 얻었다.

베네수엘라 동부, 가이아나, 수리남, 프랑스령기아나, 브라질의 아마파주를 아우르는 기아나 지역Guianas도 1498년 신대륙 탐사에 나선 콜럼버스가 발견했다. 하지만 콜럼버스는 아마존강, 오리노코 삼각주, 끝없는 수역, 빽빽한 열대우림 사이를 항해하면서도 육지에 상륙할 자신감을 얻지 못했다. 그래서 이곳에 '거친 해안'이라는 이름만 남기고 떠나며 황금 탐색은 더 용감한, 어쩌면 무모하거나 상상력이 풍부한 탐험가의 몫으로 남겨놓았다.

엘도라도를 찾아서

그중 가장 유명한 탐험가는 월터 롤리였을 것이다. 그는 1594년에 본격적으로 기아나 지역 탐험을 시작했고, 특히 파리메 호숫가의 마노아에 집중했다. 마노아는 황금의 도시 '엘도라도'라는 이름으로 알려진 전설의 도시다. 엘도라도는 이야기에 따라 황금 부자인 왕의 이름이기도 하고 황금 도시, 왕국, 제국의 이름이기도 하다. 전설이 퍼지면서 수많은 탐험가, 콩키스타도르, 모험가가 롤리를 뒤따라 명성과 금을 찾아 몰려들었고 이들의 탐험 덕분에 이 지역의 많은 부분이 지도로 작성되었다. 하지만 19세기 초까지 실패만 이어지자 열광이 사그라들어 마노아는 신화와 전설 속으로 돌아갔다.

영국의 지배 시기는 이 나라에 유산을 남겼다. 가이아나는 남아메리카에서 유일하게 영어가 공용어인 나라다. 그렇다고 영국 문화에 지배되었다거나 국민들이 주로 영어를 사용하는 것은 아니다. 이곳은 아메리카 원주민, 인도인, 아프리카인, 카리브해인, 유럽인 등 다양한 인종이 섞여 살며 식민지의 과거를 토대로 고유하고 풍요로운 문화를 만들었다. 물론 영어가 공용어의 지위에 있지만 실제로 길에서 마주치는 사람들이 가장 많이 사용하는 언어는 가이아나 크리올어다. 이는 영어에 토대하고 네덜란드, 아라와크, 카리브해 언어들이 섞여 태어난 크리올어다.

이렇게 혼합된 문화도 가이아나에 오늘날의 국경을 넘어서는 더 큰 역사가 있음을 알려준다. 식민 역사 후 외세에 의해 국경이 그어지기 전까지 기아나 지역(가이아나의 철자도 원래 Guiana였지만 독립하면서 Guyana로 바꾸었다)은 원래 오리노코강에서 아마존강까지 동쪽으로 뻗은 광대한 지역의 이름이었고, 지질학적으로는 '기아나 순상지'라 불렸다. 기아나 순상지는 방패를 엎어놓은 듯한 모양의 오래된 지층인데, 여기에는 영국령가이아나(오늘날의 가이아나), 네덜란드령기아나(오늘날의 수리남), 프랑스령기아나(현재도 같은 이름이다) 외에도 콜롬비아, 베네수엘라, 브라질 일부도 포함된다.

이 이름은 우쭐한 식민지 건설자의 도용이나 오해에서 비롯된 것이 아닌 토착 아메리카 원주민의 언어에서 왔다. 기아나는 시적으로 많은 강의 땅, 물의 땅이라는 뜻이다. 이 지역의 가장 두드러진 지리적 특징이자 놀라운 풍요를 지탱하는 얽히고설킨 방대한 물길을 분명하고도 직접적으로 가리키는 이름이라 할 수 있다.

기아나 지역의 식민지들은 식민주의 철권이 풀리고 나서야 강

제되지 않은 스스로의 정체성을 찾기 시작했다. 적어도 두 나라는 그랬다. 이미 알고 있듯이 영국령가이아나는 1966년에 독립해 가이아나가 되었다. 그에 반해 프랑스령기아나는 1946년에 식민지 지위를 벗어난 뒤에도 계속 프랑스의 공식 해외 영토로 남았다. 1980년대에는 독립을 추구하는 정당이 발흥하며 이런 지위를 위협했지만, 국민들이 프랑스를 모국으로 생각하는 경향이 강해 실패하고 말았다. 네덜란드령기아나에는 다른 이야기가 있는데, 이 내용은 다음인 수리남 편에서 이어진다.

존스타운의 비극

역사에는 자신의 뜻과 이름을 담은 개인 왕국이나 식민지를 건설한 사람의 이야기가 넘쳐난다. 그 가운데 두드러진 비극 하나는 존스타운의 이야기다. 이곳은 '인민 사원'이라는 종교 단체의 지도자 짐 존스가 자신의 이름을 따서 만든 곳이었다. 인민 사원은 1950년대에 빈곤과 인종차별 철폐라는 이상을 내걸고 창립되었는데, 여러 가지 스캔들로 해가 갈수록 명성이 시들어갔다(인기는 그보다는 더 오래 지속되었다).

1977년이 되자 존스는 마침내 추종자 수백 명을 이끌고 가이아나로 이주해서 새로운 존스타운을 만들었다. 그리고 일 년 뒤인 1978년 11월 18일, 미국 하원 의원 레오 라이언이 우려하던 친지들의 요청에 따라 그곳을 방문했다가 떠나는 길에 살해되었다. 바로 그날 존스가 혁명적 자살 계획을 실행하며 900명 이상의 신도가 청산가리 주사나 총격으로 집단 자살하는 사건이 벌어졌기 때문이다. 그동안 이 사건에 대한 많은 연구가 있었지만 끔찍한 행동의 동기가 무엇이었는지는 오늘날까지 수수께끼로 남아 있다.

수리남

Suriname

Surinen

수리넨족, 그리고 영국, 네덜란드, 프랑스

가이아나와 프랑스령기아나를 양옆에 끼고, 남쪽으로는 브라질의 울창한 열대우림에 둘러싸인 수리남은 남아메리카에서 가장 작은 독립국이며, 접근이 가장 어려운(어쨌건 육로 접근은) 나라 중 하나다. 이 나라는 내륙의 5분의 4가량이 어느 곳에도 뒤지지 않을 만큼 빽빽하고 울창한 열대우림에 덮여 있다. 강, 습지, 임시로 만든 간이 활주로들만이 수많은 생명체가 들끓는 이 뜨거운 정글을 드문드문 끊어주는 지점이다.

마지막 기착지 가이아나에서 보았듯 남아메리카 대륙 북쪽 해안에 자리한 세 나라는 15세기 말에 유럽인들의 관심을 끈, 강물이 흘러넘치는 풍요의 땅 기아나 순상지의 핵심을 이룬다. 콜럼버스가 처음 수리남의 해변을 본 것은 1498년이었지만, 유럽인들은 17세기 초가 되어서야 여기 머물며 영구 식민지를 건설했다.

1600년대 중반에 영국인들이 노예를 이끌고 와 수리남 강변에 플랜테이션 식민지를 건설했고, 이곳은 원정 대장의 이름을 따 오늘날의 마르할크레크가 되었다. 그 시절에도 수리남 강의 이름과 거기서 비롯된 그 일대의 이름에 대해서는 여러 이야기가 떠돌았다. 로렌스 케미스는 1596년에 수행하고 기록한 책 『기아나행 두 번째 항해에 관해A Relation of the Second Voyage to Guiana』에서 그 강을 '슈리나마'라 불렀고, 1598년 네덜란드 배 세 척의 항해 일지에는 '수리나모'라고 적혀 있었다. 1617년에 네덜란드 공증인은 잠시 네덜란드 교역지 역할을 한 그 강을 '수레난트'라고 불렀다.

우연의 일치라기에는 일관된 유사성이 있다. 이 이름 자체는 원주민 수리넨족에서 비롯되었다. 유럽인이 처음 왔을 때 수리넨족이 그 일대에 살고 있어서 수리넨Surinen이 지명이 된 것이다. 이 Surinen에 접미사 -ame이 붙어 Surinename와 비슷해졌다. 접미사 -ame는 현지 언어인 아라와크어 계열의 로코노어로 강 하구라는 뜻이며 그 지역의 강 이름에서 흔히 볼 수 있었다.

다시 영국 플랜테이션 건설자들로 돌아와보자. 그들은 지금과 달리 끝에 e가 없는 Surinam이라는 철자를 썼다. 오늘날에도 많은 곳이 이 철자를 쓰지만(수리남 항공도 Surinam Airways다) 여러 일지, 보고서, 면허장을 보면 다양한 변이가 기록되어 있다. 특히 1663년 왕실 면허장에는 Serrinam과 Surrinam이 모두 쓰였다.

이 두 번째 철자 Surrinam은 중요하다. 민간어원설의 완벽한 사례이기 때문이다. Surrinam이 공식 문서에 등장하자, 정체불명의 문서들이 19세기 내내 Surrinam이 Surryham에서 비롯되었다고 주장했다. 그러니까 수리남강의 이름이 한때 그 지역의 주인이었던 노포크 공작 겸 서리Surrey 백작을 기리며 붙은 이름이라는 것이다. 이 이야기는 지금도 널리 회자되지만 그 전에 이미 수리남이라는 말과 변이들이 사용된 증거가 있기 때문에 간단히 치워둘 수 있는 설이다.

어쨌건 이리하여 수리남이라는 이름이 생겨났다. 하지만 모두 알듯이 그 상태가 오래 지속되지는 않았다. 영국이 플랜테이션을 건설하고 얼마 지나지 않아 1662년에 국왕 찰스 2세가 당시 영국 카리브해 식민지 총독이었던 프랜시스 윌러비 파럼의 5대 남작 윌러비 경에게 이 지역을 증여하려 했고, 그 지역은 '윌러비 컨트리'가 될 뻔했다. 하지만 다행스럽게도 1667년에 이 지역을 차지한 네덜란드 선단이 윌러비라는 이름을 버렸고, 몇 달 후 영국은 이 땅을 공식 양도했다. ◁ 영국이 네덜란드에 수리남을 양도한 것은 브레다 조약의 일환이었지만 다른 대가도 있었다. 네덜란드가 수리남을 차지하는 대가로 영국이 점령한 북아메리카의 작은 마을을 계속 유지하게 해주었기 때문이다. 뉴암스테르담이라 불리던 그 마을은 오늘날의 뉴욕이 되었다.

네덜란드는 이곳을 기존 식민지인 네덜란드령기아나에 통합시켰고, 그 결과 이 지역 식민지 세 곳의 이름은 영국령가이아나, 네덜란드령기아나, 프랑스령기아나로 정렬되었다. 또 네덜란드는 수수께끼의 e를 덧붙여 공식 철자를 Suriname으로 변경했다. 이것은 1634년에 네덜란드 항해사 다비트 피터르스 드 프리스가 그곳에 자리 잡은 영국인들을 만나기 위해 'Sername강'을 올라갔다고 언급한 영향 때문일 수도 있다. 어쨌건 이 e는 자기 역할을 한다. 네덜란드어로 말할 때 세 번째 음절인 name에 강세가 오게 만들기 때문이다. 영어로는 강세가 첫음절인 Sur에 있다. 수리남의 공용어인 네덜란드어로는 Suriname을 '수리나머'라고 발음한다.

그 뒤로 영국과 미국이 전쟁 중 짧게 개입했던 시기를 빼면 이곳은 줄곧 네덜란드의 통치를 받다가 1975년 11월 25일에 현지 정당들이 전국 정당 연합의 깃발 아래 단결하고 네덜란드 집권 사회당의 지원을 받아 독립을 이루었다. 이렇게 수리남공화국이 생기면서 네덜란드령기아나는 역사 속으로 사라졌다. 톳 진스(네덜란드어로 '안녕'—옮긴이)!

브라질

Brazil

Brésil

수수께끼의 섬과 불의 나무

아일랜드 민담에는 북대서양 어딘가에 아주 큰 유령 섬이 숨겨져 있다는 이야기가 있다. 이 섬은 늘 안개에 싸여 있지만 7년에 한 번씩 딱 하루만 모습을 드러낸다고 한다. 하지만 어떤 행운아가 그날 그 근처에 있다가 이 신비의 섬을 보게 된다 해도 거기 상륙하지는 못한다고 한다. 이 섬의 이름은 여러 변이가 있지만 대략 '하이-브라실 Hy-Brasil'이라 알려져 있다.

환상적인 이야기지만 한동안 많은 해도에 이런 섬이 등장했는데, 그 시초는 1325년에 이탈리아계 마요르카 지도 제작자인 앙헬리노 둘세르트가 아일랜드 서해안에 '브라실Bracile'이라는 이름의 섬을 표시한 것이다. 1436년 안드레아 비앙코가 제작한 베네치아 지도에는 오늘날 아조레스제도의 테르세이라섬 자리에 브라실섬이 표시되어 있다. 1480년 카탈루냐의 해도에는 브라실섬이 한 개도 아니고 두 개나 나온다. 하나는 그린란드 남쪽에 있고, 또 하나는 본래 위치로 여겨진 아일랜드 남서부에 자리했다.

브라실이라는 이름의 어원은 이 섬의 존재처럼 안개에 싸여 있다. 전하는 이야기에 따르면 그 말은 브레사일 가문의 후손이라는 뜻을 가진 아일랜드어 Uí Breasail에서 왔다. 브레사일 가문은 아일랜드 동북부의 유서 깊고 강력한 가문으로, 이 이름은 '훌륭한' '강력한'이라는 의미의 고대 아일랜드어 bres에서 왔다.

이야기는 더 나아가 포르투갈 탐험가이자 브라질을 발견했다고 하는 페드로 알바레스 카브랄이 1500년에 처음 남아메리카 대륙에 상륙해서 자신이 마침내 그 마법의 섬을 찾았다고 생각하고, 거기 브라질이라는 이름을 붙였다는 데까지 나아간다. 그러니까 국토 면적 세계 5위인 이 나라의 이름이, 아일랜드 민담이 수 세기 동안 몽상적인 지도와 탐험 이야기들로 퍼지다가 생겨난 것일까? 멋지지만 안타깝게도 그렇지 않다.

그러면 브라질이라는 이름은 어디서 온 것일까? 재밌게도 그 답을 추적하다 보면 확실성을 장담할 수는 없지만 남아메리카가 아닌 열대 동남아시아로 가게 되고, 거기서 소방목이라는 나무를 만나게 된다.

다시 1300년대 초로 돌아가보면 이미 brazil이라는 말이 유럽 전역에서 쓰이고 있었지만, 이때는 주로 소방목의 적갈색 경질 목재와 거기서 나오는 선홍색 염료를 가리켰다. brazil은 게르만어에서 기원하는데, 아마도 프랑스어 brésil에서 가져온 것으로 보인다. brésil은 깜부기불, 불길을 가리키는 말로, 깜부기불의 빨간 색깔과 관련해 사용되었다. 그래서 이 단어는 유럽인의 브라질 발견보다 역사가 200년 앞선다.

이 단어가 아시아에서 아메리카로 대륙을 이동한 것은 유럽인들이 신대륙을 탐험하고 그곳에 식민지를 건설하면서부터다. 그곳에서 brazil은 소방목과 비슷한 붉은 경질 목재를 모두 가리키는 통칭이 되었는데, 오늘날 브라질이라고 불리게 된 나라가 특히 이 브라질나무를 풍부하게 공급했다. 해안가에 막대한 양이 자랐기 때문이다. 브라질나무는 포르투갈어로 '파우브라실pau-brasil'이며 막대기pau와 깜부기불brasa이 결합한 말로, '깜부기불처럼 빨간 막대기' 정도의 뜻이다.

마호가니와 비슷한 브라질나무는 특히 진홍색 염료가 유럽 전역의 섬유 산업에서 인기를 끌며 중요 수출품이 되었고, 원주민(특히 투피족)들은 유럽인에게 염료를 팔아 번 돈으로 유럽의 소비재들을 누렸다. 산업의 규모가 커진 나머지 유럽의 교역자와 상인들은 이 나라 전체를 브라질의 나라라는 뜻의 '테하 도 브라질'이라 부르기 시작했고, 앞서 말한 페드로 알바레스 카브랄이 붙인 성 십자가의 나라라는 뜻의 재미없는 포르투갈어 국명 '테하 지 산타 크루스'를 대체했다. 실제로 카브랄이 그 이름을 붙인 지 10년도 지나지 않아 지도들은 그곳을 '테하 도 브라지우'라 불렀고, 지금까지 그 이름이 이어지고 있다(Brazil은 브라질-포르투갈어로 '브라지우'라 발음한다).

우루과이

Uruguay

Uruguay

새들의 강? 왕달팽이의 강?

수리남에 이어 남아메리카에서 두 번째로 작은 나라인 우루과이는 두 개의 큰 나라 사이에 화살촉처럼 반항적으로 박혀 있다. 바람 많은 비옥한 해안은 한동안 대서양과 동행하다 중간에 내륙으로 쑥 들어와 거대한 라플라타강과 만나고(이는 아르헨티나 편에서 자세히 살펴볼 것이다), 이곳의 구릉지대에는 소가 사람보다 세 배나 많다.

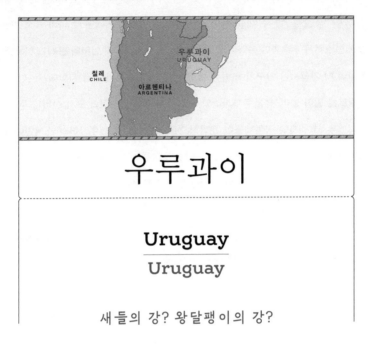

우리가 아는 우루과이라는 이름는 우루과이강에서 따온 것이고, 이 이름은 토착 과라니어에서 왔다. 과라니족은 우리가 앞으로

만날 다른 몇 나라에도 나온다. 이들이 대륙의 브라질, 볼리비아, 파라과이, 우루과이, 아르헨티나에 널리 퍼져 중요한 역사적 사건들에 일정한 역할을 했기 때문이다. 우루과이 양옆의 거대한 두 나라는 오랫동안 자연스럽게 우루과이 문화에 영향을 미쳤다. 우루과이의 언어와 문화는 아르헨티나와 더 가깝지만 인구가 희박한 동북부, 즉 브라질과의 국경 지역에서는 아주 흥미로운 일이 벌어졌다. 우루과이의 도시 리베라와 브라질의 도시 산타나 두 리브라멘투 사이 지역 공동체들이 문화적으로 융합해서 포르투갈어와 스페인어가 결합된 새 언어 포르투뇰이 탄생한 것이다. 포르투뇰은 이후 두 언어의 결합 이상을 의미하게 되어, 현재 포르투뇰이라는 말은 포르투갈어와 스페인어가 뒤죽박죽으로 섞이는 모든 상황을 가리킨다.

국명이 강 이름에서 온 것은 분명하지만 과라니어 Uruguay의 의미를 찾아보려 하면 상황이 조금 모호해진다. 가장 흔한 설은 이 말이 새들의 강, 더 간단하게는 새 강을 뜻한다는 것이다. 설명에 따르면 이 의미는 차루아족의 지역방언에서 왔을 가능성이 높으며, 거기서는 urú가 들새 일반을 가리키는 명사로 쓰였다.

두 번째로 두드러지는 설은 18세기의 엔지니어 호세 마리아 카브레르가 제시한 것이다. 그는 이 지역을 여행한 뒤 이름의 유래가 우루과이강과 그 지류들의 토착 민물인 왕달팽이 이름(과라니어로 uruguá)에서 왔다고 믿었다. 과라니족은 이 달팽이(학명은 큰 입이라는 뜻의 그리스어에서 비롯된 *Pomella megastoma*다)를 잡아먹고 때로는 무덤에도 함께 묻었기 때문에 이 강을 왕달팽이(또는 조개)의 강이라 불렀고, 그것이 나라 이름으로 이어졌다는 것이다.

두 이론 간 논쟁의 핵심은 uru와 gua의 구성, 그러니까 이 두 부분이 원래 한 단어였나 두 단어였나 하는 것이다. y(과라니 방언으로 i

였던 것이 스페인어에서 y로 변했다)가 물, 이 경우에 강을 가리킨다는 것은 학자들의 의견이 일치한다. uru와 gua 두 단어로 보면 새들의 강 설의 손을 들어줄 수 있다. uru+gua+y=새+비롯되다+물 정도가 되기 때문이다. 하지만 urugua가 한 단어라면 왕달팽이의 땅이라는 설이 더 합당하다. urugua+y=uruguá(달팽이)+물이 되기 때문이다.

어원 탐구를 잠깐 해보면 대부분 새 강 설과 관련된 이야기에 맞닥뜨리는데, 이것을 살짝 비틀면 다채로운 새들의 강이라는 뜻이 나온다. 이 시적인 해석은 적절하게도 우루과이의 국민 시인이라 불리는 후안 소리야 데 산 마르틴이 처음 제시했고, 그의 영향력 덕분에 이 해석은 학술적으로는 몰라도 문화적, 제도적으로 많은 지지를 받았다. 어쨌거나 우루과이에 아름다운 색깔의 새들이 많은 것은 사실이니 말이다.

아르헨티나 편으로 넘어가서 은 관련 전설을 탐구하기 전에 마지막으로 살펴봐야 할 것이 있다. 바로 우루과이의 공식 명칭이다. 스페인 식민지 시절 우루과이 강 동쪽과 라플라타강 북쪽의 넓은 지역(오늘날 우루과이, 브라질의 히우그란지두술주와 산타카타리나주가 속한)은 '반다 오리엔탈 델 우루과이', 즉 '우루과이 강 동안東岸'이라 불렸다.

그러다 1825년 8월 25일에 독립을 선언하자 아르헨티나와 브라질이 우루과이를 차지하려고 몇 년 동안 격렬한 전쟁을 벌였지만, 우루과이는 1828년에 몬테비데오 협정으로 마침내 독립을 얻었다. 그런 뒤 이 나라의 공식 국명은 República Oriental del Uruguay가 되었다. 직역하면 '우루과이 강 동부 공화국'이라는 뜻이지만 보통은 '우루과이동방공화국'이라고 옮긴다.

아르헨티나

Argentina

Argentum

은의 전설

아르헨티나로 갈 때는 어원 탐구를 위해 우루과이 서쪽과 맞닿은 육로 대신 남쪽의 수상 국경을 건너 갈 것이다. 이곳은 바로 라플라타 강이라는 거대하고 반짝이는 수역이다. 남아메리카 대륙 안쪽으로 깊이 들어온 이 초대형 하구는 우리를 아르헨티나라는 이름의 기원으로 안내해준다.

스페인어로 '리오 데 라플라타'는 은의 강이라는 뜻이다. 크리스토퍼 콜럼버스는 햇빛이 물에 반짝이는 모습을 반영해 여러 수역에

은이라는 이름을 붙였다. 도미니카공화국 북부 해안의 '푸에르토 플라타'는 은 항구라는 뜻이다. 그러나 라플라타강의 이름은 그와 무관하게 '시에라 데 라플라타'라는 남아메리카 내륙 어디엔가 있다는 신화 속 은의 산에서 기원했다.

이 전설은 명성과 부를 찾아온 초기 유럽 탐험가와 정착민에게 들불처럼 퍼졌다. 1516년에 유명 항해자이자 탐험가인 후안 디아스 데 솔리스는 신대륙 원정대를 이끌고 대서양과 태평양을 잇는 해로를 찾아 나섰다. 그러다 오늘날의 라플라타강 하구에 이르렀고(이때 유럽인 최초로 우루과이 땅에 발을 디뎠다), 태평양으로 가는 전설의 해로를 찾아 계속 강 상류로 올라가다 그를 포함한 선원 대부분이 성난 토착 과라니족 일파의 손에 죽었다(혹은 차루아족이라 알려져 있다. 설명이 엇갈리지만 안타깝게도 목격자들은 대부분이 잡아먹혔다).

하지만 소수의 생존자가 있었다. 포르투갈 콩키스타도르 알레이슈 가르시아는 과라니족의 공격뿐만 아니라 이후 이어진 귀국길에 브라질 해안에서 만난 난파도 이기고 살아남았다. 귀국한 가르시아는 위대한 백인 왕의 이야기를 전했다. 시에라 데 라플라타 기슭의 서쪽(오늘날의 볼리비아)에 은을 비롯한 막대한 보화에 둘러싸인 백인 왕이 있다는 것이었다. 가르시아는 부의 유혹에 사로잡혀 과라니족과 함께 8년을 살면서 페아비루의 복잡한 들길 체계를 지도로 작성하고, 백인 왕을 공격할 인력과 물자를 준비했다.

가르시아는 소수의 유럽인과 2000명의 과라니족 용병을 거느리고 내륙으로 들어가서는 광대한 잉카제국 외곽의 포토시에 다다라 많은 양의 은을 약탈하고 달아나 상당한 성공을 거두었다. 하지만 불행히도 동맹이라 여기던 파야구아족이 파라과이강에 매복하고 있다가 가르시아와 그의 동료 유럽인들을 죽였다. 이때 일부 과라니족이 많은 은을 들고 달아나 약탈물을 자랑하며 무용담을 펼쳤고, 여기서 시에라 데 라플라타의 전설과 라플라타강을 통해 그곳에 가는 방법이 알려졌다.

그래서 은이 가득한 나라, 존재하는지 아닌지 모르는 은으로 된 산, 그 은으로 가는 관문을 뜻하는 이름이 붙은 강이 부나 죽음을 향해 뛰어드는 용감한 사람들을 맞이하게 되었다. 하지만 이런 이야기가 아르헨티나의 기원과 무슨 관계가 있을까?

언뜻 보면 자명하다. 아르헨티나Argentina 또는 테라 아르헨티나(원래는 이 이름이었지만 세월의 변덕 속에 '테라'가 떨어져나갔다)는 말 그대로 은의 땅이라는 뜻이기 때문이다. 그런데 함정이 하나 있다. Argentina를 아르헨티나라고 읽는 것은 스페인어식이지만 이름 자체는 이탈리아어 '아르젠티나argentina'에서 왔다. argentina는 '은으로 만든' '은색의'라는 뜻으로, 라틴어의 argentum이 기원이다.

그러면 등장인물이 모두 스페인이나 포르투갈 사람인데 왜 갑자기 이탈리아어가 나오는 것일까? 그것은 잉글랜드와 스페인 왕실과 제휴해 이 지역의 초기 원정에 참여한 베네치아와 제노바 항해자들(조반니 카보토와 그의 아들 세바스티안 같은)이 은을 스페인어 '플라타' 대신 자국어인 '아르젠티나'로 불렀기 때문이다. 실제로 Argentina라는 이름을 처음 기록한 것은 1536년 베네치아 지도다. 포르투갈 지도 제작자 로푸 오멩도 1554년의 세계지도에 이탈리아어를 채택해서 이 지역을 Terra argētea, 즉 '은의 땅'이라고 불렀다.

스페인어 표현 la Argentina를 본뜬 것인지, 지난날 영어 사용자들은 아르헨티나를 the Argentine이라 불렀다. 하지만 20세기 후반이 되자 이 이름은 인기를 잃고 스페인어에서 정관사 la를 뺀 Argentina가 쓰였다. 하지만 영어 발음은 스페인어와 달리 '아르젠티나'다.

이 이름이 퍼지는 가운데 1602년에 스페인 시인 마르틴 델 바르코 센테네라가 스페인 사람들이 지난 반세기 동안 이 지역에서 벌인 일을 이야기하는 시 「아르헨티나와 리오 데 라플라타 정복, 그리고 페루 왕국, 투쿠만, 브라질에서 일어난 다른 사건들Argentina y conquista del Río de la Plata, con otros acaecimientos de los reinos del Perú, Tucumán y estado del Brasil」(보통은 다행스럽게 「La Argentina」로 줄여 부른다)을 발표한 뒤로 어쨌건 일상생활 속에서는 이 이름이 확정되었다. 물론 스페인 제국은 자국어 이름을 버리지 않고 이 나라의 공식 명칭을 '리오 데 라플라타 부왕령'이라 했고, 이들이 독립한 뒤에는 '리오 데 라플라타 연합국'이라 칭했다.

'아르헨티나공화국' '아르헨티나 연방'이라는 국명을 처음 사용한 법률 문서는 1826년 헌법이었고, 그 후 1853년 헌법이 아르헨티나 공화국이라는 국명을 공식화하자 이 나라는 영원히 백인 왕과 은의 나라 전설과 떼어낼 수 없게 되었다. 그 나라가 실제로는 볼리비아지만 말이다.

칠레

Chile
Chilli

세상이 끝나는 곳과 맹렬한 갈매기

은의 나라에서 다음 목적지로 가려면 서쪽으로 가서 상당한 등반을 해야 한다. 서쪽은 광대한 태평양에, 동쪽은 우뚝한 안데스산맥에 가로막힌 채 남아메리카 서부 해안에 터무니없이 좁고 긴 형태로 자리 잡은 칠레는 국토의 총길이가 4600킬로미터가량이지만 좌우 폭은 평균 177킬로미터에 불과하다. 이렇게 긴 길이가 다채로운 자연의 경이를 선물한 덕에 칠레는 건조한 사막에서 울창한 열대우림까지, 들끓는 화산에서 남극을 향해 뻗은 남해안의 동토까지를 두루 품고 있다.

그러다 보니 세월이 흐르는 동안 칠레라는 이름이 독특한 국토 형태와 관련이 있다는 인식도 생겨났다. 오래되어 쪼글쪼글해진 고추chilli pepper를 흐린 눈으로 보면 그 모양이 칠레하고 비슷해 보이기도 한다. 하지만 우연의 일치일 뿐 어느 쪽도 이름 면에서 서로에게 영향을 받지 않았다. 실제로 칠레 사람들은 이름이 나라 모양에서 왔다는 생각은 전혀 하지 않는다. 칠레 스페인어로 고추는 '아히aji'이기 때문이다.

이것을 알았으니 이제 칠레라는 이름이 지어진 더 그럴듯한 이론들을 살펴보자. 몇 가지가 있다. 이 이름의 기원은 세계 최남단이라는 특이한 위치에 있는 것 같고, 몇 개의 토착어가 실마리를 준다. 하나는 토착민 마푸체족이다. 마푸체족은 칠레 남중부와 아르헨티나 남서부에 흩어져 사는 다양한 집단을 한데 뭉뚱그린 이름으로, 이들은 사회, 경제, 종교 구조가 같고 마푸체어를 쓴다는 공통점이 있다. 마푸체족은 아직도 칠레 인구의 9퍼센트를 차지한다.

마푸체족은 자신들의 땅을 예전부터 마푸체어 방언으로 '칠리'라 불렀다. 칠리는 땅이 끝나는 곳, 가장 깊은 지점 정도로 해석되거나 전혀 동떨어지게 갈매기를 뜻하기도 한다. 여기서 갈매기는 세상의 끝이라는 아련한 감성과 세상의 발밑, 그러니까 태평양과 대서양이 부딪히는 거친 바닷가에서 절벽을 휘감는 거센 바람을 뚫고 맹렬하게 날갯짓하는 갈매기의 이미지를 연상시킨다는 점에서 약간 시적인 방식으로 통한다.

다른 설은 케추아족, 특히 안데스산맥의 케추아족에 주목한다. 이들의 말 chiri는 '차가운'이라는 뜻이다. 다른 설은 아이마라족의 tchili를 거론하는데, 이 역시 비슷하게 눈snow이라는 뜻이다. 말이 서로 비슷해서 칠레와 관련된 것이 우연으로 보이지는 않지만, 이런 말이 너무 많고 서로 뒤섞이다 보니 기원을 모호하게 만든다. ◁ 그런데 chiri, tchilli 등 추위를 표현하는 이 비슷비슷한 남아메리카 단어들은 비슷한 뜻의 영어 단어 chilly와는 아무 상관이 없다. 온라인 어원 사전은 이런 일을 '우연한 동일성'이라고 말한다.

확실한 것은 잉카가 남쪽으로 확장하면서 케추아족을 비롯한 여러 집단과 그들의 언어를 흡수할 때 이 단어들도 잉카로 흘러들어 갔다는 것이다. 그리고 스페인이 남아메리카 남부 정복을 시작했을 때, 스페인인 역시 원주민과 싸우는 과정에서 원주민의 언어에 노출되었다.

한편 17세기 스페인 역사가이자 칠레에서 40년 이상을 산 디에고 데 로살레스는 『칠레 왕국 통사Historia General del Reino de Chile』라는 두꺼운 책에서 다른 설을 제시한다. 그런데 데 로살레스의 주장을 살펴보기 전에 감안해야 할 점이 있다. 그가 당시 예수회 지도자로 명성이 높기는 했지만 그의 역사서는 진실에 대한 느슨한 기준과 과장을 일삼는 경향 때문에 최근에 평가가 그리 좋지 않다는 점을 미리 언급해두겠다.

로살레스도 칠레의 어원을 잉카에서 찾기는 하지만 그는 특히 칠레 중부 잉카의 거점이 되는 아콩카과 계곡에 주목한다. 아콩카과 산은 속해 있는 안데스산맥뿐만 아니라 남북 아메리카 대륙 전체를 통틀어 가장 높은 산이며, 잉카인들은 이 산을 Chilli라 불렀다. 로살레스는 이 이름이 15세기 말 잉카 정복 전쟁 시대에 이 지역을 다스린 불운한 피쿤체 족장의 이름 Tili가 변형된 것이라고 주장했다. 비슷한 또 한 가지 설 역시 아콩카과 계곡을 언급한다. 아콩카과 계곡이 잉카의 심장부 카스마 계곡과 몹시 비슷한데, 그곳에 이미 Chili라는 이름의 도시와 계곡이 있었다는 것이다.

칠레와 칠리 고추

칠레를 지역에 따라 Chilli, Chili, Chile로 헷갈리게 부르는 것처럼 고추를 가리키는 말도 chilli(영국), chili(미국), chile(본토 스페인어)로 다양하다(영어는 1900년에 chilli라는 표기를 버리고 스페인어의 chile를 채택했다). 믿기 힘들지만 고추의 어원은 칠레라는 이름과 아무 상관이 없다. 이는 16세기 사전이 아즈텍의 나와틀어와 chilli 고추를 수록한 것에서 비롯되었다. 멕시코의 스페인어 사용자들이 이 말을 받아들였고, 아마 고추 자체와 함께 17세기에 영어로 들어왔을 것이다.

복잡한 이야기에 이미 머리가 아프겠지만 상당한 무게를 가진 또 하나의 설이 있다. 사실 언뜻 보면 그다지 신빙성 없게 느껴지는 설이지만 여기에도 마푸체족이 등장한다. 현지 새 트릴레의 울음소리를 나타내는 의성어가 마푸체어로 '칠레-칠레'라는 것이다. 잉카인에게서 이 새의 울음소리에 대해 들은 스페인 콩키스타도르 디에고 데 알마그로와 소수의 동료(이들은 1535년에 데 알마그로와 함께 페루에서 칠레로 남하하려다 실패하고 돌아왔다)가 나중에 '칠리 사람들'이라는 말을 사용했다. 그렇게 chiri, tchili, chili, chilli, cheele-cheele를 거쳐 칠레라는 이름이 탄생했다. 족장의 이름, 지리적 특성, 토종 새의 울음소리 등 칠레 이름에 얽힌 이야기는 그 나라만큼이나 길고 다양하다.

페루

Peru

Birú

원주민이 알려준 곳

전성기 시절의 잉카제국은 오늘날 콜롬비아의 남쪽 끝에서 에콰도르를 지나 볼리비아, 아르헨티나, 칠레 깊숙한 곳까지 약 1,995,000 제곱킬로미터(한국의 약 두 배—옮긴이) 면적에 걸쳐 뻗어 있었다. 하지만 잉카인이 타완틴수유라고 부른 이 광대한 제국의 심장부는 쿠스코였고, 안데스산맥 우룸밤바 계곡 근방의 고대 도시 쿠스코는 오늘날의 페루에 있다.

잉카의 언어인 케추아어로 타완틴수유는 네 지역의 땅이라는 뜻이다. '수유'는 지역을 뜻하며 잉카 제국을 이룬 친차수유, 안티수유, 쿤티수유, 쿠야수유라는 총 네 개의 지역을 가리킨다. 하지만 16세기 초에 구대륙이 신대륙을 차지하러 몰려오자 타완틴수유는 스페인 콩키스타도르의 위협을 받았고 잉카의 풍요로운 땅들은 새로운 이름을 받게 되었다.

스페인 정복 시대의 지도와 기록을 보면 오늘날 페루 국명의 어원으로 Perú, Pirú, Virú, Birú, Berú 등 비슷비슷한 이름들이 나온다. 이 중 강력한 후보로 떠오르는 것은 두 가지 어원설이다.

첫 번째 설은 잉카인 가르실라소 데 라 베가가 제기한 것이다. 그가 쓴 『잉카에 대한 현실적 논평Comentarios Reales de los Incas』은 스페인의 잉카 제국 정복 과정에 대한 동시대 기록의 결정판이다. 1539년에 태어나 1616년에 생을 마감한 데 라 베가는 스페인 콩키스타도르와 잉카 귀족 여성 사이에서 태어나 잉카인을 뜻하는 '엘 잉카'라는 별명으로 불린 사람으로, 쿠스코에서 어린 시절을 보내며 잉카 친척들에게 들은 이야기와 구송 역사에 토대해 이 책을 썼다.

'고메스 수아레스 데 피구에로아'가 원래 이름이었던 잉카인, 가르실라소 데 라 베가는 남북 아메리카 역사에 처음 기록된 메스티소다. 메스티소는 유럽인과 아메리카 원주민의 혼혈 인종을 가리키며 스페인의 신대륙 정복 시기에 나타나기 시작했다. 이 말 자체와 여기서 파생된 20세기의 명사 '메스티자헤mestizaje'는 멸칭이 아니라 두 인종의 긍정적인 결합을 강조하는 말이었다. 하지만 오늘날에는 인종 분류 용어가 차별적 관행을 은폐하는 데 사용될 수 있고 실제로도 그렇다는 주장들이 있다.

1609년에 출간된 이 책의 1권에는 페루라는 이름이 태어난 거짓말 같은 만남과 오해의 이야기가 실려 있다. 내용은 이러하다.

1515년 무렵 스페인의 한 탐험가 집단이 페드로 아리아스 데 아빌라 총독의 명령을 받고 항해하던 중 적도 남쪽의 태평양 해안에 상륙했을 때, 이름 모를 강의 하구에서 한 원주민 어부를 만났다. 그들이 어부의 이름을 묻자 통역이 없는 상황에서 어부는 Berú(또는 Birú)라 대답했고, 그곳의 지명은 Pelú라고 했다. 베가에 따르면 이 말은 그 지역 언어로 강을 뜻하지만 탐험가들은 정확한 뜻을 몰랐기에 그 지역을 '페루Perú'라고 부르게 되었다. 베가는 양쪽이 소통할 언어가 없어서 그것 말고도 많은 언어적 오해가 생겨났다고 썼는데, 우리는 그런 일을 이미 많이 보았고 앞으로도 계속 보게 될 것이다.

두 번째 설은 세부적인 면 때문에 가장 개연성이 높다고 여겨지는데, 여기도 역시 Birú(또는 Virú)라는 이름의 다른 아메리카 원주민이 등장한다. 그런데 이 사람은 어부가 아니라 카시케(지역 전체의 족장)였다. 1522년, 스페인 콩키스타도르인 파스쿠알 데 안다고야가 오늘날 파나마의 태평양 해안을 따라 동쪽으로 항해하다 산미겔만을 통해 원주민 마을 초차마에 간다. 그리고 여기서 남쪽 먼 곳에 아직 지도에 실리지 않은 Birú라는 지역이 있다는 말을 듣는다. 타고난 탐험가가 모두 그렇듯 데 안다고야는 Birú에 가기로 마음먹은 뒤 빽빽한 정글을 뚫고 도보로 일주일을 이동한 끝에 마침내 그곳에 이르러 카시케를 만난다.

이는 프란시스코 피사로 곤살레스가 1529년에 세 번째 잉카 원정을 떠나 1533년에 쿠스코를 장악하기 거의 10년 전에 있었던 일이다. 이후 곤살레스가 갔을 때는 '비루'라는 이름이 '페루'로 변해 있었고, 적어도 스페인 사람은 이 이름을 남쪽 땅 전체를 가리키는 의미로 사용했다. 그렇게 잉카제국을 가리키는 이름인 타완틴수유는 스페인에 의해 페루로 바뀌었지만 정작 잉카인은 그 이름을 쓴 적이 없다. 페루 역사가 라울 포라스 바레네체아는 『페루의 이름El Nombre del Perú』이라는 책에서 이 일에 대해 "'페루'는 케추아어가 아니다"라고 간략히 썼다. ◁ 흥미롭게도 브리태니커 온라인 백과사전은 페루가 풍요의 땅이라는 뜻의 케추아어에서 왔고, 수 세기 동안 이 지역을 다스린 풍요롭고 체계적인 잉카 문명의 경제적 부를 가리킨다고 설명한다. 아마도 이것이 가리키는 말은 Pelú일 것이다. 잉카인 가르실라소 데 라 베가에 따르면 Pelú는 강이라는 뜻이고, 강은 풍성한 초목과 생명의 원천이기 때문이다.

그러면 이 흥미로운 땅의 이름은 자칭명이든 타칭명이든 확실한 어원을 알 수 없게 된다. 그런 의미에서 이 이름은 헤수스 A. 코사말론이 《엘 파이스》에 실은 글 "페루의 국명: 공화국 초기의 정체성과 변화The name of Peru: identity and change in the first years of the Republic"에 쓴 것처럼 스페인어든 케추아어든 "어떤 특정 지역이나 토착 집단을 가리키지 않는다는 이점이 있어 정치적으로 '중립'이며, 특정인들이 소유할 수 없고 식민지 시대와 독립 이후 시대가 단절되지 않게 해준다."

학자들은 그랬기에 이 이름이 스페인이나 잉카와 연결된 좀 더 공식적인 이름이었다면 불가능했을 방식으로 큰 변화를 견뎌냈다고 본다. 1542년에 세워진 '페루 부왕령'이 그 증거다. 이 이름은 이전에 쓰던 누에바 카스티야, 누에바 톨레도 같은 스페인 색깔이 강한 행정명을 대신해 잉카 제국을 가리키는 공식적이자 법적인 명칭이 되었다. 이 이름은 페루가 독립할 때 '페루의 공화국'으로 변형되었다가 1979년 헌법에서 마침내 오늘날 우리가 아는 '페루공화국'이 되었다.

볼리비아

Bolivia

Bolívar

남아메리카의 영웅과 스페인 풍차

남아메리카의 마지막 나라로 가다 보면 처음 방문했던 나라를 다시 마주치게 된다. 볼리비아가 베네수엘라와 가까워서가 아니라 이 두 나라가 남아메리카 대륙 최고의 영웅 덕분에 서로 밀접한 관계이기 때문이다.

볼리비아는 지리적으로 남아메리카에서 가장 고립된 나라 중 하나다. 높디높은 안데스산맥과 세계에서 가장 높은 해발고도 3631미터의 행정 수도 파파스에서 아타카마사막을 지나 울울창창한 아마존

분지까지, 볼리비아는 극과 극이 공존하는 나라인 동시에 풍성한 토착 문화를 강력하게 보호하는 나라다. 실제로 2009년 새 헌법은 다양한 인종 구성과 볼리비아 원주민의 강화된 권리를 반영해 '볼리비아공화국'에서 '볼리비아다민족국'으로 국명을 바꾸었다. ✓ 2009년 헌법과 국명 개칭의 부작용 중 하나는 당시 대통령이던 에보 모랄레스가 3연임을 금지하는 규정을 우회해서 세 번째로 대선에 출마하게 되었다는 것이다. 그는 볼리비아가 이름이 바뀌고 새로운 나라가 되었기 때문에 자신의 첫 번째 임기는 계산에서 빼야 한다고 주장했다. 국민투표를 거치기는 했지만 이 모든 일이 정치적 술수에 불과하며 원주민의 권리 증진에 개명은 필요 없었다는 주장도 많다. 어쨌건 모랄레스는 정말 세 번째로 출마해 당선되었고, 이후 네 번째 출마를 위해 다시 헌법을 바꾸려 했지만 이때는 실패하고 말았다.

하지만 이건 너무 앞서나가는 이야기고, 우선은 시간을 19세기 초로 돌려 유럽에서 교육받고 돌아온 한 베네수엘라 청년을 만나야 한다. 이 청년은 나폴레옹 전쟁이 유럽을 휩쓸던 1808년에 스페인 지배로부터 조국을 독립시키는 운동을 시작했다. 볼리비아의 국명은 드물게도 어원이 확실한 경우라서 아무런 수수께끼가 없다. 바로 베네수엘라의 청년 시몬 볼리바르Simón Bolívar를 기리는 이름이기 때문이다.

볼리바르는 그 후 20년 동안 스페인-아메리카 전쟁의 정치 지도자 겸 장군으로 활약하며 콜롬비아에서 시작해 베네수엘라, 에콰도르, 페루, 파나마, 볼리비아를 스페인으로부터 독립시켰다. 그리고 1819~1830년까지는 처음 생겨난 라틴아메리카 독립국들의 연합 '그란 콜롬비아'를 이끌었다. 이 연합에는 오늘날의 파나마, 베네수엘라, 콜롬비아, 갈라파고스제도를 제외한 에콰도르 본토, 페루와 브라질 일부가 포함되었다. ✓그란 콜롬비아는 공식 지역 명칭이 아니다. 실제 이름은 '콜롬비아공화국'이었는데 콜롬비아라는 현대 국가도 있기 때문에 혼동을 피하기 위해 그란 콜롬비아(또는 그레이터 콜롬비아)라고 부른다. 그전에는 콜롬비아공화국을 누에바그라나다공화국, 그라나다 동맹, 콜롬비아합중국이라고도 불렸다.

정체성은 어떤지 몰라도 이름은 스페인어

볼리바르는 스페인에 대항해 싸웠지만 볼리바르라는 이름의 기원과 볼리비아라는 국명의 기원은 스페인 바스크 지방의 비스케이주에서 유래한다. 그곳의 작은 마을 시오르차-볼리바르Ziortza-Bolibar(Bolibar는 Bolívar의 바스크어 표기다)에서 태어난 먼 조상 시몬 볼리바르 데 라 레멘테리아가 그 이름을 가지고 아메리카 대륙으로 건너왔고, 오랜 세월이 지난 뒤 그 이름을 역사에 남긴 것이다. 볼리바르라는 이름은 실제로 각각 풍차와 계곡을 뜻하는 두 개의 바스크어 단어 bolu와 ibar이 합쳐진 말이다. 그러므로 볼리비아는 '(스페인 북부) 계곡의 풍차'라고 해석할 수도 있다.

이어 볼리바르는 부사령관인 베네수엘라 지도자 안토니오 호세 데 수크레에게 알토페루 지역을 맡기고 세 가지 선택권을 주었다. 새로 태어난 페루공화국과 통일하거나, 리오 데 라플라타 연합국과 결합하거나, 스페인에게서 정식 독립을 선언할 것. 결국 데 수크레는 국회 표결을 거쳐 독립을 선택했다.

데 수크레는 1825년 8월 6일, 볼리바르의 이름을 따 신생 독립국을 '볼리바르공화국'이라 명명하고 초대 대통령으로 볼리바르를 지명했다. 아마도 이 나라가 독자 노선을 걷지 않을까 하는 볼리바르의 걱정을 잠재우기 위해서였을 것이다. 볼리바르가 알토페루 지역을 신생 페루공화국과 합치고 싶어 한다고 알려져 있었기 때문이다.

하지만 이 이름은 겨우 나흘밖에 가지 않았다. 8월 10일 국회에서 포토시 지역 대표인 마누엘 마르틴 크루스가 "로물루스Romulus에서 로마Roma가 되었듯, 볼리바르Bolívar에서 볼리비아Bolivia가 되어야 한다"고 주장했기 때문이다. 그 주장이 설득력을 발휘해 1825년 10월 3일에 정식 국명이 '볼리비아공화국'으로 바뀌었고, 이후 2009년에 앞부분에 소개한 대로 다시 이름이 바뀌었다.

유럽

아이슬란드	Iceland
아일랜드	Ireland
영국	United Kingdom
잉글랜드	England
웨일스	Wales
스코틀랜드	Scotland
프랑스	France
독일	Germany
덴마크	Denmark
노르웨이	Norway
핀란드	Finland
러시아	Russia
이탈리아	Italy
스페인	Spain
포르투갈	Portugal

아이슬란드

Iceland

Snæland

여기 오지 마, 정말 추워

남아메리카를 뒤로하고 적도를 지나 북쪽으로 약 9500킬로미터가량을 날아가면, 다른 세상에서 온 것 같은 작은 바윗덩이가 북대서양을 향해 몸을 쑥 내밀고 있는 모습을 맞닥뜨린다. 이곳이 우리의 첫 번째 유럽 기착지다.

아이슬란드는 어느 면으로 보아도 평범하지 않은 나라다. 화산과 유황이 넘쳐나는 풍경에는 얼음과 불뿐 아니라 장대한 폭포, 구릉진 초원, 먹빛 해변, 발광하는 지열 웅덩이도 있다. 국토가 북아메리카와 유라시아 판에 걸쳐 있고, 그로 인해 생겨난 독특한 지리와 지질은 아이슬란드만의 거칠고도 환상적인 아우라를 만들어냈다.

이토록 극단적이고 외딴 섬이라 당연한 일이겠지만 이곳에 토착민은 없다. 이들 역사에는 서기 800년 무렵부터 강인한 부족들이 와서 얼마간 살다가 떠나는 일이 거듭되었다. 아일랜드의 파파르(아버지) 수도사들, 스칸디나비아 탐험가, 스웨덴 바이킹이 정착지를 건설했지만 상당수가 가혹한 자연환경을 이기지 못하고 물러났다. 덕분에 아이슬란드는 복잡한 명명의 역사를 갖게 되었고, 그 과정에 어원과 관련된 몇 가지 멋진 이야기가 남았다.

그중 가장 오래 지속되는 이야기는 이 땅의 이름이 초기 바이킹 개척자들의 계략이라는 것이다. 교활한 바이킹은 이 화산섬의 푸른 해변에 도착하자 다른 개척자들이 눈독 들일 것을 경계해서 이곳을 '아이슬란드Iceland', 즉 '얼음 나라'라고 이름 지었다. 여기 관심을 두지 말고 훨씬 더 매력적인 이름의 그린란드Greenland로 가라는 뜻이었다. 물론 실제로 얼음은 아이슬란드보다 그린란드에 훨씬 더 많다. 이런 이야기는 재밌고 또 그럴듯하지만 사실과 동떨어져 있다.

우리가 파악할 수 있는 선에서 진실을 찾으려면 『아이슬란드 사가Íslendingasögur』를 들여다봐야 한다. 사가는 아이슬란드 정체성의 본질을 이루는 중요한 문학 장르로(아이슬란드에서는 열 명 중 한 명이 일생 동안 책을 한 권 출간한다), 바이킹 시대(또는 아이슬란드 사가 시대)를 영웅적이고 환상적인 이야기로 기록한다. ✐사가는 이따금 인류 역사 속 중대 사건들의 이야기를 담고 있다. 그중에는 스칸디나비아 탐험가 레이프 에릭손의 이야기도 있다. 에릭손은 서기 1000년 무렵 큰 섬을 발견하고 거기 '빈란드Vínland'라는 이름을 붙였다고 한다. 500년 후 크리스토퍼 콜럼버스가 이 섬을 찾아갔고, 이후 캐나다와 아메리카합중국이라는 두 나라로 나뉘었다.

『아이슬란드 사가』에 따르면 9세기 초 이 척박한 화산섬에 처음 발을 디딘 스칸디나비아인은 나도두르 아스트발드손으로, 오늘날의 페로제도로 가는 길에 바람에 휩쓸려 이 섬에 닿았다. 그리고 가을에 폭설이 내리는 모습에 놀라 그 지역을 고대 스칸디나비아어로 '스네란드Snæland', 말 그대로 눈의 나라라 이름 짓고는 다시 본래 목적지로 떠났다.

얼마 후인 서기 860년에 오늘날의 스웨덴 출신인 또 다른 바이킹 가르다르 스바바르손 역시 바람에 휩쓸려 스네란드에 닿았다. 그는 이 미지의 땅 주변을 배로 일주해서 이곳이 섬이라는 것을 최초로 확인한 뒤, 스키알판디 북쪽 만에서 겨울을 나기로 마음먹고 그곳을 '후사비크'라 이름 지었다(이곳은 오늘날에도 소도시로 번성하고 있다). 스바바르손은 섬을 찬양하며 우쭐한 마음을 담아 이곳을 '가르다르숄무르Garðarshólmur', 즉 '가르다르의 섬'이라고 불렀다.

그로부터 8년 뒤에 새로운 개척자가 왔고, 그가 오늘날 이 나라의 이름을 지은 사람이다. 『개척자들의 책Landnámabók』에 따르면 당시 가르다르숄무르라는 곳을 일부러 찾아간 최초의 스칸디나비아인은 으라프나-플로키 빌게르다르손이다. 플로키는 가족과 가축뿐만 아니라 같은 꿈을 품은 다른 사람들도 함께 데려가 화제의 섬에서 새 인생을 건설하려 했지만 그 과정에서 큰 불행을 겪었다. 섬을 찾기 위해 우회하던 중 셰틀랜드제도에 들렀을 때 딸이 익사한 것이다. 이후 페로제도에서는 두 번째 딸이 결혼을 하며 떠났고, 마침내 가르다르숄무르를 찾아 섬 북서부 바르다스트뢴드 지역의 바튼스피외르뒤르 에 자리를 잡았다.

플로키는 첫 봄과 여름을 풍요롭게 보냈지만 그 뒤에 찾아온 길고 가혹한 겨울을 잘 대비하지 못해 가축들을 잃고 실의에 빠졌다. 그리고 다음 해 봄이 오자 해결책을 찾아 인근에서 가장 높은 산에 올라 드넓은 이사피외르뒤르 피오르 너머를 내다보다가 거기 아직도 얼음(아마도 그린란드에서 흘러내려 왔을)이 가득한 모습을 보고 그 땅을 '이슬란트Ísland'라 불렀다. 이는 물론 고대 스칸디나비아어로 얼음 나라라는 뜻이었다.

아이슬란드? 이슬란트?

아이슬란드어로 아이슬란드를 가리키는 말은 '이슬란트Ísland'다. 그런데 이 단어는 섬을 뜻하는 영어 '아일랜드island'와 몹시 비슷하며, 아이슬란드 역시 섬이다. 어떻게 된 일일까? 몇몇 문헌 증거를 보면(또는 거주지의 탄소 연대 측정 같은 과학적 증거를 보면) 이 섬에 먼저 살다가 바이킹에게 쫓겨난 파파르 수도사들은 아이슬란드를 그냥 '섬'이라고 불렀다. 그리고 항해자라는 별명의 수도사 성 브렌던이 6세기에 아이슬란드에 갔다가 아름다움에 매료되어 이곳을 신성한 땅이라 선언하고 고대 게일어의 예수 이름을 따서 '이수Ís(s)'라 불렀는데, 이것이 이슬란트로 이어졌다고도 한다. 프랑스어나 독일어 같은 유럽 언어가 오늘날 아이슬란드를 딱히 얼음과 관련 없는 이슬랑드, 이슬란드라는 이름으로 부르는 것은 이 때문일 수 있다.

노르웨이로 돌아온 플로키는 전처럼 이슬란트를 찬양하지 않았다. 하지만 함께 돌아온 동료 소롤프는(역시 그곳을 떠났지만) 여전히 그곳을 찬양하며, 그 땅은 너무나 비옥해서 풀잎에서 버터가 뚝뚝 떨어진다고 말했다. 이 주장이 널리 퍼지면서 소롤프는 '소롤푸르 스미외르', 그러니까 소롤프 버터로 불리게 되었다. 사람들이 누구 말을 믿었든 이슬란트라는 이름은 노르웨이에 뿌리를 내렸고, 얼마 후인 874년에 최초의 아이슬란드 영구 정착지가 만들어졌다. 그리고 플로키도 다시 그곳으로 돌아가 여생을 살다 죽었다.

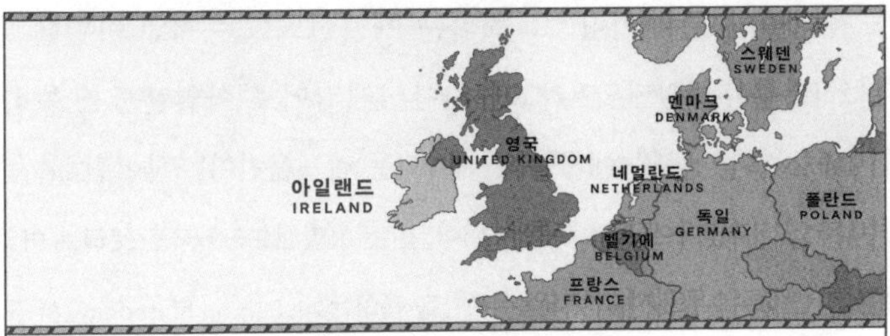

아일랜드

Ireland

Éire

풍요로운 서쪽 땅으로

아이슬란드와 1400킬로미터 떨어진 거리에는 알파벳 한 글자만 다른 섬이 있다. 아일랜드 시인 윌리엄 드레넌이 붙인 '에메랄드 섬'이라는 별명으로 유명한 섬이다. 바람 부는 바위 해안과 푸른 언덕 지대, 풍부한 역사와 문화와 언어, 세계적으로 유명한 다정한 국민을 비롯해 이곳이 대양의 보석이라고 불린 데는 푸른 풍경 말고도 이유가 아주 많다.

드레넌의 표현은 1795년 시 〈에린이 처음 올랐을 때When Erin

First Rose〉에 처음 나온다. 이 시는 혁명과 정치적 억압 속에 사는 조국과 국민에게 바치는 송시다. 제목의 에린은 아일랜드 영어로 아일랜드를 가리키는 시어다. 그 뿌리는 아일랜드 고유어인 아일랜드게일어고(간단히 아일랜드어라고도 한다), 게일어로 아일랜드를 뜻하는 '에이레Éire'의 여격('~에게'라고 해석되는 격—옮긴이) '에이린Éirinn'에서 왔다. ✍ Éire의 소유격은 Éireann이다. 이는 아일랜드공화국을 뜻하는 아일랜드어 Poblacht na hÉireann과 아일랜드인을 뜻하는 muintir na hÉireann에서 볼 수 있다.

이제 Éire와 그 격변화형을 보자. 이것이 Ireland의 사연을 알려주기 때문이다. 자세히 보면 Éire 뒷부분의 세 글자가 Ireland의 첫 세 글자와 같다는 걸 알 수 있다. 영어는 Éire에서 É를 빼버리고 끝에 -land를 붙였을 뿐이다. 흔히 그렇듯 Éire의 진정한 어원에 대해서는 몇 가지 설이 있는데, 이 경우에는 두 가지로 확실히 갈라진다. 하나는 Éire가 아일랜드인이 자국을 가리키는 이름에서 왔다는 것이고, 또 하나는 외부인이 가리키는 이름에서 왔다는 것이다.

먼저 오늘날의 표준 어원론(가장 확률이 높다고 여겨지는)부터 살펴보자. 이에 따르면 Éire는 고대 아일랜드 신화의 어머니 신, 아마도 최고 여신이자 아일랜드의 수호신인 Ériu에서 왔다. 학자들은 다소 불확실한 연역을 통해 Ériu가 원시 게일어 Īweriū(또는 Īveriū)에서 왔고, Īweriū는 원시 켈트어 Φīwerjon에서 왔으며, Φīwerjon의 기원은 원시 인도유럽어 piHwerjon라고 한다. piHwerjon은 형용사 어간 piHwer에서 파생된 것으로, 이 어간은 '가득한' '뚱뚱한' '비옥한' '풍부한' 정도의 뜻이었다고 여겨진다. 이런 변화 과정을 추적해보면 약간의 비약을 통해 Ériu가 풍요의 땅이나 그 비슷한 의미를 담고 있다고 추정할 수 있다.

하지만 이런 단계적 과정에는 많은 가정이 들어 있으며 많은 부분이 연역과 합리적 추측에 토대한다. piHwer가 정말 풍부하다는 뜻인지도 의심스럽다. 아일랜드는 당시 이웃한 유럽 나라들보다 딱히 더 풍요롭지 않았기 때문이다.

약간 위태로운 이 토대 위에 두 번째 설이 있다. 이 설은 아일랜드어가 아닌 스코틀랜드어, 정확히 말하면 스코틀랜드게일어 쪽으로 눈을 돌린다. 19세기의 한 설에 따르면 Ériu는 I-iar-fhónn라는 단어에서 비롯되었다고 한다. 이것을 구성 요소로 분해해보면 i(섬)+thiar(서쪽)+fónn(나라)이다. 그대로 옮기면 서쪽의 나라, 서쪽 나라 섬이라는 뜻이다.

서쪽이라는 개념은 잘 들어맞는다. 고대 스칸디나비아어로 아일랜드인은 서쪽 사람이라는 뜻의 Vestman이었고, 실제로 아일랜드는 스코틀랜드를 포함한 스칸디나비아 나라들의 서쪽에 위치하기 때문이다. 그런데 왜 이 이론이 비교적 늦게 대두되고, 이보다는 아일랜드어에서 온 이름이 더 확률이 높다고 여겨지는 걸까? 이 질문의 대답에는 전문적인 설명이 필요하고, 어쨌건 앞에서 말한 현대 표준 어원론 때문이라 요약할 수 있다.

문제는 두 가지 방향에서 온다. 먼저 첫 번째는 thiar의 옛 형태인 tiar는 tēir형이 없기에 어원학적으로 Éire의 É 위에 악센트 부호가 생겨날 근거가 없다는 것이다. 두 번째는 게일어로 섬을 뜻하는 i가 고대 스칸디나비아어 ey에서 나중에 수입된 것으로, Éire라는 이름이 쓰이기 시작했을 때는 게일어에 없었다는 것이다. 영어로 Éire를 쓸 때는 흔히 악센트 부호 없이 Eire로만 쓴다. 영어 사용자에게는 별 문제가 아니지만 아일랜드어는 악센트가 변화하면 발음뿐 아니라 의미도 달라지기에 중요하다. 아일랜드어로 악센트 없는 Eire는 아일랜드가 아니라 짐, 부담이라는 뜻이다!

오늘날의 국명인 '아일랜드공화국Republic of Ireland'은 정치적으로 더 큰 논쟁의 대상이었다. 1916년에 영국의 지배로부터 독립하기 위해 부활절 봉기가 일어났을 때 아일랜드공화국Irish Republic이 선포되었지만, 1921년에 맺은 영국-아일랜드 조약은 섬 남부의 26개 주를 '아일랜드자유국'이라 불렀다. 계속 군림하려는 영국 군주를 달래기 위해서였을 것이다. 결국 북부의 여섯 주는 영국에 남아 '북아일랜드'라는 이름이 되었다.

이후 1937년에 제정된 헌법은 "나라의 이름은 Éire 또는 영어로 Ireland다"라고 규정했다. 하지만 공화국이라는 지위에 대한 반대는 오래가지 않았고 1949년에는 '아일랜드공화국'이 국명으로 공식 선포되었다.

영국

United Kingdom

The United Kingdom of Great Britain and Northern Ireland

네 개의 나라를 품은 곳

잉글랜드, 스코틀랜드, 웨일스라는 개별 국가의 어원을 탐구하기 전에(그렇다. 여러분이 의심했다 해도 이들은 독자적인 나라다!) 잠시 멈춰 이 나라들이 모두 속한 주권국의 많은 이름과 의미를 먼저 살펴보자. 어쨌건 매우 착각하기 쉽고, 지리학자들은 이런 착각에 크게 화를 내기 때문이다.

세계에서 가장 많이 쓰는 이름은 아마도 United Kingdom(약칭 UK)일 것이다. 정식으로는 The United Kingdom of Great Britain and Northern Ireland다. 이 이름은 영국이 잉글랜드, 스코틀랜드, 웨일스, 북아일랜드의 정치적 연합으로 이루어진 주권국임을 강조한다. 1801~1922년까지는 여기에 아일랜드 전역도 포함되었지만 아일랜드 남부의 26개 주는 영국-아일랜드 조약이 이루어지며 영국의 지배를 벗어나 독립했다.

다음으로는 '브리튼Great Britain(또는 약칭 GB)'이 있다. 브리튼은 잉글랜드, 스코틀랜드, 웨일스는 포함하지만 북아일랜드는 포함하지 않는다. 단순하지만 중요한 차이이다. 특히 북아일랜드 주민에게는 더욱 중요하다! 사람들은 흔히 Great Britain의 Great가 애국심을 담아 스스로 붙인 말이라고 착각한다(광고업자 같은 사람들은 이런 착각을 각자의 목적에 맞게 이용했다). 하지만 이때의 Great는 원래 큰 브르타뉴를 뜻하는 프랑스어 Grande-Bretagne에서 온 것으로, 프랑스 북서부의 지방 브르타뉴가 아니라 영국 제도에 속한 브리튼을 가리키는 말이었다.

마지막으로는 '영국 제도British Isles'가 있다. 이는 정치적 함의가 없는 지리적 명칭으로, 영국과 아일랜드에 속한 모든 섬을 가리킨다. 맨섬, 채널제도, 실리제도뿐만 아니라 스카이섬, 와이트섬 등 이 지역의 복잡한 해안에 점점이 박힌 6000여 개의 작은 섬을 모두 포함한다. 그래서 아일랜드공화국은 영국 제도의 일부지만 그곳 사람들은 영국인이 아니라 아일랜드인이다. ✓ 맨섬과 저지섬, 건지섬, 사크섬, 올더니섬, 험섬을 포함한 채널제도는 영국 왕실령이다. 즉 이들은 GB 또는 UK의 일부가 아니지만 영국 정부가 이 섬들의 방위와 외교를 떠맡는다.

용법이 너무 복잡한 탓에 어쩔 수 없이 알쏭달쏭한 영역이 생겨난다. 공식적 정의도 별 소용이 없다. 예를 들어 사람들은 UK를 흔히 브리튼이나 GB와 등치시킨다. 브리튼과 GB가 북아일랜드를 제외하는 명칭인데도 그렇다. 형용사 British도 UK의 형용사로 쓰인다. 그래서 영어로 영국 시민은 British citizen이고, 채널제도와 맨섬 주민도 여기 포함된다. 헷갈린다고? 다들 그러니 걱정할 것 없다.

이 이름들의 변화 발전을 파악하려면 이름이 영국 역사에 들어온 맥락을 살펴보는 것이 도움이 될 것이다. 영국을 이루는 각 나라는 이어지는 장들에서 자세히 살펴보도록 하자.

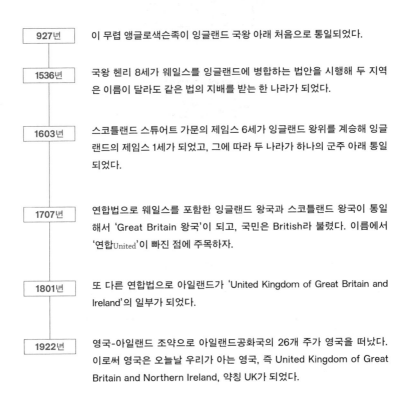

927년	이 무렵 앵글로색슨족이 잉글랜드 국왕 아래 처음으로 통일되었다.
1536년	국왕 헨리 8세가 웨일스를 잉글랜드에 병합하는 법안을 시행해 두 지역은 이름이 달라도 같은 법의 지배를 받는 한 나라가 되었다.
1603년	스코틀랜드 스튜어트 가문의 제임스 6세가 잉글랜드 왕위를 계승해 잉글랜드의 제임스 1세가 되었고, 그에 따라 두 나라가 하나의 군주 아래 통일되었다.
1707년	연합법으로 웨일스를 포함한 잉글랜드 왕국과 스코틀랜드 왕국이 통일해서 'Great Britain 왕국'이 되고, 국민은 British라 불렸다. 이름에서 '연합United'이 빠진 점에 주목하자.
1801년	또 다른 연합법으로 아일랜드가 'United Kingdom of Great Britain and Ireland'의 일부가 되었다.
1922년	영국-아일랜드 조약으로 아일랜드공화국의 26개 주가 영국을 떠났다. 이로써 영국은 오늘날 우리가 아는 영국, 즉 United Kingdom of Great Britain and Northern Ireland, 약칭 UK가 되었다.

잉글랜드

England

Englaland

어부들의 좁고 각진 땅

브리튼섬의 대부분은 영국의 본토 3국 중 인구가 가장 많은 나라가 차지하고 있다. 바로 잉글랜드다. 국토 면적은 크지 않아도 잉글랜드가 오늘날의 세계에 물리적 크기를 뛰어넘는 막대한 영향을 미쳤다는 사실에는 논란의 여지가 없다. 잉글랜드는 영어가 기원한 곳이자, 인류 역사상 최대 제국이었던 대영제국의 심장부였고 산업혁명이 태동한 곳이다. 또 침략, 개척, 문화적 혼합과 군주제의 길고 풍성하면서도 때로는 잔혹한 역사를 겪은 나라이기도 하다.

잉글랜드England는 앵글족Angles에서 온 이름이다. 시계를 5세기 초로 돌리면 로마 군단이 야만족의 침략에 맞서 제국의 심장부를 지키기 위해 브리타니아Britannia 해변을 떠나는 장면이 등장한다(브리타니아는 로마가 영국을 가리킨 말이다). 그리고 그들이 떠난 자리에 북부 유럽의 게르만족과 데인족이 침입해 오늘날의 잉글랜드 전역에 정착한다. 이 중 가장 성공한 세 부족이 주트족, 색슨족, 앵글족이다. ◁세 부족이 서로 섞이고, 토착 브리튼족도 함께 섞이면서 앵글로색슨이라는 말이 생겨났다. 이 말은 브리타니아에 사는 게르만족과 데인족을 유럽 본토의 색슨족과 구별하려는 용도였다. 시간이 지나자 이렇게 섞인 사람들에게서 독자적인 앵글로색슨 문화와 언어가 생겨났고, 더 나아가 잉글랜드 왕국의 개념이 자리 잡았다.

Engla londe라는 말이 처음 기록된 것은 베네딕트회 수도사 성 베다의 731년 저서 『잉글랜드인들의 교회사The Ecclesiastical History of the English People』다. 그는 앵글로색슨족이 잉글랜드에 처음 온 시기가 정확히 449년이라고 썼다. 주트족은 오늘날 덴마크의 유틀란트 반도에서 건너와 켄트주와 와이트섬에 자리 잡았고, 독일 북부 니더작센에서 온 색슨족은 잉글랜드 남부 전역에 정착했으며, 독일 북부 앙겔른반도에서 온 앵글족은 이스트앵글리아 지방에 자리 잡았다.

이후 5~6세기 동안 앵글족이 일대의 동맹을 지배하면서 앵글족의 나라를 뜻하는 Anglaland라는 이름이 생겨났고 이것이 기본이 되었다. Englaland는 고대영어 Engles의 여격 Engla에서 생겨났는데, 중복된 음절 la 하나가 탈락하면서 오늘날 우리가 아는 England가 되었다. 이런 일을 중음탈락이라고 한다. ◁중음탈락은 어원 탐구에서 상당히 자주 보이는 현상으로, 중복되는 음절이나 소리가 시간이 지나면서 동화되거나 변하여 사라지는 일이다.

이로써 잉글랜드의 기원은 알게 되었지만 우리는 여전히 그게 무슨 뜻인지는 모르는 상태다. 이를 알려면 독일 북부의 슐레스비히홀슈타인주로 가야 한다. 이곳은 지금도 앙겔른반도에 있으며 앵글족의 고향이다.

알려진 것 중 앵글족을 처음으로 언급한 기록은 로마 역사가 타키투스의 서기 98년 저서 『게르마니아Germania』다. 이 책은 라틴어로 Anglii라 부르는 사람들의 이야기를 담고 있다. 『게르마니아』는 로마제국 바깥에 있는 게르만족들의 역사와 민족 특징을 기록한 책이다.

하지만 Anglii의 어원에 대해서는 논란이 있고 설명도 제각각이다. 이 말은 게르만 신화의 잉구이나 잉과즈 신에게서 온 것일 수도 있고, 앵글족이 속했던 독일 북부의 문화적 집단 잉그바에오네스 동맹을 가리키는 것일 수도 있다. 좁다, 빽빽하다는 의미의 원시 인도유럽어 어근 eng-에서 왔다는 설도 있다. 앙겔른반도 안쪽으로 깊이 들어오는 좁은 바다 슐라이만을 가리켰다는 것이다. 하지만 이 설은 근거가 다소 빈약하다.

더 흥미롭고 창의적인 설은 앙겔른이 앵글족이 살던 앙겔른반도의 각진angular 모양에서 왔다는 이야기다. 비슷한 설로는 이 반도의 낚싯바늘 모양에서 왔다는 설도 있다. 어쨌건 앵글족의 주업은 어업이었고, 현대 영어의 낚시꾼angler도 거기서 비롯되었다는 것이다. 이렇게 길고 복잡한 탐색 끝에 찾은 잉글랜드의 의미는 단순히 '어부들의 땅'일 수도 있다.

산산이 분열된 원주민과 앵글로색슨족은 수백 년간의 정치적 다툼과 분쟁과 병합을 겪고서야 하나의 지도자 아래 통합되었다. 먼저 웨섹스의 앨프레드대왕이 침략자 데인족을 통일하고 물리쳤으며 927년 7월 12일, 마침내 잉글랜드 최초의 왕 에설스탠 아래 통일 국가 잉글랜드 왕국이 생겨났다.

어둠 속에 사라진 시대

로마가 물러간 뒤 잉글랜드에 앵글로색슨족이 침략해 자리 잡은 시대를 흔히 중세 시대라고 한다. 하지만 이 시대에 대한 문서 기록은 매우 부족하다. 그래서 추측성 정보의 정확성을 두고 학자들 간의 견해 차이가 크다. 이 시기를 암흑시대라고 하는 것은 그 때문이다.

웨일스

Wales

Walha

자기 땅에서 외국인이 된 사람들

웨일스의 역사는 쉽게 짐작할 수 있듯이 잉글랜드와 스코틀랜드의 역사와 밀접하게 얽혀 있다. 특히 잉글랜드 남서쪽 끝의 콘월주, 잉글랜드와 스코틀랜드와 잇닿은 잉글랜드 북서부 지역(지난날 올드 노스Old North라 부른)이 많은 영향을 미쳤다. 웨일스에 깃든 서사는 브리튼족이 동쪽에서 침략해온 민족들과 맞서 싸운 이야기이기 때문이다.

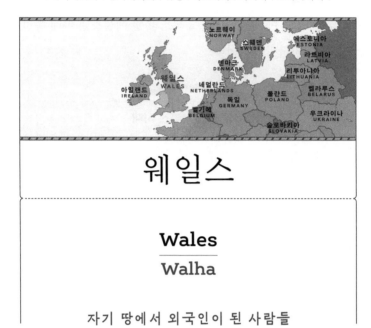

웨일스Wales라는 이름의 어원은 특이하다. 영어 이름인 웨일스는 어근이 대체로 외국인, 외부인으로 해석되어 웨일스어로 웨일스

를 칭하는 '컴리Cymru'와 뜻이 반대되기 때문이다(Cymru는 친구, 동족을 뜻한다). 어떻게, 그리고 왜 이런 차이가 생겨났는지는 해볼 만한 이야기다.

외국인이나 외부인 같은 말은 따뜻함이나 환영이 담긴 말이 아니다. 더군다나 그 고장에서 태어난 사람에게 쓴다면 거의 모욕적인 반어법이 된다. 하지만 우리는 이런 생각을 가지고 기원전 500년 무렵으로 가서 로마인과 유럽을 배회하는 게르만족과 골족의 충돌을 살펴보고, 특히 게르만족 중에서도 서쪽에 살던 월카이족Volcae이라는 골족 동맹체에 주목해야 한다.

그 뒤로 1000년이 흐르는 동안 호전적인 게르만 부족들은 이웃 영토를 계속 침략했고, volcae라는 말은 뜻이 넓어져서 그들의 서쪽에 사는 모든 민족을 가리키다가, 결국 서로마제국에 살면서 게르만어 대신 라틴어를 쓰는 로마인과 켈트족 전체를 가리키게 되었다. 그래서 외국인, 외부인이라는 뜻이 생긴 것이다.

volcae는 발음의 변이를 거치며(라틴어 학자들의 말에 따르면 일부 라틴어 단어 어두의 v는 흔히 '우(w)'로 발음된다) 유사한 발음의 원시 게르만어 walhaz(또는 walha)로 변했고, 의미도 전과 비슷하게 '로마의' '로망스어를 하는'이었다. 이때 로망스어란 로마의 언어인 라틴어와 거기서 파생된 언어들을 말한다.

walha와 그 변이형들은 역사 기록에 여러 차례 나타난다. 5~7세기 스웨덴 금화에는 외국의 곡식이라는 뜻의 walhakurne라는 말이 새겨져 있고, 옛 독일 문서들에도 이 단어가 '낯선' '외국의'라는 뜻으로 거듭 등장한다. 시간이 흐르면서 서부 게르만어는 a가 e로 바뀌었고, 따라서 walha의 변형인 형용사 wahlisk가 welisc로 변했다가 마침내 welsch가 되었다.

게르만족이 영국으로 뻗어가서 현대 잉글랜드의 토대인 앵글로색슨족에 통합되자, welsch는 고대영어에 들어가 wealh가 되었다. 단어의 뜻은 이제 로마인이 아닌, 동쪽에서 밀려오는 게르만족과 맞서 싸우면서 오늘날 영국의 서쪽 지역(웨일스뿐만 아니라 콘월과 올드 노스까지)으로 밀려난 브리튼족을 가리켰다. ◀ 일부 브리튼족은 앵글로색슨족의 방망이와 칼을 피해 브리타니아의 서쪽보다 더 먼 곳까지 갔다. 아예 섬을 완전히 떠나 프랑스의 브르타뉴, 스페인 갈리시아의 브리토니아로 이주했고, 잠시지만 채널제도에도 식민지를 건설했다.

그렇게 wealh의 복수형 wēalas가 외국인이라는 뜻을 가지고 브리튼족의 고향 땅 웨일스를 가리키는 황당한 상황이 생겨났다. 더 이상한 것은 이 시기에 의미가 협소해져 타자他者, 노예를 뜻하게 되었다는 것이다. 앵글로색슨족이 볼 때 브리튼족은 지위가 낮은 민족이었기 때문이다. 다행히 오늘날에는 그런 함의가 사라지고 웨일스인들의 낙천성과 따뜻함만이 남았다. 그러니 웨일스인이 자신의 나라를 영어 대신 웨일스어로 부르고 싶은 마음은 어쩌면 당연한 일이다.

한편 컴리(웨일스인은 Cymry. 고대 웨일스어로는 Kymry다)는 뿌리가 전혀 다른 원시 브리튼어로 동향인, 동족을 뜻하는 conbrog에서 왔다. Kymru와 Kymry는 633년 무렵 당시 귀네드 왕인 아반 페르디그가 카드와슬론 아프 카드반을 찬양하는 시에 처음 등장한다. 그리고 몇 세기 후인 940년에 잔혹한 「브리튼의 대예언Armes Prydein Vawr」에서 굳어졌다. 이는 『탈리에신의 책Book of Taliesin』에 나오는 10세기의 예언 시다. 페르디그는 이 시에서 Kymry라는 말로 웨일스인뿐만 아니라 앵글로색슨에 맞서 싸우는 다른 브리튼족도 함께 지칭하며, 모두 일어나서 그들을 죽이거나 영원히 브리타니아에서 쫓아낼 것을 촉구한다.

웨일스에 사는 브리튼의 여러 부족이 웨일스인이 되어 콘월, 올드 노스 또는 브르타뉴의 브리튼족과 구별된 분명한 시기는 알 수 없다. 하지만 역사가 존 데이비스에 따르면 여러 가문이 점진적으로 합병하면서 11세기에 컴리는 웨일스 최초의 왕 그리피드 압 흘러웰린에게 1057년 무렵부터 그가 죽은 1063년까지 통치받았다. 그의 짧은 통치 이후 침략과 전쟁이 계속 이어지다가 마침내 13세기에 헨리 3세가 몽고메리 조약으로 초대 독립 웨일스 공 흘러웰린 압 그리피드를 승인했다(최초의 웨일스 왕 이름과 매우 헷갈린다). 이후 1536년에 웨일스는 영국 왕실에 병합 통일되어 잉글랜드와는 별개의 지위를 유지하지만 그들과 같은 법, 같은 군주의 지배를 받게 되었다.

비밀 노래

많이 쓰이는 단어는 아니지만 오늘날에도 독일어 사전에서 welsch를 찾아보면 프랑스, 이탈리아, 스위스 일부 같은 로망스어 사용 국가 목록이 나오고, 그와 함께 '외국의' '라틴의'라는 뜻이 나온다. 여기에는 아직도 부정적인 함의가 있어서 스위스의 이탈리아어나 프랑스어 사용자에 대한 멸칭으로 드물게 쓰인다. 재미난 관련어로는 rotwelsch가 있다. rotwelsch는 도둑의 은어라는 뜻으로, 한때(어쩌면 아직도) 독일 남부와 스위스에서 은밀하고 불법적인 일을 논할 때 사용되었다.

스코틀랜드

Scotland

Scoti

아일랜드 게일족 약탈자들

앞서 잉글랜드가 작은 지리적 발자국에도 불구하고 세계에 막대한 영향을 미쳤다고 말했다면, 스코틀랜드에는 더 큰 경의를 바쳐야 한다. 브리튼섬 북쪽 3분의 1을 차지하고 있는 스코틀랜드의 저지대와 고원지대는 아름다움과 웅장함뿐만 아니라 거친 자연과 가혹한 날씨로도 유명하며, 이 때문에 사람이 살기 힘들고 경제적으로 고충이 많은 땅이다.

초기 스코틀랜드인들은 이런 어려움에도 불구하고(아니 어쩌면 그것 때문에) 깊고 풍부한 문화를 발전시켰고, 그 결과 전 세계에 상당한 기여를 했다. 프랜시스 허치슨과 데이비드 흄은 도덕 감정과 인간 본성에 대한 선구적 철학 이론을 내놓았고, 경제학자 애덤 스미스는 자본주의의 아버지라고 불린다. 알렉산더 그레이엄 벨과 제임스 와트가 발명한 전화와 증기기관은 오늘날 세상의 거의 모든 면을 형성했다. 스코틀랜드인은 어디서 이런 회복력, 끈기, 창조성을 얻은 걸까? 이를 알아보려면 역사를 거슬러 올라가 이 사람들의 뿌리를 캐보아야 한다.

스코틀랜드Scotland라는 이름은 Scoti(또는 Scotti)에서 왔다. 이는 로마가 오늘날의 스코틀랜드 지역을 침략하는 아일랜드 게일족 약탈자들을 가리키는 말이었다. 이 이름은 4세기에 로마제국이 자국을 위협하는 아일랜드 부족들에 대한 경계 목록을 작성할 때 처음 나타났다. 습격은 계속되었고 5세기에 로마가 브리타니아를 떠날 때 Scoti의 악명과 위상은 더 높아졌다. 아일랜드 게일족 약탈자들은 북부 아일랜드뿐만 아니라 달리아타 왕국(오늘날 스코틀랜드의 아가일)에도 영구 정착지를 건설했고, Scoti는 오늘날의 스코틀랜드에 사는 사람을 비롯해 바다 건너 아일랜드에 사는 사람까지를 모두 가리켰다.

9세기에는 이것이 바뀌어 Scoti의 땅 Scottia(장소를 가리키는 라틴어 접미사 -ia가 붙은 것. 앵글족의 나라가 Anlge+-ia로 Anglia가 된 것과 마찬가지다)가 아일랜드 사람과 땅을 포함하지 않게 되었고, 브리튼섬에서 포스만 이북의 땅만을 가리키게 되었다. 그리고 시간이 흘러 200년 뒤, 11세기의 『앵글로색슨 연대기Anglo-Saxon Chronicle』라는 책에 오늘날 우리가 아는 이름이 나온다. 어느 백작이 '스코틀랜드의 왕' 맬컴 3세의 보호 아래 피신했다는 내용이 있기 때문이다. 이 이름은 변하지 않고 유지되어 중세 말에는 Scotland(나라)와 Scot(사람)이 흔히 쓰이게 되었다. ✈ 스코티아Scotia라는 지명이 대체하기 전에 포스만 이북 지역은 '칼레도니아'라는 라틴어 이름으로 불렸다. 이 라틴어 이름은 오늘날까지 스코틀랜드와 영국 곳곳에 남아 있다. 런던발 에든버러행 야간열차의 이름이 '칼레도니아 침대 차'인 것도 그렇다. 축구의 북부 더비는 애버딘 FC가 숙적인 인버네스 칼레도니안 시슬 FC와 맞붙는 경기다. 영국제도의 다른 라틴어 이름들도 여기저기 보인다. 아일랜드를 가리키는 히베르니아, 웨일스를 가리키는 캄브리아(캄브리아는 웨일스의 자칭명 '컴리'를 라틴어화한 것이다), 그리고 로마 치하의 브리튼섬을 가리키는 브리타니아 등이 그것이다.

이처럼 도입 시점은 비교적 명백하지만 Scoti라는 단어의 어원은 그리 뚜렷하지 않고, 스코틀랜드를 침략한 게일족의 기원도 마찬가지다. 이 말은 우리가 아는 어떤 게일어 단어에도 상응하지 않아서 게일족의 자칭명은 아니라고 보이지만 라틴어와도 연결되지 않는다. 그러면 어디서 온 것일까? 많은 설이 있지만 아마도 어떤 직업이나 활동을 가리키던 원시 아일랜드어 단어가 후기 라틴어에 들어가서 변형되고, 이것이 차츰 한 인종 집단 전체를 가리키게 되었을 가능성이 있다.

약간 비약이 심한 설로는 역사가 월터 바워가 1440년대에 쓴 스코틀랜드 초기 역사서 『스코티 통사Scotichronicon』 이야기가 있다. 이 책은 오래전 이집트에서 추방된 파라오의 딸 스코타Scota의 전설로 시작한다. 스코타는 남편 고이델 글라스(게일족의 언어를 가리키는 '고이델어'라는 말이 이 이름에서 왔다고 여겨진다)와 함께 새 땅을 찾아 서쪽으로 항해하다 태어난 아들 히베르Hyber와 함께 스페인을 거쳐, 마침내 오늘날의 아일랜드에 정착한다. 이때 히베르의 이름에서 스페인과 아일랜드를 가리키는 라틴어 Iberia와 Hibernia가 모두 왔다. 히베르는 어머니의 이름을 따 그곳을 '스코티아'라고 명명했는데, 스코티족이 스코틀랜드로 이주한 뒤에는 그 말이 스코틀랜드만을 가리키게 되었다고 한다. 하지만 바워의 역사서는 오늘날 그다지 좋은 평가를 받지 못하기 때문에 이 이야기는 상당히 걸러 들어야 한다.

불확실하기는 마찬가지지만 그렇게 환상적이지 않은 설들도 있다. 그래도 어쨌건 이것들은 좀 더 진지한 어원 탐색을 담고 있다. 19세기 영국 군 역사가 찰스 오만은 스코틀랜드라는 이름이 게일어 Scuit에서 왔다고 주장한다. "스코틀랜드인을 가리키는 말은 Scuit이었다. 이는 분리된 사람, 망가진 사람이라는 뜻으로, 다른 고이델족(게일족)이 봤을 때 그랬다는 것이다. 400년 후 데인족이 바이킹을 그렇게 본 것과 마찬가지다."

오만과 동시대인인 스코틀랜드 작가 애옹가스 매코에니치는 게일어 종족명 Sgaothaich가 그 뿌리라고 본다. 이 말은 떼, 무리를 뜻하는 sgaoth에서 온 것이다. 작가 필립 프리먼은 2000년에 출간한 『아일랜드와 고전 세계Ireland and the Classical World』에서 어둠이라는 뜻의 그리스어 skotos의 뿌리가 된 인도유럽어 skot을 언급한다.

하지만 스코틀랜드의 진정한 기원은 그 이상 알기 어렵다는 것이 현재의 진실이다. 어쨌건 그것은 아일랜드 출신 게일족 Scoti에서 온 말이고, 그들은 브리튼섬 북부의 가혹한 고원지대를 침략한 약탈자로 시작했다가 나중에는 그곳에 정착해 번성을 이루었다.

프랑스

France

Francia

앞으로, 맹렬하게, 그리고 무엇보다 자유롭게

오늘날 프랑스는 와인, 미식, 패션, 낭만의 나라로 세계에서 가장 많은 관광객이 찾는 나라다. 하지만 현대 역사를 잠깐만 훑어도 알 수 있듯이 예전부터 그러지는 않았다. 실제로 프랑스는 영국과 최근접 지점의 거리가 34킬로미터밖에 되지 않아 두 나라는 현대 역사 내내 서로를 침략했다. 1000년 전에 영국해협을 건너려면 오늘날 해저 터널로 주파하는 30분보다 훨씬 더 많은 시간이 걸렸겠지만, 그래도 양쪽 다 서로를 가만히 두고 보지 못했다.

이 지리적 근접성은 백년전쟁에서 워털루전투까지 두 나라에 큰 영향을 미쳤다. 우선 잉글랜드는 1066년의 헤이스팅스전투 이후 정복왕 윌리엄이 잉글랜드의 윌리엄 1세 왕이 되며 문화와 언어가 격변했다. 윌리엄이 새 왕국을 지배하면서 프랑스어에서 기원한 단어들이 흔해졌고(특히 중간계급과 상류계급에서), 그 결과 오늘날에도 모든 영어 단어의 3분의 1가량이 프랑스어에 뿌리를 두고 있다.

하지만 윌리엄의 애초 본거지인 노르망디는 바이킹족이 정착한 프랑스 북부의 공작령일 뿐이었다. 윌리엄이 잉글랜드 남부 해안에 힘을 미치기 시작할 때 프랑크족 제국은 이미 프랑스뿐만 아니라 룩셈부르크, 벨기에, 스위스 전역, 그리고 독일, 네덜란드, 이탈리아의 일부 지역까지 뻗어 있었다. 이 강력한 민족의 이름에서 오늘날의 이름 프랑스가 나왔다. 이 이름은 프랑크족의 땅 또는 영토를 뜻하는 '프란키아Francia'에서 온 말이다. 실제로 스페인어와 이탈리아어로 프랑스는 아직도 프란키아다. ✈ 외국어 이름이 타 언어에서 재가공되는 과정도 재미난 것이 많다. 프랑스를 가리키는 마오리어 Wīwī가 그 완벽한 예다. 이 이름은 프랑스인들이 '네'라고 대답할 때 '위위oui oui' 하고 같은 말을 두 번씩 반복하는 경향에서 나왔다.

거기서 시간을 다시 1000년가량 거슬러 올라가보자. 기원전 58년에 이 땅을 정복하러 나선 로마 장군 율리우스 카이사르는 이곳을 직접 '골Gaul'이라 명명한다(라틴어로는 갈리아Gallia). 그곳에는 여러 켈트족이 다양한 믿음과 생활 방식 속에 살고 있었는데, 카이사르가 이곳을 로마에 병합하면서 갈로로만Gallo-Roman 문화가 태어났고 그와 함께 프랑스어가 시작되었다. 그리고 그 결과로 상당수의 영어 단어도 탄생했다.

하지만 4세기가 다가오자 서로마제국은 골 지방에 대한 지배력이 약해졌고 연약한 동맹에 의존해야 했다. 명목상 동맹이지만 싸움도 자주 일으킨 여러 게르만족은 북부 유럽 곳곳에 퍼지며 날이 갈수록 친구보다는 적의 면모를 띠었다.

특히 오늘날 독일의 라인강 하류와 엠스강 유역에 자리 잡은 프랑크족 부족 연합이 그랬다. 프랑크족은 5세기 초에 다른 비슷한 부족들(오늘날의 폴란드인 반달족, 프랑스 남부와 스페인 북부의 서고트족)과 함께 골 지방 공격을 이끌었다. 그러다 마침내 지역의 지배자로 우뚝 선 프랑크족은 서기 509년에 클로비스 1세 왕 아래 프랑크왕국이라는 통일 왕국을 세웠다.

별표 아스테릭스

세상에서 가장 유명한 골족 인물은 가공의 인물이다. 인기 만화 '아스테릭스 시리즈'는 골족의 작은 마을이 마법의 묘약을 사용해 강력한 로마제국에 맞서 싸우는 내용이다. 만화 작가 르네 고시니와 일러스트레이터 알베르 우데르조는 주인공 아스테릭스Astérix의 이름을 문장 부호 *(별표)를 가리키는 프랑스어 astérisque에서 따왔다. 그가 이야기의 스타라는 뜻을 담은 명명이었다. 접미사 -ix는(아스테릭스뿐 아니라 골족 동료 대부분의 이름이 -ix로 끝난다) 왕이라는 뜻으로, 당시 유명한 골족 족장들, 특히 기원전 52년에 카이사르에게 무릎을 꿇은 골족의 마지막 왕 베르생제토릭스를 연상시킨다.

프랑크Frank라는 이름은 기원전 61년 무렵 게르만족 일파 시캄브리족의 왕이던 프랑키오Francio에게서 왔다. 라인강 연안에 왕국을 세웠던 이들이 프랑크족의 조상이다. 프랑크의 어원에 대해 옛날부터 인기 있는 설은 이 이름이 창, 투창을 뜻하는 원시 게르만어 frankōn에서 왔고, 이것은 프랑크족이 선호하던 무기인 투척 도끼(라틴어로는 francisca. 직역하면 프랑크족의 도끼라는 뜻이다)를 가리킨다는 것이다. 혹은 창을 앞으로 던지기에 '앞으로'라는 뜻의 독일어 어근 fram에서 왔을 수도 있다.

그럴듯하지만 오늘날에는 반대로 무기 이름이 프랑크족의 이름에서 왔다는 게 정설이다. 비슷한 원시 게르만어 어근 탐색을 통해 '맹렬한' '대담한'이라는 뜻의 고대 고지독일어 frankaz에서 왔다는 설도 있다. frankaz는 그들의 강력한 전투력을 칭찬하는 말이고, 그래서 프랑스가 사나운 이들의 나라가 된다는 것이다. 역시 그럴듯하지만 가능성이 적다.

오늘날 가장 널리 인정되는 바는 이 이름이 '자유로운free'이라는 뜻이라는 것이다. 아마도 로마 지배하의 골 지방에서 프랑크족이 납세와 부역의 의무가 없는 지위였기에 나온 말로 보인다. 이 말은 '부역 의무가 없는' '솔직한'이라는 뜻의 고대영어 frank에서 왔고, 그 전에는 '자유로운' '고귀한'이라는 뜻의 고대 프랑스어 franc나 franca, 궁극적으로는 '자유로운' '부역이 면제된'이라는 뜻의 중세 라틴어 francus에서 왔다. 그러니까 프랑스는 자유인들의 땅이라는 뜻이다.

독일

Germany

Deutschland

가장 많은 이름을 가진 나라

우리의 유럽 여행 중 많은 나라의 명명 과정에 거듭해서 등장한 민족이 있다. 바로 게르만족이다. 잉글랜드의 앵글족과 색슨족, 웨일스의 월카이족, 프랑스의 프랑크족은 모두 부족 이름이 나라 이름이 되어 오늘날까지 이르고 있다. 하지만 그보다 더 흥미로운 것은 게르만족의 심장부에 자리한 나라인 독일의 명명일 것이다. 게르만족에 속한 여러 민족은 각기 사용하는 언어에 따라 이 나라를 다양한, 때로는 전혀 무관한 이름으로 불렀다. 사실상 세상 어떤 나라보다도 많은 이름을 가졌다고 할 수 있다. 그러면 이 침략 민족 게르만족은 누구고, 무엇 때문에 현대 유럽 어원 이야기에 이렇게 큰 영향을 미치게 되었을까?

답은 간단하다. 독일의 지리 때문이다. 지금 독일이 있는 지역은 역사적으로 지정학적 교차로에 위치해 있어서 발전하는 유럽 땅 곳곳의 여러 민족이(때로는 아시아 민족도) 서로 처음 맞닥뜨리는 장소가 되었다. 진군하는 서로마제국 앞에 라인강과 다뉴브강 같은 거대한 장애물이 나타났다고 생각해보자(이 강들은 천연 내륙 국경을 이루어 '리메스 게르마니쿠스', 즉 '게르만의 한계'라고 불렸다. 로마가 여기에 막혀 동쪽과 북쪽으로 더 이상 가지 못했기 때문이다). 그 결과 이 지역에는 다양한 문화, 언어, 믿음, 종교가 몇 세기에 걸쳐 서로 상호작용하는, 다시 말해 싸우고, 교역하고, 협력하고, 통혼하는 인종적 잡탕이 생겨났다.

그러면 어디서 시작해야 할까? 영어 이름 Germany로 시작해보자. 널리 알려진 설은 골족이 라인강 너머 동쪽에서 침략하는 민족을 처음으로 '게르마니Germani'라 명명했다는 것이다. 하지만 이것이 그들의 자칭명은 아니었다. 게르마니의 기원은 논란이 있지만 주요한 설 하나는 이 말이 고대 아일랜드어인 켈트어로 이웃을 뜻하는 gair과 사람들을 뜻하는 moan이 결합된 말로, 이웃 사람들을 뜻한다는 것이다. 그들이 서로 가깝게 살았던 걸 생각하면 일리가 있다.

어떤 설은 이 민족들이 흔히 사용한 창을 가리키는 어근 ger(또는 gari)이 기원이라 하고, 또 다른 설은 '소리치다'라는 뜻으로 전장의 함성을 가리키는 garim이 뿌리라고 한다. 뭐가 되었든 한 가지만은 확실하다. 이 켈트어 단어가 율리우스 카이사르 치하의 로마에서 라틴어 '게르마니아Germania'가 되었다는 것이다. 이는 게르마니들의 나라라는 뜻이고(-ia 접미사의 용법은 Scotia와 Anglia에서 이미 보았다), 이것이 16세기 초 현대 영어의 Germany가 되었다.

영어 이름과 관련된 이야기는 이렇지만, 이는 핵심을 비껴간다. 독일인이 자국을 부르는 자칭명은 사람들의 땅이라는 뜻의 '도이칠란트Deutschland'이기 때문이다. 8세기에 유래한 Deutschland는 고대 고지독일어 diutisc에서 왔고, 이 말은 다시 '사람들의'라는 뜻의 원시 독일어 Þeudiskaz에서 왔다. 이는 원시 인도유럽어의 teuta에서 온 것으로, 북부 유럽의 게르만족을 가리키는 Teuton에서 비롯한 말이다. 그래서 생겨난 튜턴족의 나라 Teutonisch Land가 줄어서 19세기에 Teutschland가 되고, 오늘날의 Deutschland가 되었다.

Germany와 Deutschland가 어느 정도 해결되었으니 이제 독일의 다른 이름들을 살펴보자. 그중에는 명백한 것도 있고 어이없는 것도 있다. ✈ 이탈리아어로 독일은 '제르마니아'다. 이탈리아어가 라틴어에서 유래한 로망스어 계열이라는 걸 생각하면 이해가 가는 이름이다. 하지만 이상하게도 독일인을 뜻하는 단어 '테데스코tedesco'는 Deutschland처럼 라틴어가 아닌 고대 고지독일어 어근에서 왔다. 테데스코는 이탈리아에 사는 독일계 유대인, 특히 16세기 베네치아에 (베네치아 시민권이 없는) 이탈리아인으로 정착한 3대 유대인 집단 중 하나와 관련해 발달했다. 오늘날에도 이탈리아의 유대인에게는 Tedesco라는 성이 흔하다.

가장 흔한 것은 개별 게르만족에서 비롯된 것이다. 많은 나라에서 독일을 가리키는 이름은 대개 그들이 처음 마주친 게르만족 일파의 이름이다. 예를 들어 프랑스, 스페인, 포르투갈은 독일을 각각 알레마뉴, 알레마니아, 알레마냐라고 한다. 이것은 오늘날 스위스 북부와 프랑스 알자스 지방 일대에 있던 게르만족의 '알레만 동맹'에서 온 말이다. 북유럽으로 가도 비슷하다. 핀란드와 에스토니아는 독일을 각각 삭사, 삭사마라고 한다. 그들이 만나 교류한 게르만족이 작센Saxon(독일어로는 Sachsen)족이었기 때문이다.

다른 국명들은 뭐랄까, 좀 더 해석이 깃들어 있다. 예를 들어 많은 슬라브어가 독일을 가리킬 때 '네메츠Nemets'라는 말을 쓰는데, 이는 원시 슬라브어로 벙어리, 말을 못하는 사람들을 뜻하는 **němьcь**에서 온 말이다. 실제로 벙어리라는 것이 아니라 이해하기 힘든, 우리와 다른 말을 쓰는 사람들 정도의 뜻이었을 테고, 이것은 그들의 자칭명인 '슬라보'와 대조된다. 슬라보는 말을 지키는 이들, 말하는 사람들이라는 뜻이기 때문이다. 그러니까 단순하게 해석하면 슬라브어는 이해가 되고 독일어는 이해가 되지 않는다는 뜻이다!

이런 일은 현대까지 이어진다. 대서양을 건너가 보면 독일인을 훨씬 늦게 만난 아메리카 원주민들은 독일에 아주 설명적인 이름을 붙이기도 했다. 라코타족은 슬라브 방식을 따라 독일을 Iyášiča Makȟ óčhe(직역하면 '형편없이 말하는 나라')라 하고, 나바호족과 평원 크리족은 각각 Béésh Bich'ahii Bikéyah(금속 모자를 쓴 사람들의 나라)와 Pîwâpiskwastotininâhk(강철 헬멧을 쓴 사람들)라고 한다. 이는 미군의 일원으로 양차 대전에서 맞서 싸운 경험에서 나온 이름들이다.

➶ 독일인은 아메리카 원주민에 대한 편견 어린 관심(혹자는 집착이라고도 말한다)으로 유명하다. 아마 독일 작가 카를 마이의 소설 속 등장인물로 큰 인기를 끈 아파치족 영웅, 비네토 때문일 것이다. 1875년에 처음 출간된 '비네토 시리즈'는 최근 들어 인종 편견과 문화 약탈 논란을 겪었고 일부 출판사는 판매를 중단했다.

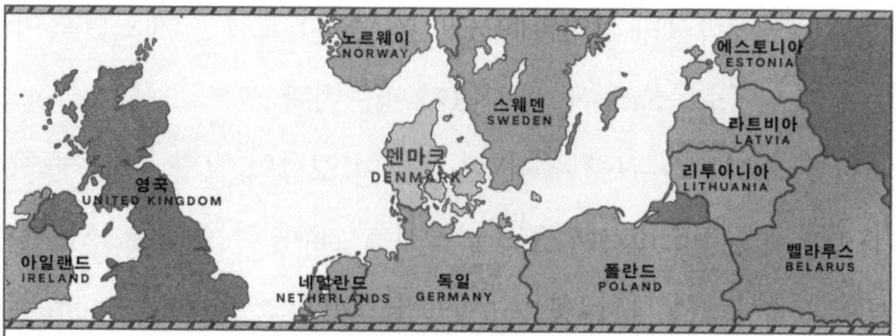

덴마크

Denmark

Denamearc

평평한 땅의 천연 국경 지역

독일의 심장부를 떠나고 잉글랜드와 앵글족 이야기에서 잠시 들렀던 앙겔른반도도 지나 북쪽으로 더 올라가면 68킬로미터 길이의 짧은 국경이 나오는데, 이곳을 넘어가면 스칸디나비아의 첫 나라 덴마크다.

레고, 블루투스, 베이컨, 휘게의 나라. 재미나게 딱 떨어지는 숫자인 444개의 섬으로 이루어진, UN의 가장 행복한 나라 통계에서 항상 최상위를 차지하는 덴마크는 유럽에서 국기와 왕국이 가장 오래된 나라이기도 하다. 그러니 이름의 역사도 길지만 이렇게 긴 역사는 어원을 명확하게 하기보다는 헷갈리게만 할 뿐이다. 기록도 별로 없고 있는 것들도 서로 모순되기 일쑤이기 때문이다. ✎ 1932년에 첫선을 보인 레고는 두 차례나 금세기의 장난감으로 선정되었고, 이 글을 쓰는 지금 기준으로 전 세계 1인당 86개의 레고 브릭이 있다고 한다. 레고라는 이름은 '잘 놀다'라는 뜻의 덴마크어 표현 leg godt를 줄이고 붙여 만든 것이다. 전 세계 어린이들은 (그리고 어른들도) 이 말을 마음에 새긴 듯하다.

덴마크Denmark는 영어로 된 타칭명이고, 덴마크인이 쓰는 자칭명은 '댄마크Danmark'다. 이 말은 아마도 고대 스칸디나비아어 Danmǫrk에서 기원한 것으로 보인다. 이 어원은 타당한 부분도 많지만 그렇지 않은 부분도 있어서 좀 더 분석해볼 필요가 있다.

민간어원에 따르면 Dan 부분은 신화 속의 댄왕에서 왔다. 이 왕은 여러 스칸디나비아 전설에서 덴마크의 초기 왕으로 나오는데, 전설마다 환상적인 기원 이야기가 있다. 특히 흥미로운 것은 1170년에 라틴어로 쓰인 『레이레 연대기Chronicon Lethrense』다. 이는 어느 고대 왕과 왕의 세 아들 노리, 외스텐, 댄의 이야기다. 세 아들은 각각 노르웨이, 스웨덴, 덴마크를 다스렸는데, 이 중 댄은 덴마크에서 가장 인구가 많은 셸란섬을 통치했다. 댄은 로마 황제 아우구스투스의 공격을 막고 왕국의 영토를 넓혔으며 그런 일들로 백성의 충성을 얻어 그의 이름이 나라 이름이 되었다는 것이다.

하지만 더 가능성이 높은 것은 Dan이 실제로는 여기저기 출몰하는 게르만족의 일파 다니족Dani에서 왔다는 것이다. 다니족은 스칸디나비아 철기시대와 바이킹 시대 스칸디나비아반도 남단에 살았다. Dani의 기원은 아마도 평평한 땅을 뜻하는 먼 인도유럽어 dhen까지 거슬러 올라갈 것이다. 이것은 타작마당을 뜻하는 고대 고지독일어 tenne, 낮은 땅을 뜻하는 고대영어 den, 사막을 뜻하는 산스크리트어 dhánus와도 관련된다. 고대 스칸디나비아어에는 '평지의 사람들'이라는 뜻의 단어 danir도 있다. 이것은 덴마크의 지리를 보면 논박의 여지가 없다. 빙하기에 이 땅을 휩쓴 빙하 덕분에 덴마크에는 해발고도 173미터 이상의 땅이 없기 때문이다.

mark는 '덴마크의 March'를 가리키는데, 이 march는 오늘날처럼 행군이라는 뜻이 아니다. 고대 고지독일어와 작센어로 march(또는 mark)는 적대 세력 또는 왕국 사이의 천연 국경 지역(중심지가 아닌)이라는 뜻이다. 그러니 덴마크의 March는 오늘날 독일의 슐레스비히부터 덴마크-독일 국경 남부에 이르는 삼림지대를 가리킨다. 프랑크 제국은 덴마크인의 침략을 막기 위해 이 지역을 강력하게 지켰다. 게르만어 marka는 '인구 집결지에서 먼'이라는 뜻의 인도유럽어 marg에서 곧바로 왔다. marg는 가장자리를 뜻하는 현대 영어 margin의 기원이기도 하다.

이런 여러 설을 합하면 덴마크는 '덴마크인이 사는 국경 지대' 정도로 해석할 수 있다. 아직도 학자들 사이에 이견은 있지만, 이런 해석은 6~9세기까지 덴마크의 정치적 진출을 설명해주기도 한다. 그들은 천천히 주권국가의 면모를 갖춘 뒤 오늘날의 덴마크뿐만 아니라 스웨덴과 노르웨이 일부까지도 지배했기 때문이다.

덴마크 영토를 언급한 것으로 알려진 최초의 사례는 9세기 말 앨프레드대왕이 번역한 파울루스 오로시우스의 『이교도 대항 항쟁사 7권Historiarum adversum Paganos Libri Septem』이다. 이 책에는 홀로갈란의 오타르가 이 지역을 여행하다가 어느 지점에서 "덴마크Denamearc가 내 좌현에 있다"고 말했다는 내용이 있다.

덴마크인 스스로 덴마크 땅에 대해 언급한 최초의 사례는 옐링석(룬 문자를 새긴 두 개의 돌. 흔히 덴마크의 출생증명서라고 한다)이다. 고름왕과 그의 아들 하랄드 블라톤이 각각 10세기 중반과 후반에 새긴 것으로, 후자에 이런 내용이 있다. "하랄드왕은 이 기념물을 세워 아버지 고름과 어머니 튀르베를 기리게 했다. 하랄드는 덴마크 tanmaurk와 노르웨이 전체를 손에 넣고 덴마크인들을 기독교도로 만들었다." 이것을 보면 덴마크인들이 스스로 국명을 지은 게 아니라 다른 부족의 타칭명을 가져다가 자칭명으로 채택했다는 결론을 내릴 수 있다.

그러면 Danmark는 왜 영어에 와서 Denmark가 되었을까? 이것은 Danmark가 영어 사용자들에게 조금 다르게 들려 생겨난 사소한 변화일 뿐이다.

파란 이빨, 블루투스?

하랄드왕은 덴마크에 기독교를 도입하고 덴마크와 노르웨이를 통일했지만, 그의 이름 하랄드 블라톤이 세계적으로 유명해진 것은 1996년 이후 많은 사람이 일상적으로 사용하는 무선 기술에 그의 이름이 붙었을 때부터다. 고대 스칸디나비아어 '블라톤'은 영어로 블루투스이기 때문이다. 그뿐 아니라 그가 개정한 룬 문자의 이니셜 ᚼ(H)와 ᛒ(B)가 블루투스의 로고가 되기도 했다. 영어 블루투스와 마찬가지로 노르웨이어 '블라톤'과 덴마크어 '블로탄' 모두 파란 이빨이라는 뜻이다. 하랄드왕이 이렇게 특이한 이름을 갖게 된 이유는 그의 상한 치아 중 하나가 파랗게 변했기 때문이라고 한다!

노르웨이

Norway

Norðrvegr

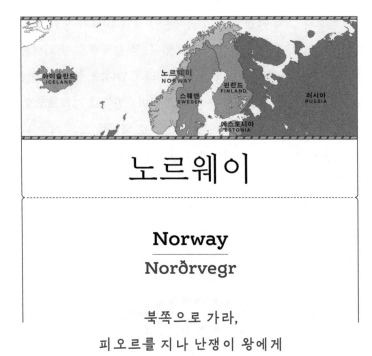

북쪽으로 가라,
피오르를 지나 난쟁이 왕에게

덴마크에서 더 북쪽으로 가면 훨씬 추운 나라 노르웨이 왕국이 있다. 이 이름은 적절하다고 할 수 있는데, 표준 어원설에 따르면 영어 이름 '노르웨이Norway'가 북쪽의 땅, 북쪽으로 가는 길이라는 뜻이기 때문이다. 하지만 언어와 역사가 늘 그렇듯 이 명백해 보이는 설명과 달리 사정은 그리 단순하지 않다. 사실 19세기 중반 이래로 노르웨이의 의미에 대해서는 상당히 다른 두 가지 해석이 있어왔고, 스칸디나비아 학자들의 견해는 여전히 둘로 나뉜다. ◁구체적인 내용으로 들어가기 전에 재밌는 사실을 하나 말하면, 노르웨이 표준 국명은 표기 방식이 두 가지다. 더 많이 쓰이는 것은 부크몰어(직역한 뜻은 '책 언어'로, 덴마크어에 기반한다)인 Norge지만, 뉘노르스크어(직역한 뜻은 '새로운 스칸디나비아어'로, 여러 스칸디나비아어 방언의 결합에 토대한다)로는 Noreg다. 다행히 둘 다 기원은 같아서 어원과 관련해 특별한 혼돈을 일으키지는 않는다.

Norway라는 현대 영어의 기원은 확실하다. 이 말은 앵글로색슨족이 노르웨이 대서양 해안의 피오르 가득한 복잡한 항해로를 가리킨 고대영어 Norþueg에서 왔다. 북쪽 나라, 북쪽으로 가는 길을 뜻하는 고대 스칸디나비아어 Norðrvegr에서 왔을 가능성도 있는데, 바로 그게 문제다.

이와 관련해 우리는 덴마크 여행에서 잠깐 만난 사람을 다시 불러와야 한다. 바로 홀로갈란의 오타르다. 자신을 '모든 노르웨이인 중 가장 북쪽에 있는 사람'이라고 말한 그는 스칸디나비아 해안을 항해하며 발견한 것들을 기록으로 남겼다. 앵글로색슨족의 앨프레드대왕은 오타르의 영웅적 항해기에 큰 감동을 받아 880년에 파울루스 오로시우스의 로마 역사서 『이교도 대항 항쟁사 7권』을 번역할 때 오타르의 이야기를 수록했다.

앨프레드대왕은 오타르의 말 중 북쪽 길을 뜻하는 Norðveg(r)뿐만 아니라 북쪽 사람들의 땅을 뜻하는 다소 길고 어색한 Norðmanna Land도 함께 넣었다. 앵글로색슨족은 이 두 이름을 다 채택했지만 더 간결한 전자가 살아남았다. 그래서 리스타에서 야렌 해안을 지나 카름수네 해협으로 이르는 길은 Norðrvegr가 되었다가 Norþweg가 되었고, 차츰 Norway가 되었다.

이 해석에는 튼튼한 어원학적 토대가 있다. 특히 북쪽을 의미하는 norð가 다른 고대 스칸디나비아어 단어들 austrvegr(동쪽 나라. 발트해 연안국들을 가리킨다), vestrvegr(서쪽 나라), suðrvegr(남쪽 나라. 주로 독일을 가리킨다)와 갖는 관계를 보면 알 수 있다. 이토록 많은 것이 명백하게 북쪽을 가리키기 때문에 이 논리에 반박하기는 어렵다.

하지만 피오르, 바이킹, 뭉크의 〈절규〉로 유명한 이 춥고 긴 나라에서 상당한 설득력을 발휘하는 두 번째 설도 있다. 오타르의 모험에서 몇천 년을 내려온 1847년, 우리는 열렬한 학자 닐스 할보르센 트뢰네스를 만난다. 그의 어원 이론은 다수의 스칸디나비아 언어학자, 특히 저명한 고전 언어 교수 미카엘 슐테의 지지를 받았다. ✐ 바이킹Viking이라는 말은 그 자체로 흥미로운 어원이 있다. 물론 여기에도 논쟁은 있다. 단순히 비켄Viken(노르웨이의 오슬로피오르 일대 지역) 출신 사람이라는 뜻일 수도 있고, 그냥 마을 출신 사람이라는 뜻일 수도 있고, 혹은 '해리海里'라는 의미로 쓰여 노잡이가 교대 전까지 간 거리를 뜻할 수도 있다. 여기서 노잡이란 바이킹 유럽 습격의 엔진 역할을 한 사람들일 것이다. 한 가지 확실한 것은 비켄이 국적이 아닌 해적 개념을 가리켰다는 것이다. 고대영어로 해적 wicing은 라틴어로 pirata라 번역되었다. 오늘날 해적이라는 뜻의 영어 pirate는 여기서 온 말이다.

트뢰네스의 이론은 노르웨이 국명이 북쪽을 뜻하는 고대 스칸디나비아어 norð(r)에서 온 것이 아니라 좁은 물길, 좁은 해협을 뜻하는 nór에서 왔다고 주장한다. 이 단어 끝에 vegr를 붙여 만든 norvegr는 좁은 물길을 따라가는 길, 다시 말해 좁은 피오르를 따라가는 길이라는 뜻이 되는데, 그리 과도한 비약으로 보이지 않는다. 특히 오늘날 노르웨이를 떠올리면 거친 아름다움으로 가득하면서도 복잡하기 짝이 없는 피오르해안이 떠오르기 때문이다.

슐테와 트뢰네스가 이런 강력한 주장을 펼친 토대는 수수께끼의 글자 ð다. 이 글자는 첫 번째 설에서 상당한 역할을 했지만 두 번째 설에서는 이상하게 모습을 감춘다. 슐테는 이것이 고대 스칸디나비아어 어원을 참고할 만한 역사적 룬 비문碑文이나 고대 스칸디나비아의 음유시인 스칼드의 시에는 나타나지 않고, 앨프레드대왕의 번역 같은 외국 번역문에만 나타난다는 점에 주목한다. 이 점, 그리고 슐테의 이론을 뒷받침하는 고대 스칸디나비아어의 복잡한 각운 규칙을 토대로 그를 비롯해 당시의 많은 학자는 노르웨이가 좁은 피오르를 가리킨다는 결론을 내렸다.

그러면 이제 트뢰네스와 슐테에게 그 말이 맞는 것 같다며 축하의 의미로 노르웨이의 전통 요리 Smalahove(직역하면 '양 머리')를 대접해도 되는 걸까? 하지만 그 전에 먼저 노르Nor라는 왕의 이야기를 살펴봐야 한다. 노르는 신화에 나오는 난쟁이들의 왕이다. 노르웨이에는 기이하고 신기한 신화와 민담이 차고 넘친다. 하지만 이 경우는 민담 속에 얼마간의 사실이 있고, 이는 에이나르 잉발 하우겐의 『노르웨이어-영어 사전Norwegian-English Dictionary』에서 찾아볼 수 있다. 하우겐은 이 사전에서 '작은' '좁은' '압착된'이라는 뜻의 노르웨이어 nor를 유아, 어린아이라는 뜻의 영어 mite로 옮겼다. 이는 난쟁이로 이어질 수 있는 해석이다.

슐테 역시 노르웨이 최초의 왕이라는 노르왕의 이름과 스칸디나비아의 자칭명 Norge(또는 Noreg) 사이에 연관성이 있을 수 있다고 말한다. 물론 증거는 희박하지만 왕의 이름이 나라 이름이 되는 사례가 역사에 드문 일은 아니다. 그 왕이 실제 왕이건 아니건 말이다.

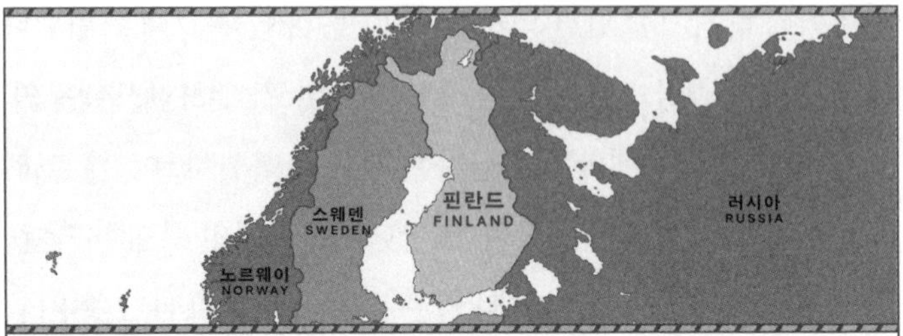

핀란드

Finland

Finlont

난무하는 설의 늪

자국어 알파벳에 f가 없는 나라가 어떻게 Finland라는 이름을 가질 수 있을까? 이 재미난 질문에 대한 답은 의외로 아주 간단하다. 현대 핀란드어 알파벳의 f가 핀란드의 제2국어인 스웨덴어에서 온 외래어를 표기하기 위해 수입되었기 때문이다. 원래 핀란드어는 인도유럽어족이 아니라 우랄어족에 속해서 이웃 나라 언어들과 계통이 전혀 다르며 f도 없다. 하지만 소수의 이웃 나라를 제외하면 현재 핀란드는 세계에서 주로 Finland나 이와 비슷한 변이형으로 불린다.

방금 살펴본 바와 같이 세계 언어 여행의 다음 목적지는 스칸디나비아 3국을 떠나 더 넓은 영역을 포괄하는 노르덴 지역이다. 노르덴 지역은 덴마크, 노르웨이, 스웨덴뿐만 아니라 아이슬란드와 핀란드까지를 포함하는 말이다. 이 중 핀란드라는 호수도 많고, 눈도 많고, 순록도 많은 나라의 어원은 두 가지를 탐구해야 한다. 바로 타칭명 '핀란드'와 자칭명 '수오미'다.

Finland라는 이름이 핀Finn족이 사는 나라(의 일부)를 가리킨다고 여겨지는 최초의 문자 기록은 룬 문자를 적은 기념비인 두 개의 룬스톤이 있지만, 둘 다 오늘날 핀란드의 바깥에 위치하기에 핀란드라는 이름이 타칭명이라는 것을 확실히 알 수 있다.

스웨덴의 세데르뷔에 있는 첫 번째 룬스톤에는 Finlont, 발트해에 속한 스웨덴의 섬 고틀란에 있는 두 번째 룬스톤에는 Finlandi라는 이름이 적혀 있으며 연대는 11세기 중이다. 이 비문은 지난날 진정한 핀란드라 불린 핀란드 남서부의 작은 지역에서 죽은 사람들을 기린 내용으로 보인다. 수 세기 동안 이 지역을 여러 차례 지배한 스웨덴이 그 이름을 쓰고, 역시 같은 지역을 거듭 점령했던 러시아 또한 그 이름을 채택하며 핀란드는 어원과 무관하게, 그리고 자국민이 부르는 이름과도 무관하게 전 세계에서 핀란드라는 이름으로 통하게 되었을 것이다.

Finland라는 이름과 그 변이형들이 어디서 비롯되었는지는 유럽 북부 지역의 역사 기록이 많지 않아 불분명하다. 한 설은 이것이 고대영어 finna에서 왔다고 한다. 당시 finna는 스칸디나비아에 사는 모든 민족을 가리켰다. 또 하나의 설은 남쪽의 로마를 가리킨다. 타키투스의 책 『게르마니아』에는 서기 1세기에 게르만족 북쪽에

Fennae라는 "야만족"이 "비참한 가난 속에" 산다는 내용이 나온다.

하지만 다른 설은 핀란드, 스웨덴, 노르웨이를 함께 가리키는 지리 용어 '페노스칸디아Fennoscandia'라는 이름과 느슨하게 수렵 채집인이라고 번역 가능한 일련의 고대 고지독일어 단어들을 내세운다. finthan(찾다), fanthian(시도하다), fendo(방랑자)가 그것이다. 이는 finnr, finnas 같은 말이 꾸준히 등장하는 고대 스칸디나비아 사가와 (역시 느슨하게) 들어맞는다. 이 말들은 고정된 정의는 없지만 문맥에 따라 사미족 같은 유목민의 유랑 생활을 묘사할 때 등장한다. 사미족은 토착 핀란드-우그리아족의 일파로서 아직도 노르웨이, 스웨덴, 핀란드, 러시아의 북단 지역을 유랑하며 산다. ✈ 사미족은 이 지역 대부분을 '사프미'라 부르지만 실제로 이곳은 백야의 땅이라는 뜻의 '라플란드'라는 이름으로 더 잘 알려져 있다. 라플란드는 예전에 스칸디나비아인이 사미족을 부르던 이름 Lapp에서 왔다. 하지만 지금은 멸칭으로 여겨지므로 누가 산타 할아버지의 집이 어디냐고 물으면 라플란드 대신 사프미라고 대답하는 것이 좋다.

짧은 핀란드 여행에서 만나볼 마지막 어원 설은 고대영어 fenn에 토대한 것이다. fenn은 늪, 습지를 뜻하는 원시 게르만어 fanja에서 온 말이다. fanja가 흥미로운 여러 이유 중 하나는 국토를 가득 수놓은 187,888개의 호수 때문에 핀란드가 정말로 습지 같은 느낌을 주기 때문이다. 이 설은 두 번째 이름, 그러니까 핀란드의 자칭명인 수오미Suomi의 기원과 관련된 세간의 설과도 잘 맞아떨어진다.

수오미의 어원과 관련해 가장 널리 퍼진 설은 수오미가 핀란드어 '수오마아suomaa'에서 왔다는 것이다. suo는 늪이고 maa는 땅, 즉 늪지라는 뜻이다. 이는 호수가 더 많은 남쪽 지역의 핀란드인, 그러니까 늪지에 사는 사람들을 가리키는 사미어 suomalainen과도 연결된다. 멋지지 않은가? 이게 우연일까? 너무 잘 맞아서 의심스럽다고? 정말 착각일까? 아마 그런 것 같다. 약간 다른 어원으로는 수오미가 비늘을 뜻하는 suomu에서 나왔다는 이야기도 있다. 이는 핀란드인이 예전에 물고기(아마도 연어) 껍질로 옷을 만들어 입었다는 속설에서 왔다고 한다.

수오미와 관련된 마지막 설은 역시 논란이 많지만 특히 어원학자들의 큰 관심을 끌었다. 핀란드 언어 학회의 어원 전문가 클라스 루펠의 말에 따르면 Sápmi와 Suomi가 모두 원시 발트어 žeme에서 왔다고 주장하는 학자들이 있다. žeme는 (낮은) 땅, 영토, 지상이라는 뜻이다. 이 말은 핀란드어가 속한 우랄어족과는 뿌리가 다르지만, 어쨌든 기원전 2500년 무렵 핀란드 남쪽 해안에 정착해 그곳에 지상을 뜻하는 žeme라는 이름을 붙인 고대 이주민들에게서 수입되었다. 오늘날 인근 러시아, 폴란드, 체코, 라트비아에서 지구를 부르는 말도 같은 뿌리에서 유래한다.

설에 따르면 žeme는 원시 사미어 sāmē로 발전했다가 원시 핀란드어 sämä가 되었고, 세월이 흐르는 동안 발트어로 전해졌다가 북부 핀어로 돌아와 사미족을 뜻하는 saame와 핀란드 내륙 지방을 뜻하는 Häme가 되었다. 이 설은 너무 정신없이 헷갈리고 복잡해 보이지만 어쨌든 단어들 사이의 공통된 어원 뿌리를 보여주며, 이는 suomi, suomo, suomaa 너머로까지 나아간다. 지금까지 방문한 모든 나라 중 핀란드와 수오미의 어원 문제가 가장 복잡하다. 설은 풍부해도 증거는 늪지만큼이나 토대가 허약하기 때문이다.

러시아

Russia

Rosía

노 젓는 사람들

어원학이라는 언어학 분야를 설명할 때 비유되는 놀이가 하나 있는데, 세계에서 국토 면적이 가장 큰 나라(2등과 무려 700만 제곱킬로미터나 차이가 난다)도 그 놀이에 이름을 빌려주었다. 한 사람이 옆 사람에게 어떤 말을 속삭여 전달하고, 그 옆 사람은 또 옆 사람에게 같은 말을 전달하는 식으로 이어지다 마지막에 그 말이 어떻게 변했는지를 확인하는 놀이다. 오늘날 이 놀이는 흔히 '중국의 속삭임'이라고 불리지만 19세기 중반에는 '러시안 스캔들'이라 불렸다.

인류학자이자 고고학자이자 수집가이자 군인이었던 오거스터스 헨리 레인 폭스 피트리버스는 1890년에 영국 솔즈베리 소재 블랙모어 박물관에서 진행된 한 강연에서 이렇게 말했다. "전통적인 구술 기록이 얼마나 쉽게 변하는지는 러시안 스캔들이라는 놀이를 보면 알 수 있다. 이 놀이에서는 한 사람이 두세 개의 문장으로 이루어진 짧은 이야기를 옆 사람에게 소곤소곤 전달한다. 이야기를 들은 사람은 다른 사람에게 전달하고, 그렇게 계속 이어진 뒤 마지막 사람이 자신이 들은 내용을 모두에게 밝혀 애초의 이야기가 전달 과정에서 어떻게 변했는지를 비교한다."

1861년 《런던 계간 평론》은 아이러니를 담아 이 놀이를 다음과 같이 논평했다. "이 실험의 성과는 구술 증언의 가치를 잘 알려준다는 것이다." 이 말은 현대 어원의 큰 문제인 변형을 압축적으로 보여준다. 역사적으로 너무도 많은 사실과 정보가 문자가 아닌 구술로 전달되었기에 여러 사실이 불가피하게 온갖 상상, 오해, 미화, 때로는 당시의 정치적, 개인적, 종교적 서사에 끼워 맞춰지는 조작을 피할 수 없었다. 많은 언어가 해당 언어를 사용한 국가와 민족이 형성될 때 문자가 없었기 때문이다.

이제 본론으로 돌아와서 러시아를 보자. 전 세계 육지 면적의 10분의 1을 차지하는 이 광대한 나라는 두 대륙에 걸쳐 있고, 세 개의 대양을 접하며, 시간대가 열한 개나 된다. 황량한 모래사막, 시베리아의 광활한 타이가 침엽수림, 지상 어떤 호수보다도 담수량이 많은 깊은 바이칼호까지. 러시아는 절대와 극단이 가득하고 그에 걸맞는 역사를 가진 나라다.

언어학 분야에서 무언가 확실하다고 말하는 경우는 드문데, 러시아 국명이 바로 그런 경우다. 당시 문자 기록이 희박하기는 하지만 현대 러시아Russia의 이름은 고대국가 키에반 루스Kievan Rus에서 왔다는 데 거의 모든 역사가의 의견이 일치한다. 이 사람들은 러시아뿐 아니라 우크라이나와 벨라루스 사람들의 조상이기도 한데, 이들은 자신들의 땅을 간단히 '루스란드Rus' land', 즉 '루스족의 나라'라고 불렀다. ✐ 그러면 마지막 문장을 읽고 나서 모두가 떠올리는 의문에 대해 이야기해보자. Rus 뒤에 어포스트로피(')는 왜 붙는 걸까? 이것은 단순히 발음을 돕는 기호다. Rus'는 키릴어 Русь를 로마자로 문자역transliteration한 것으로(문자역은 한 언어의 음 또는 문자를 다른 언어의 문자로 옮기는 일이다. 우리말 홍길동을 로마자 Hong Gildong으로 옮기거나 그리스어 Σωκράτης를 로마자 Socrates로 옮기는 것이 모두 문자역이다. 외국어 발음을 한글로 옮기거나 우리말 발음을 외국어 문자로 옮기는 경우는 '음역'이라는 말도 쓴다—옮긴이), 이때 어포스트로피는 특별히 ь를 변환한 것이다. 이는 구개음화를 가리킨다. 단어가 혀끝을 입천장에 대고 발음하는 자음으로 끝난다는 뜻이다. 대부분의 영어 화자가 이 낯선 소리를 잘 발음하지 못해서 번역할 때 아예 빼버릴 때가 많다.

Rus'는 고대 스칸디나비아어에서 온 것으로, 노 젓는 사람들이라는 뜻이다. 오늘날 다른 대부분의 것을 밀어내고 광범한 동의를 받는 설에 따르면 이 노 젓는 사람들은 초기 스웨덴 상인과 전사들, 그러니까 바이킹을 뜻한다. 이들은 9세기에 오늘날 노브고로드 근처에 정착해 중세 국가 Kievan Rus'를 세웠고, 유럽 북부의 물길을 따라 오늘날의 우크라이나까지 내려왔다.

바이킹이 오기 전인 중세 시대에 이 지역은 중세 라틴어로 '루테니아'라 불렸고, 원래 주민은 동슬라브족이었다. Rus'의 문자 기록은 9세기에 와서야 프랑스와 페르시아, 비잔티움으로 더 잘 알려진

동로마제국의 여러 출처에 나타나기 시작했다. 모든 출처가 동슬라브족과 루스족이 서로 다른 민족이고, 슬라브족이 사나운 루스족의 지배를 받는다고 말한다. 서기 839년 프랑크족의 연대기 『성 베르탱의 기록The Annals of St. Bertin』을 보면 처음으로 루스족을 '스웨덴족의 일파'라고 칭하는 언급이 등장한다.

하지만 1113년 무렵 '지나간 시절의 이야기'라는 다소 시적인 이름으로도 불리는 『최초의 연대기Primary Chronicle』를 쓴 기록자이자 네스토르라는 적절한 이름의 동슬라브족 출신 수도승은 루스족의 발흥을 처음부터 기록하면서도 루스족과 슬라브족을 딱히 구별하지 않아서, 당시에는 루스족이라는 이름이 그 지역의 모든 사람을 가리켰다는 느낌을 준다. 네스토르의 첫 문장은 이렇다. "이것은 루스 땅의 기원, 키예프 최초의 왕자들, 그리고 루스족의 나라가 어떤 근원에서 시작되었는지에 대한 지나간 시절의 이야기다."

네스토르는 바랑족(스웨덴 바이킹을 가리키는 라틴어 이름) 형제가 키예프 최초의 왕자들로, 862년에 키에반 루스를 세웠다고 말한다. "이 바랑족은 루스족이라 불렸고, 일부는 스웨덴족이라 불렸다. … 이 바랑족 덕분에 노브고로드 지역은 루스족의 나라로 알려졌다. 오늘날 노브고로드 지역 주민들은 바랑족의 후손이지만 한때는 슬라브족이었다."

이 지역을 처음 '로시아Rosía'라고 부른 것은 루스족이 아니라 10세기의 비잔틴 황제 콘스탄티누스 7세였다. 이전에 살펴본 것처럼 그리스계 라틴어 접미사 -ia는 장소와 사람을 가리키므로, Rosía는 루스족의 나라라는 뜻이 된다. 오늘날의 러시아라는 이름은 이 그리스어에서 발전해 모스크바 대공 아래 통일된 루스족의 여러 영토를 가리키는 것으로, 1538년 『토머스 엘리엇 경의 사전Dictionary of Syr Thomas Eliot knyght』에 처음 등장한다. “그들은 러시아인, 모스크바인, 타르타르인이라고 불린다.” 그 뒤로 이들은 힘을 합쳐 어느 나라도 따라올 수 없을 만큼 국토를 확장해나갔고, 오늘날 러시아는 지상 최대의 국가가 되었다.

이탈리아

Italy

Víteliú

거듭되는 소 이야기

지도에서 이탈리아만큼 단박에 알아볼 수 있는 나라가 있을까? 유럽의 엉덩이에 달린 하이힐을 신은 다리, 불쌍한 시칠리아를 튀니지 북부로 차버리려는 듯한 이 비범한 다리는 윤곽선이 정말로 독특하다. 국토가 이렇게 다리 모양으로 길쭉하다 보니 산업이 발달한 북부에서 남부의 농촌 지대까지, 이탈리아는 다양한 지역적 정체성, 문화, 언어, 정치사를 보유하게 되었다.

이탈리아는 풍부한 역사를 가지고 세계 문화, 언어, 요리에 엄청난 기여를 한 나라지만 현재 국명의 기원과 관련해서는 여전히 수수께끼와 신화가 가득하다. 이 설들을 다루기 전에 먼저 한 가지를 확실히 해두자. 로마인들은 자신을 이탈리아인이라 부르지 않았다. 이탈리아인들도 이탈리아 제국이라는 말을 쓰지 않는다. 당연하다고 생각할지 모르지만 빠지기 쉬운 함정이다. 두 이름은 어원이 크게 다르지만 이야기가 밀접히 얽혀 있기 때문이다.

이탈리아Italia(영어로는 Italy) 기원에 대한 모든 주장 가운데 가장 믿을 만한 것은 아니라 해도 가장 인기 있는 것은 그리스신화 헤라클레스의 노역 이야기와 관련된 것이다. 신화에 따르면 티린스의 왕 에우리스테우스가 헤라클레스에게 세상 끝까지 가서 괴물 게리온의 소 떼를 데려오라고 명령했다. 그렇게 게리온의 추격을 피해 돌아왔지만 헤라클레스는 큰 문제에 부딪힌다. 리구리아에서 바다의 신 포세이돈의 두 아들 이알레비온과 데르키노스가 그 소 떼를 훔치려 해서 그들을 죽이고 만 것이다. 그런 뒤 헤라클레스는 티레니아를 지나 레기온에 닿았는데, 거기서 풀려난 황소 한 마리가 바다로 뛰어들어 시칠리아로 헤엄쳐 갔다가 이웃한 남쪽 나라로 갔다. 티레니아어로 황소는 '이탈로스italos'고, 이 이름을 통해 이웃한 남쪽 나라가 이탈리아가 되었다는 것이다. 환상적인 이야기지만 사실과는 딱히 관계가 없다!

하지만 한 가지는 사실이다. 이야기 속 이탈리아가 정말로 그 남쪽 나라와 거기 사는 사람들이었다는 것이다. 역사가와 언어학자가 제시하는 다른 여러 설도 출처가 그리스, 움브리아, 오스칸, 에트루리아 어디건 상관없이 기원에 소가 나온다는 것도 사실이다. 이 계통의 설을 지지하는 사람들은 예나 지금이나 이 지역에 목축업이 중요했고, 역사적으로 사람들이 자신이 하는 일로 지명을 붙이는 성향이 있었다는 점을 이야기한다.

가장 가능성 높은 어원은 직역하면 '어린 소들(의 나라)'이라는 뜻의 오스칸어 Víteliú에 있다. 오스칸어는 기원전 500~100년에 남부 이탈리아 구두 발가락 지역에서 비탈리Vitalí족이 사용한 언어다. 이 지역에 식민지를 건설한 그리스인은 비탈리족을 '이탈로이Italói'라 불렀고 지역에도 같은 이름을 붙였다. 그 시절 그리스인들은 v나 w 발음을 잘 못했기 때문이다. 이어 사람과 문화가 서로 융합되자 식민지 주민들이 그 이름을 받아들여 스스로를 이탈리아의 사람들을 뜻하는 Italitoes라 부르게 되었다. 이탈로이가 전부터 소의 형상을 숭상했다는 이 사실은 이름이 '소의 땅의 사람들'이라는 뜻에서 왔다는 이야기에 신빙성을 더해줄 뿐이다.

이 무렵 로마는 이 지역을 '마그나 그라시아'라는 다른 이름으로 불렀다. 하지만 제국이 남부 이탈리아로 팽창하면서 이탈로이라는 이름도 같이 퍼졌고, 기원전 1세기가 되면 로마는 이 이름을 라틴어화해 스스로의 영토를 '이탈리아'라고 불렀다. 아우구스투스 황제 치하에 제국은 이탈리아반도 전역으로 팽창했고, 여러 로마 작가가 이탈리아의 장벽이라고 미화한 알프스산맥도 거기 포함되었다. 이 시기 이탈리아의 한 부족 연합은 로마와 경쟁해서 이탈리아FITELIV라는 이름을 새긴 동전까지 만들었다. 이탈리아는 디오클레티아누스 황제 시절인 서기 292년에 시칠리아, 사르데냐, 코르시카섬까지 팽창해서 오늘날 우리가 아는 이탈리아 전체를 가리키게 되었다.

몇 도시 이야기

이탈리아의 유명 도시들은 일상 언어에 많은 기여를 했다. 제노바Genova에서 처음 만든 천 Gene fustian은 오늘날 매일같이 입는 청바지jeans로 이어졌고, 타란토Taranto에서 16세기에 처음 발견된 거대한 독거미는 '타란툴라tarantula'로 명명되었다. 교황령 칸탈루포Cantalupo에서는 아시아에서 수입한 과일 '칸탈루프cantaloupe 멜론'을 재배했다. 색깔 이름도 이탈리아 도시에서 유래한 것이 많다. 시에나Siena에서 유래해 적갈색을 뜻하는 sienna, 마젠타Magenta에서 유래해 자홍색을 뜻하는 magenta가 그 예다.

스페인

Spain

Ispania

토끼가 가득한 나라

이탈리아에서 지중해를 1350킬로미터 건너가면(눈부신 프랑스 남부 해안을 따라가는 것도 좋다) 이베리아반도가 나온다. 영어로 스페인, 스페인어로 에스파냐라 불리는 나라를 생각하면 여러 가지 이미지가 떠오른다. 드넓은 황금빛 해변, 대야만 한 팬에 나오는 군침 넘어가는 파에야, 바르셀로나 성가족 성당의 정교하고도 울퉁불퉁한 첨탑. 그런데 바위산으로 이루어진 시에라네바다산맥에서 황금빛 해변으로 이어지는 푸른 초원을 수백만 마리 토끼가 누비는 이미지는 잘 떠오르지 않을 것이다. 하지만 이것이 스페인의 자칭명 에스파냐(영어 이름 스페인도 여기서 왔다)의 어원과 관련해서 모두가 인정하는 뿌리다.

오늘날의 이름 에스파냐가 되기 전에 이곳은 여러 가지 이름으로 불렸다. 스페인이 자리 잡은 반도는 원주민 이베레스족의 이름을 따 이베리아반도라고 불렸다. 이베레스족은 기원전 6세기 무렵 북아프리카 모로코에서 남유럽의 지브롤터로 놀라울 만큼 짧은 뱃길을 통해 건너와 정착했다.

이베리아라는 이름은 그리스어에서 왔고 어원은 강을 뜻하는 이베리아어 iber 또는 바스크어 ibaia, 좀 더 구체적으로는 에브로Ebro강과 연관된 것으로 보인다. 에브로강은 고대 그리스어로 Ibēros, 라틴어로 Ibērus나 Hibērus다. 이 강은 이베리아반도 전체를 유럽 대륙과 분리시키는 천연 국경 역할을 한다. 그러니까 고대 그리스인들이 볼 때 이베리아는 에브로강 너머의 땅이었다. ✓ 여기서 주의해야 할 것이 있다. 바로 이베리아어 문자에 대한 실제 증거가 없다는 것이다. 여러 번 보았듯 이 시기 언어가 구어로만 존재한 것은 드문 일이 아니다. 이베리아어라고 여겨지는 문자 기록들은 해석이 되지 않고 있기 때문에 이와 관련된 어원설은 의심을 피할 수 없다.

그 후 세월이 흐르는 동안 이베레스족에 켈트족과 페니키아인과 그리스인이, 또 얼마 후에는 카르타고인이 추가로 더해졌다. 그리스인은 이 반도를 Hesperia(문자 그대로의 뜻은 해가 지는 땅. 해가 뜨는 땅이라는 뜻의 일본과 반대된다)라 불렀지만, 페니키아인과 카르타고인이 쓴 이름 '이스파니아Ispania'가 오늘날의 에스파냐로 이어졌다는 것이 정설이다. 어느 나라 못지않게 이상하고 재미난 어원이다.

전해지는 말에 따르면 페니키아인은 처음 이베리아반도에 상륙했을 때 예상치 못한 광경을 맞닥뜨렸다. 작은 털북숭이 동물 수백만 마리가 사방을 뛰어다니고 있었던 것이다. 이곳을 잘 몰랐던 페니키아인은 두 가지 착각을 했다. 하나는 그곳이 섬인 줄 안 것이고, 두 번째는 그 동물이 바위너구리(바위토끼라고도 부른다)인 줄 안 것이다. 페니키아인의 고향인 중동의 바위너구리도 그렇게 작은 털북숭이 동물이기 때문이다. 물론 그들이 본 것은 토끼였다. 그들은 이 일로 그 땅에 Ispania(또는 I-Shaphan)라는 이름을 붙였다. Ispania는 바위너구리의 섬, 토끼의 해안 정도의 의미다. 이 이름은 토끼를 뜻하는 카르타고어 sphan에서 온 것이다. 토끼가 tsepan이라고 주장하는 학자들도 있기는 하지만 어쨌든 결론은 똑같다.

이후 거기 온 카르타고인도 같은 착각을 했거나 비슷한 이유로 그 이름을 받아들였다. 로마 역시 기원전 206년에 카르타고와 전쟁을 해서 영토가 이베리아반도까지 팽창했을 때 이곳을 '히스파니아Hispania'라고 불렀다. 우연의 일치이기는 하지만 이 토끼 관련설은 역사 기록으로도 뒷받침된다. 그리스 지리학자 겸 역사가 스트라본은 방대한 지리 저작의 제3권에서 이베리아를 토끼의 땅이라고 불렀다. 로마 황제 하드리아누스는 117년~138년이라는 재위 기간 동안 여성 발치에 토끼가 있는 문양의 동전을 발행했다. 세월이 흘러 13세기 무렵이 되면 라틴어 히스파니아는 앵글로프랑스어 '에스페인Espayne'으로 변했고, 여기서 오늘날의 스페인이 나왔다.

당연히 sphan의 어원을 따지는 다른 설들도 있다. sphan이 페니키아어로 북쪽을 의미할 가능성을 제시하는 설이 많은데, 그러면 스페인은 북쪽의 땅이 된다. sphan의 어근 spy가 금속 단조鍛造를 가리키므로 스페인이 금속을 단조하는 땅이라고 말하는 설도 있다. 실제로 스페인 국립 연구소의 고대 셈어 전문가 헤수스 루이스 쿤치요스와 호세 앙헬 사모라는 최근에 이 이름이 이베리아반도에 금광이 가득하다는 명성에서 기인했다는 연구를 내놓기도 했다. 일몰, 금광, 강, 토끼 중 진정한 어원이 무엇이든 한 가지만큼은 분명하다. 바로 이 중 어떤 것도 오늘날 우리가 알고 사랑하는 스페인의 상징으로 남지 못했다는 것이다. 상그리아 한잔이 그리운 사람은 나뿐인가?

츄파춥스의 초현실적 이야기

스페인의 세계적 수출품 중에는 다양한 맛으로 유명한 막대 사탕인 츄파춥스가 있다. 이 사탕은 1958년에 스페인 사람 에릭 베르낫이 만들었다. 베르낫은 이런 유명한 말을 남겼다. "나는 사탕이 주 고객인 어린이들과 맞지 않는 것을 보았다. 아이들의 손이 끈끈해져서 부모님과 문제를 일으키는 듯해 사탕을 막대기에 꽂았다." 처음에는 사탕을 먹는 모습이 공이 그물 안으로 들어가는 것과 비슷하다고 이름을 '골GOL'이라 지었지만 곧 '춥스CHUPS'로 바꾸었고, 광고가 성공하면서 오늘날과 같은 '츄파춥스Chupa Chups'가 되었다. 이때 chupar는 스페인어로 '빨다'라는 뜻이다. 더 흥미로운 것은 이 유명한 로고를 만든 사람이다. 똑똑하게도 로고를 사탕 옆면이 아니라 꼭대기에 붙여야 제대로 보인다고 주장한 그 사람은 바로 살바도르 달리였다. 정말 초현실적인 이야기가 아닐 수 없다.

포르투갈

Portugal

Portus Cale

질풍 부는 항구의 항구

이베리아반도의 태양을, 그리고 토끼를 즐겼다면 이 기회에 긴 육상 국경을 넘어 똑같이 강렬한 햇빛이 가득한 이웃 나라를 방문하지 않을 이유가 없다. 잉글랜드와 세계에서 가장 오래된 동맹을 이룬 나라, 탐험가와 어부로 이루어진 바다의 민족, 대항해시대의 선구자. 바로 포르투갈이다. '바다가 가꾼 정원'이라는 별명을 가진 이 나라는 어원부터 풍부하고 다문화적인 역사를 잘 반영한다. 포르투갈 Portugal이라는 이름은 다른 많은 경우처럼 한 언어의 단어가 시간에 따라 변화 발전하는 과정에서 다른 언어의 영향을 받은 것이 아니라, 태동 시점부터 두 언어가 합쳐진 것이기 때문이다.

Portugal은 켈트어와 라틴어가 합쳐져 태어난 이름이다. 뿌리는 로마 시대 켈트족 도시인 포르투스 칼레Portus Cale, 즉 칼레 항구로 명확히 추적된다. 로마 이전에 켈트족 정착지였던 칼레는 오늘날 포르투갈 북부에서 대서양과 만나는 도루강 하구에 있었다.

켈트어로 '칼레cale'는 항구라는 뜻이었다. 이 정착지의 위치를 생각하면 칼레를 도시 이름으로 삼는 데 무리가 없어 보인다. 재밌는 것은 Portus Cale를 문자 그대로 해석해보면 '항구의 항구'라는 것이다! 또 한 가지 널리 퍼진 해석은 cale가 그 지역에 정착한 카스트로Castro족에서 유래한 지명이라는 것이다. 카스트로족은 Callaeci, Gallaeci, Gallaecia라고도 불렸고, 여기서 오늘날 포르투갈 북부 국경 너머에 있는 스페인 북서부의 아름다운 자치 지역 '갈리시아Galicia'의 지명이 나왔다.

다시 로마로 돌아가보자. 그들은 3세기 초 카르타고와 2차 포에니전쟁을 할 때 이베리아반도까지 진출해 이곳의 많은 땅을 정복했고, 그중에는 켈트족 정착지인 칼레도 있었다. 이곳이 마음에 든 로마인들은 파괴하는 대신 병합하기로 결정하고, 여기 Portus Cale라는 이름을 붙였다. 이 항구도시는 오늘날 아름다운 포르투Porto로 이어지고 있다. 아이러니하게도 Cale는 역사 속으로 사라졌다. 포르투갈 사람들은 포르투 앞에 남성형 정관사를 붙여 '오포르투Oporto'라고 부른다. 영어에서 그냥 port라고 하지 않고 the port라고 말하는 것과 마찬가지다.

로마가 쇠퇴하고 중세 시대가 시작되면 유럽의 어원에 막대한 영향력을 발휘하는 게르만족이 이 지역에 들어오기 시작한다. 그리고 5세기가 되면 그 일파인 수에비족이 현대 포르투갈 중북부와 스페인 북서부인 갈리시아를 차지하게 된다. 이베리아반도의 나머지는 나중에 수에비족을 정복하는 또 다른 게르만족 일파인 서고트족의 지배를 받는데, 이 시기에 수에비족과 서고트족은 모두 '포르투칼레Portucale'라는 이름을 쓰기 시작했다.

우연히 만들어진 기적의 소스

제2차 포에니전쟁은 다소 복잡한 과정이 개입되고 완전히 증명되지도 않았지만, 현대인의 냉장고에 들어 있는 어떤 소스에 대한 민간어원설만큼은 확실히 남겼다. 바로 마요네즈다. 이 전쟁의 핵심 인물 중에는 마고 바르카Mago Barca라는 카르타고인이 있다. 그는 코끼리를 타고 알프스를 넘어간 전설의 한니발 바르카의 동생이다. 승기가 로마로 넘어가자 마고는 기원전 205년에 메노르카섬으로 달아났고, 거기에 자기 이름을 딴 마온Mahón시를 세웠다.

그 뒤로 2000년이 지난 1756년에 프랑스의 리슐리외 공이 마온 항구에서 영국을 물리쳤다. 리슐리외 공이 영국과 싸울 때 그의 요리사는 아주 프랑스다운 방식으로 다가오는 승리를 축하하는 미식 폭풍을 준비했다. 그중에는 크림과 달걀로 만든 소스도 있었는데, 이럴 수가! 정작 크림이 없어 어쩔 수 없이 올리브유로 대체해야 하는 상황이 발생했다. 결과는 어땠을까? 감자튀김과 너무도 잘 어울린 그 크림 비슷한 소스는 태어난 곳의 이름을 따서 mahonnaise가 되었고, 오늘날의 mayonnaise로 이어졌다.

이후 몇백 년 동안 무슬림(무어인)과 기독교인이 이베리아반도를 두고 많은 전쟁을 벌였다. 800년 가까이 이어진 이 종교전쟁은 '레콩키스타'라고 불리게 되었다. 여기서 레콩키스타란 재정복이라는 뜻으로, 국토 회복 전쟁을 의미한다. 이 시대, 그러니까 7~8세기 사이에 Portucale는 Portugale가 되고 의미가 확대되어 본래 도시뿐 아니라 미뉴강과 도루강 사이 지역 전체를 가리키게 되었다. 그러다 1179년에 알폰소 1세가 최초의 포르투갈 왕으로 선포되었고, 이때 포르투갈 남단의 알가르브 지방이 국경 안으로 통합되었다. 이 국경은 오늘날까지 거의 변함없이 유지되어 현대 유럽에서 가장 오래된 국경 중 하나다.

아프리카

세네갈	Senegal
감비아	The Gambia
말리	Mali
부르키나파소	Burkina Faso
기니 3국	The Guineas
라이베리아	Liberia
베냉	Benin
콩고 2국	The Congos
나미비아	Namibia
남아프리카공화국	South Africa
말라위	Malawi
탄자니아	Tanzania
케냐	Kenya
마다가스카르	Madagascar

세네갈

Senegal

Sunu Gaal

우리는 같은 카누를 타고 있다

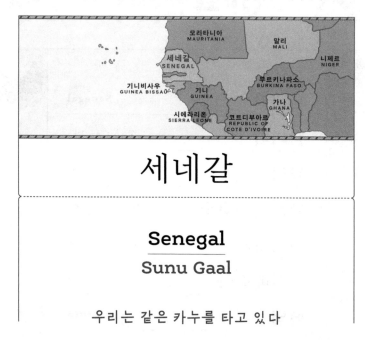

유럽에 다정한 작별 인사를 고하고 이베리아반도에서 남쪽으로 내려가면 신의 땅 모로코 해안에 닿는다. 하지만 여기 머물지 않고 해안선을 따라 남쪽으로 더 내려가서 서부 사하라의 모래언덕을 지나고 모리타니(마우리인의 나라. 수도는 발음하기 어려운 '누악쇼트'다)를 지나, 아프리카 본토의 서쪽 끝을 차지한 나라인 세네갈로 가보자. 먼저 가볼 곳은 생루이시에 위치한 은다르라는 작은 섬의 모래밭이다. 1673~1902년까지 프랑스 식민지의 수도였던 이 지역은 오늘날

이 나라의 국명으로 이어진 세네갈강 하구에 멋지게 자리 잡고 있다.

하지만 세네갈은 그냥 강 이름이 나라의 이름이 된 간단한 경우가 아니다. 실제로 세네갈이라는 이름과 그 어원에 대해 가장 널리 퍼진 설은 이야기라는 것이 사실이건 아니건 얼마나 큰 힘을 가지는지를 보여주는 사례다. 가장 잘 알려진 설이 풍문이기 때문이다. 하지만 풍문이라는 사실 자체가 세네갈 사람들이 그 이름을 채택하고 그것으로 국가적 정체성을 확립하는 일을 가로막지는 못했다.

민간어원에 따르면 세네갈Senegal은 '우리 카누'라는 뜻이다. 세네갈 사람들은 이 의미를 담은 상징을 사용해서 집단의식을 형성해왔다. 모두가 같은 카누를 타고 있고, 그것이 세네갈 사람으로 사는 의미라는 것이다. 이는 강력한 국가적 연대감을 가지고 자국 문화와 정체성에 깊은 애정과 자부심을 품게 해주었고, 이에 따라 세네갈은 아프리카 전체에서 손꼽히는 진보 국가가 되었다.

그러면 어떻게 '우리 카누'라는 뜻의 강 이름이 나라 이름이 된 걸까? 그것을 알아보려면 멀지 않은 과거인 1853년으로 돌아가서 이 특이한 어원을 처음 소개한 프랑스 작가 겸 사제인 다비드 부알라를 만나야 한다. 그런데 먼저 약간의 배경지식이 필요하다.

세네갈의 지리는 유럽과 상대적으로 가까우면서 대서양 해안선이 아메리카 대륙으로 항해하기 좋기에 사하라 이남 무역로, 특히 비극적인 노예무역의 전략적 거점이 되었다. 이 나라의 북동부 국경을 이루는 것이 1000킬로미터 길이의 세네갈강이다. 세네갈강은 황금의 나라 말리 제국과 가나 제국으로 가는 교통로로 특히 중요했다. 실제로 14세기가 되면 이 강은 '황금의 강'이라는 별명으로 불렸다. 아르헨티나의 라플라타강 같은 이런 명명은 태동하는 여러 민족국가, 대담무쌍한 탐험가, 한탕꾼의 관심을 끌어당겼다.

여기서 말하는 여러 민족국가는 네덜란드, 잉글랜드, 프랑스, 포르투갈이다. 이들은 무역과 종교 전파를 위해 다양한 해안 지역을 차지해나갔다. 그러다 결국 이 나라 대부분을 식민지로 삼은 것은 프랑스였고, 그 유산에 따라 오늘날 세네갈에서는 프랑스어가 토착어인 월로프어와 함께 공용어로 쓰인다. 하지만 여기 맨 처음 온 사람은 포르투갈인이었다.

유럽이 밀려들기 전인 1440년대, '항해 왕자'라는 별명을 가진 포르투갈 왕자 엔히크는 무려 20년 동안의 탐색 끝에 이 황금의 강 하구를 찾았다. 이 지점에서 프랑스 사제 다비드 부알라의 설이 들어온다. 엔히크와 부하들은 힘겹게 찾은 이 강을 거슬러 올라가 통나무를 파서 만든 작은 카누 피로그를 타고 고기잡이하는 원주민을 만났다. 그들이 포르투갈어로 어부들에게 그곳의 지명을 묻자 '수누갈 sunu gaal'이라는 대답이 돌아왔다. 어부들은 당연히 포르투갈어를 모르니 현지어인 월로프 방언으로 대답한 것이었다. 여기서 부알라는 원주민이 엔히크의 질문을 자기들이 탄 배에 대한 질문으로 오해하고 '우리 피로그'라는 뜻의 sunu gaal이라 대답했다는 설을 제시한다. 엔히크는 이것을 강 이름으로 이해했고, 이 말이 흔한 언어적 변형을 통해 Senegal이 되었다는 것이다.

이것이 (특히 세네갈에서) 가장 널리 퍼진 어원설이지만 언어학자들은 별로 지지하지 않는다. 더 확실한 언어적 토대는 1450년대에 엔히크가 아프리카 해안 탐험을 위해 고용한 베네치아 탐험가 겸 노예 무역자인 알비제 카다마스토를 가리킨다. 그는 세네갈 서쪽 끝 앞바다의 카보베르데제도를 발견한 사람으로 여겨진다. 10년 뒤 카다

마스토는 Rio de Senega를 지나 항해했다고 썼는데, 이것이 세네갈 이름이 문자로 기록된 첫 번째 사례다. 이 이름은 세네갈강 북쪽에 사는 사하라 베르베르족의 일파인 제네가족의 이름을 포르투갈어로 옮긴 것으로 보인다.

다른 설은 시간을 더 거슬러 올라가서 상가나Sanghana시의 이름을 어원으로 여긴다. 1068년에 아랍의 지리학자 겸 역사가인 알-바크리가 한 말에 따르면, 상가나시는 중세 시대에 세네갈강 하구에 있었다고 한다. 마지막으로 살펴볼 흔한 설은 원주민 세레르Serer족에서 이름이 왔다는 것이다. 세레르족은 자신들의 신인 '로게세네Roge Sene'와 물을 뜻하는 '오갈O Gal'이 합쳐져 Senegal이 되었다고 믿는다.

이런 여러 가지 설이 계속 학술적 정확성을 두고 다투지만 사실 이렇든 저렇든 소용없다. 세네갈 사람들에게 진실은 하나뿐이고, 그것은 그들이 함께 탄 카누이기 때문이다.

감비아

The Gambia

Kambi Bolong

특별함을 위한 정관사

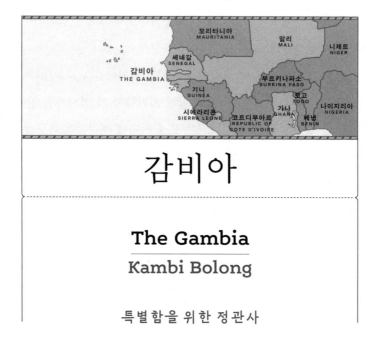

아프리카 대륙에는 신기한 어원과 특이한 지리적 특징이 가득한데, 그중에서도 가장 이상한 것은 아마도 아프리카 본토에서 가장 작은 나라인 감비아의 이야기일 것이다. 이웃 나라 세네갈에 완전히 집어삼켜진 것 같은 특이한 위치 덕분에 '세네갈의 입'이라는 별명이 붙은 감비아The Gambia(정관사 The를 꼭 써야 한다)는 지도로 보면 긴 강과 그 주변 강둑이 전부인 것 같다. 그러니 감비아 국명의 어원을 알고 싶다면 이 나라가 어떻게 생겨났는지부터 살펴보자.

특이한 모양과 위치와 관련된 환상적인 이야기는 잉글랜드가 서부 아프리카의 강을 '소유'하고자 한 결심에서 비롯된다. 강이 있어야 무역을 활성화하고, 또 이미 세네갈과 세네갈강 북부에 식민지를 건설한 프랑스를 물리칠 수 있다고 생각했기 때문이다. 잉글랜드는 이 발판을 마련하고자 감비아강 상류로(여기서 나라의 이름이 왔다) 항해를 결정했다. 그리고 이때 강 양쪽 기슭으로 대포를 계속 쏴서 포탄이 떨어진 자리를 새 영토의 국경으로 삼겠다고 결정했다 한다. 어이없고 사실인지가 의심되는 이야기지만 역사에 그렇게 기록되어 있고, 기이함은 언제나 역사적 표준의 일부다.

다시 감비아의 국명으로 돌아오자. 세네갈과의 인접성을 보면 짐작할 수 있듯이 감비아의 역사는 세네갈과 많은 것을 공유했고, 위치와 교역 기회를 탐내는 유럽 열강들의 식민지 건설 열망에 희생되었다. 1456년, 그러니까 잉글랜드가 이 이상한 영토 개척을 실행하기 전에 먼저 이곳에 식민주의와 무역을 들여온 것은 포르투갈이었고, 여기서 인기 있는 민간어원설 하나가 나온다. 포르투갈어로 교환, 교역은 '캄비우câmbio'고, 여기서 오늘날의 감비아Gambia가 비롯되었다는 것이다. 설에 따르면 캄비우는 지역 사람들이 감비아강을 만딩카어로 ba dimma라 하는 것을 포르투갈 교역자들이 그대로 가져온 것이다.

감비아 역사가 겸 작가이자 국립문화예술센터 소장으로 왕성한 활동을 펼치고 있는 하숨 시세이는 다른 설을 주장한다. 시세이는 세네갈에서 사랑받는 민간어원설을 반영해 1456년 포르투갈인이 감비아강에 도착하고, 오늘날 감비아의 수도 반줄이 위치한 세인트메리섬에서 원주민 바이누카 어부를 만난 일을 거론한다.

어부는 언어 장벽을 극복하기 위해 몸짓언어를 사용하다가 포르투갈인이 섬의 주인을 묻는다 생각하고 '캄비 볼롱'이라 대답했다. '캄비'는 그 지역에 최초로 정착한 인종 집단 바이누카족에게서 흔히 볼 수 있는 성이었다. 포르투갈인은 그 말을 섬의 이름으로 착각했고, 시간이 지나는 동안 그것이 입에서 입으로 퍼지면서 '감비아'가 되었다는 것이다. ◂ 반줄Banjul에도 흥미로운 어원이 있다. 포르투갈은 그곳을 '반줄로Banjulo'라 불렀지만, 뒤를 이어 그곳을 지배한 영국은 당시 전쟁과 식민지 장관이던 배서스트 백작 3세의 이름을 따서 지명을 '배서스트Bathurst'로 바꾸었다. 이 이름은 오래도록 쓰였지만 1973년에 공식적으로 '반줄'이라 바뀌었다. 반줄은 만딩카어 밧줄 섬유를 뜻하는 bang julo를 잘못 발음한 데서 온 말로, 특히 반줄시가 있는 섬에서 채취한 밧줄을 만드는 섬유를 가리켰다.

마지막 설은 만딩카어로 감비아강을 가리키는 Kambra 또는 Kambaa와 관련된다. 만딩카족은 기니와 기니비사우뿐 아니라 세네갈의 카사망스 지역(감비아 남쪽)에 걸쳐 사는 부족이며, 만딩고어도 이 일대에서 널리 쓰인다. 포르투갈이 이 이름의 다양한 변이형을 기록했지만, 감비아라는 이름은 포르투갈이 1588년에 잉글랜드에게 감비아강 독점 무역권을 판 뒤에야 공식 명칭이 되었다.

그러면 정관사는 어디서 온 것일까? 단순하다. 1965년에 감비아가 대영제국으로부터 독립을 앞두고 국제사회에 요청한 것이다. 오만함 때문이 아니라 이름이 비슷한 아프리카의 다른 신생 독립국과 헷갈리는 것을 막기 위해서였다. 1963년에 총리 도다 K. 자와라는 UN 특별 위원회에 서신을 보내 감비아를 신생국 잠비아Zambia와의 구별을 위해 자국명에 The를 붙이고 싶다 했고, 그렇게 The Gambia가 탄생했다.

놀랍게도 이게 끝이 아니다. 감비아는 1970년에 공화국이 되어 국명이 '감비아공화국'으로 바뀌었다. 그런 뒤 영연방을 떠났다가 재가입하는 정치적 혼란 속에서 2015년에 잠시 '감비아 이슬람 공화국'이 되었지만 2017년에는 마침내 감비아공화국으로 돌아왔다. 하지만 이 모든 변화와 정치적 다툼에도 불구하고 감비아 현지인에게 자국의 이름을 물어보면 정관사를 빼고 그냥 "Gambia!"라 말할 것이다.

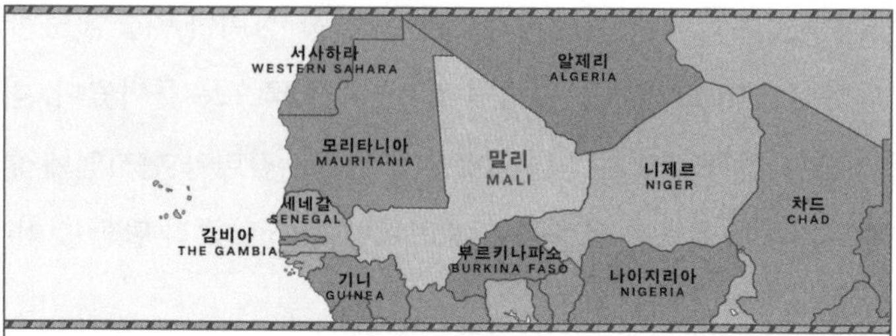

말리

Mali

Mali

하마가 된 왕

감비아의 작고 푸른 해안을 떠나 내륙으로 들어가면 지리적으로 정반대 면모를 띠는 광대한 내륙의 사막 국가 말리가 나온다. 말리의 국토는 대부분이 남부 사하라 사막에 속해 있어서 이들의 유명했던 고대 도시 팀북투는 오늘날 아득히 먼 곳을 가리키는 대명사가 되었다.

말리의 국명은 서아프리카 3대 제국 중 두 번째였던 말리 제국에서 온 것이다. 말리 제국은 풍부한 금 매장량으로 통치자들이 1235~1670년까지 막대한 부와 권력을 누린 것으로 유명했다. 전성기에는 영토가 오늘날의 세네갈, 모리타니 남부, 기니비사우, 기니, 코트디부아르, 가나 북부까지 뻗어서 면적이 120만제곱킬로미터가 넘었다. 말리는 서아프리카 전역의 언어, 법률, 풍습에 크나큰 영향을 미쳤고 지금도 마찬가지다. ✐말리 제국 통치자 중 막대한 부로 특히 유명했던 사람이 있다. 일명 만사 무사라고 하는 무사 1세는 말리 제국의 9대 만사(왕)로, 1312~1337년까지 왕위에 있었고 인류 역사상 최고의 갑부라고도 불린다. 1324년, 그는 메카로 하지 순례를 가는 길에 카이로 근처에 머물던 중 부를 과시하기 위해 사람들에게 금을 나누어주었는데, 그 양이 얼마나 많았는지 금값이 뚝 떨어지고 그 영향이 10년도 넘게 갔다고 한다.

머나먼 상상 속 도시, 팀북투

한때 말리 제국의 성공과 이슬람 학문의 높은 성취를 보여주는 사례였던 팀북투는 제국의 쇠퇴와 함께 쇠락했다. 사하라사막 가장자리라는 위치는 사하라 횡단 교역 시절에는 요지였지만, 유럽이 더 빠르고 안정된 신대륙으로 눈을 돌리자 아무런 이점이 없어졌다. 그렇게 팀북투는 외딴 위치와 시적이고 독특한 지명 덕분에 세계적으로 알려져 고립의 동의어가 되었다. 이곳을 가상의 지명으로 아는 사람도 많다. 『옥스퍼드 영어 사전』은 팀북투를 "상상할 수 있는 가장 먼 장소"라고 정의하고 있다.

팀북투는 철자도 여러 가지고 어원도 설이 분분하다. 가장 널리 퍼진 설은 남성들이 사하라사막으로 나갔을 때, 앞으로 팀북투가 될 천막촌을 지킨 투아레그족 여성 노예의 이름에서 왔다는 것이다. 그 여성의 이름이 배꼽이 큰 어머니라는 뜻의 '톰북투Tombouctou'였다고.

말리라는 이름의 구체적 어원과 의미는 물론 논쟁의 대상이다. 오늘날 우리가 아는 말리 제국의 역사는 대부분 소수의 특정 출처에서 나온다. 중세 역사가이자 지리학자 이븐 칼둔과 이븐 바투타, 16세기 여행자 레오 아프리카누스의 기록, 그리고 만딩카족의 구송 전승이 그것이다.

만딩카족은 말리 제국의 근간이었다. 만딩카족이 사용하는 비슷한 여러 언어는 Mandé, Manden, Manding 같은 말리의 다양한 변이형을 낳았다. 풀라 방언에서 Manden의 Mandingka가 Mali의 Malinke가 되었고, 이 발음이 널리 퍼져 오늘날에 이르렀다. 처음에 Mali라는 이름은 말리 제국 팽창 전에 중심지였던 도시나 지역을 가리켰는데, 둘 중 어디인지는 견해가 갈린다. 만딩카족 이야기꾼은 '그리오'라 불린다. 오늘날에도 활동하는 그리오는 음악가, 구술 역사가, 시인, 찬양 가수, 계보학자, 서아프리카 역사의 보관소 역할을 하며 왕실 조언자로 널리 존경받는다. 어떤 면에서 중세 유럽의 음유 시인과 비슷하다. 그리오 구송 전송은 오늘날의 랩과 힙합 음악 탄생에 큰 영향을 미쳤다고 평가받는다.

오늘날 학계의 정설에 따르면 mali는 왕이 사는 곳을 뜻하지만 본래 뜻은 크게 달랐다. 만덴어의 하나인 밤바라어로 mali는 그냥 하마다. 물론 말리 문화에서 하마는 힘과 강인함의 상징이고, 순디아타 케이타 전설의 원천이라는 점에서 특별한 의미가 있다. 순디아타는 말리를 세우고 작은 왕국을 광대한 제국으로 키웠다고 알려진 시조왕이다. 전설에 따르면 순디아타는 죽음을 앞두고 하마로 변해 산카라니강(니제르강의 지류로, 오늘날 말리의 남서부에 흐른다)에 들어가 살기 시작했다고 한다.

말리에는 국명 말고도 아프리카 야생동물과 연결된 지명이 있다. 말리의 수도 바마코(역시 밤바라어로)는 악어 강이라는 뜻으로, 악어 세 마리가 상징이다. 이 이름은 악어와 하마가 들끓는 니제르강변에 바마코가 자리한 데서 기원한다. 과거에 바마코 시민들은 악어에 집착한 나머지 그들을 달래고자 해마다 처녀를 제물로 바쳤다고 하는데, 다행히 그 풍습은 오래전에 사라졌다.

부르키나파소

Burkina Faso

Burkina Faso

올곧은 나라의 정직한 사람

말리의 남쪽 국경 중앙부를 건너면 부르키나파소라는 멋진 이름의 나라가 나온다. 이들은 1960년에 프랑스에서 독립한 신생국이고, 지금의 국명을 채택한 것은 1984년이다. 덕분에 우리는 드물게도 국명의 어원을 확실히 알 수 있다. 이 이름이 불운한 마르크스주의 혁명가이자, 당시 대통령이자, 아프리카의 체 게바라인 토머스 산카라가 선택하고 선포한 것이기 때문이다.

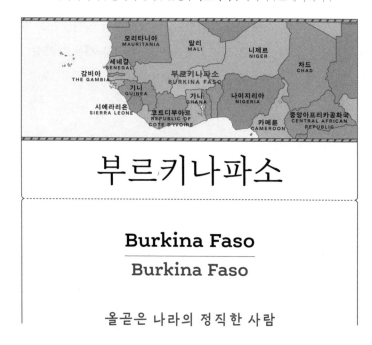

산카라는 부르키나파소의 명명뿐만 아니라 국가 이데올로기

확립에도 중요한 역할을 했다. 세계 최빈국 중 하나를 떠맡은 그는 프랑스뿐만 아니라 국제통화기금이나 세계은행 같은 기관의 신식민주의(그가 쓴 표현)를 맹렬히 비난했고, 이 나라의 노동계급은 서민적 행보로 세계 뉴스에 등장하는 산카라를 정직한 지도자로 여겼다.

산카라는 경제적 평등을 실현하기 위해 과감한 변화를 시도했는데, 그중 유명한 것은 장관들의 관용차를 벤츠에서 르노 5로 바꾼 것, 자신과 장관들 급여에 상한선을 둔 것, 족장들의 땅을 빈민에게 분배한 것 등이 있으며 그 자신도 녹슨 자전거를 타고 수도를 다니는 모습이 자주 눈에 띄었다. 죽었을 때 산카라가 남긴 것은 늙은 고양이, 자전거 몇 대, 냉장고, 기타 몇 대, 은행 잔고 560달러가 전부였다.

산카라는 대통령 재임 기간에 채권국에 빚을 갚지 않겠다고 선언했다. "우리는 빚을 갚지 않을 것입니다. 이 채무는 우리 책임이 아니기 때문입니다. 오히려 그들이 우리에게 돈으로 갚을 수 없는 채무를 졌습니다. 피의 채무입니다." 그리고 그가 해외 원조를 거부하면서 한 말은 이제 명언으로 남았다. "얻어먹으면 조종당한다."

1984년 8월 4일, 산카라는 혁명적 이상을 반영해 국명을 '부르키나파소Burkina Faso'로 바꾸었다. 부르키나파소는 그 나라에서 널리 쓰는 두 언어의 단어를 결합한 것이다. 모레어(최대 부족의 언어. 모시어라고도 한다)에서 온 Burkina는 정직한 사람들이라는 뜻이고, 디울라어에서 온 Faso는 조국, 원래는 아버지의 집이라는 뜻이다. 그래서 두 단어가 합쳐진 이 국명은 정직한 사람들의 나라라는 뜻이 되고 여기서 '정직한'은 '올곧은', 더 나아가 '청렴결백한'으로도 대체할 수 있다. 부르키나파소의 국민들이 스스로의 정직성에 가지는 자부심을 보여주기 위한 이름이다.

그런데 산카라는 국민들을 '부르키나베Burkinabé'라고 불렀다. 그는 이 말을 만들 때도 특유의 통합 정신을 발휘해 제3의 공용어인 푸풀데어의 접미사 -bé를 가져왔다. -bé는 남성 또는 여성이라는 뜻으로 이 나라의 60개가량 되는 인종과 언어 집단을 젠더와 무관하게 최대한 많이 포함하는 완벽한 단어였다.

산카라가 국명을 바꾸기로 결심한 것은 그가 혐오한 프랑스 식민 시대의 유산 때문이었다. 부르키나파소가 프랑스로부터 독립하던 1960년 당시 국명은 프랑스가 준 '오트볼타공화국'이라는 이름이었다. 이 이름은 별다른 뜻 없이 그저 볼타강 상류에 있다는 뜻을 담은 것이었다. 산카라는 프랑스가 남긴 이 이름에 반감을 느꼈고, 1983년에 친구 블레즈 콩파오레가 쿠데타를 일으키고 자신을 대통령으로 세우자 필요하다고 생각한 여러 변화를 지체 없이 실행했는데, 국명과 국기의 변화가 그 선두였다. ✓볼타강은 블랙 볼타, 화이트 볼타, 레드 볼타라는 세 개의 작은 강으로 이루어져 있고, 오트볼타의 깃발은 이 세 강을 검은색, 흰색, 붉은색의 수평 띠로 표현했다(이는 우연히도 독일 제국의 깃발과 똑같았다. 물론 오늘날의 독일기와는 다르다). 산카라는 국명을 바꿀 때 국기도 아프리카인에게 친숙한 붉은색과 녹색으로 바꾸었다. 붉은색은 점령에 반대하는 봉기를, 녹색은 울창한 자연을 상징했으며, 중앙의 노란 별은 혁명을 인도하는 빛이었다. 볼타는 포르투갈어로 '비틀다' '돌다'라는 뜻으로, 이 강의 구불구불한 경로를 가리킨다.

국명에 관한 한 부르키나파소라는 국명을 지은 동기, 방법, 서사는 여러모로 훌륭하다. 하지만 슬프게도 산카라는 그 유산을 제대로 보지 못하고 1987년 10월 15일에 암살당했다. 암살을 사주한 사람은 놀랍게도 산카라를 대통령 자리에 올린 블레즈 콩파오레였다.

콩파오레는 산카라가 외국 열강들, 즉 프랑스와 그와 관련된 이웃 나라 코트디부아르를 적대한다는 식의 이유를 들며 대통령직에 오른 뒤 산카라의 많은 정책을 뒤집었다. 그래서 산카라의 유산은 온전히 남아 있지 않지만 대부분의 부르키나베에게 그는 진정한 영웅으로, 타국 사람에게는 사려 깊은 국명의 작명자로 남아 있다. 만약 이 이름이 마음에 든다면 아마 뒤에 나올 파키스탄의 이름도 마음에 들 것이다.

부르키나파소의 자랑, 와가두구

부르키나파소에는 멋진 도시 이름도 많다. 제2의 도시 보보디울라소, 소도시 니앙골로코, 북쪽의 고롬고롬과 남쪽의 부룸부룸(너무 훌륭해서 둘 다 중복된 이름을 썼다!), 또 다행히 실베스터 스탤론이 없는 람보시까지.

하지만 그중 최고는 모음이 넘치는 이 나라의 수도이자 국토 중심부에 있는 고대 도시 '와가두구Ouagadougou'다. 와가두구라는 이 특이한 이름은 요니욘세족 지도자이자, 1441년에 와가두구에 살던 닌시족을 정복한 우브리라는 사람이 15세기에 붙인 이름을 프랑스식으로 바꾼 것이다. 바뀌기 전의 이름에는 두 개의 설이 있다. 하나는 우브리가 원래의 닌시족 이름인 '콤벤팅고'를 '와서 내게 경의를 표하라'라는 뜻의 '워그드고'라 바꿨다는 것이고, 나머지 또 하나의 설은 전쟁 사령관의 마을을 뜻하는 '와게 사브레 소바 쿰벤 텡가'로 바꿨다는 것이다.

기니 3국

The Guineas

Ghinawen

독립을 일구어낸 흑인들의 땅

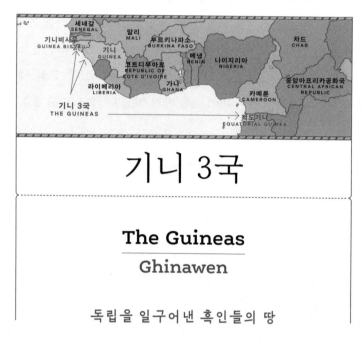

기니라는 국명의 어원 이야기는 1+2다. 아니, 실제로는 그보다 더 많다. 국명에 '기니'가 들어가는 세 나라, 기니비사우와 그 남쪽의 기니, 거기서 동쪽으로 약 2400킬로미터 떨어진 적도기니를 방문하려면 먼저 뒤로 한발 물러서서 아프리카 중서부 해안 전체를 살펴보고, 그런 뒤 기니만의 따뜻한 물 속으로 들어가야 한다. 하나의 어원으로 세 나라의 이름을 해석할 기회가 생기지만 실상은 그보다 복잡하며, 기니라는 말과 관련된 이야기는 불확실하다는 말로도 부족할 정도다. 기니라는 이름은 한 지역에 국한되지 않는다. 지구 전체를 보면 이곳 말고도 많은 곳에 기니라는 이름이 있다. 뉴기니섬의 파퓨아뉴기니(이 멋진 어원은 뒤에 가서 다룰 것이다)도 있고, 미국 버지니아주와 캐나다 노바스코샤주에도 기니시가 있다.

세네갈과 감비아에서 만났던 포르투갈 탐험가들이 서아프리카 중부 지역(북쪽으로는 사헬 지역 경계선부터 남쪽 해안까지)을 '기네Guiné'라 부르기 시작한 것은 15세기였다. 포르투갈어 Guiné는 스페인어로 '기네아Guinea'라 옮겨졌고, 영어도 같은 형태를 사용했지만 발음은 '기니'가 되었다.

기니 금화

지난날 영국에서는 기니 금화라는 것을 썼는데, 이 기니 금화가 태어난 곳은 오늘날의 가나인 황금해안 지대다. 기니 금화는 1663년에 기니 지역의 수익성 높은 무역을 촉진하기 위해 잉글랜드 왕립 모험상인단의 독점 사용을 전제로 만든 것이지만, 어느새 내국에서도 통용되면서 21실링(1.05파운드)이라는 고정 가치를 가지게 되었다. 기니 금화는 기니의 금으로 만들어 이런 이름이 붙었고, 가치 있는 물건들이 기니화로 가격이 매겨지면서 일정한 위신이 생겨났다. 기니 금화는 1813년부터 만들지 않았지만 1971년의 화폐개혁 때까지도 통용되었고, 고액이 걸린 경마 대회에서는 아직도 기니라는 말을 쓴다.

유럽 열강들에게 기네 지역은 자신들이 개발할 권리가 있는 자원의 보고였다. 그들은 이곳을 각 자원에 따라 곡물 해안, 황금 해안,

노예해안이라는 세 지대로 나누었다. 그리고 각국에 저마다의 기니를 할당해 프랑스령기니(오늘날의 기니), 스페인령기니(오늘날의 적도기니), 포르투갈령기니(오늘날의 기니비사우)가 태어났다.

포르투갈인은 사하라 이남과 세네갈강 남부의 아프리카인을 두루 가리킨 이름 '기네우스Guineus'를 기반으로 Guiné라는 말을 만들었다. Guineus는 '얼굴이 탄'이라는 뜻의 베르베르어파의 투아레그어 Ghinawen에서 왔고, Ghinawen은 흑인들의 땅을 뜻하는 베르베르어 Akal n-Iguinawen에서 왔다고 여겨진다. 포르투갈 항해자들은 이전까지 피부가 검은 사람을 본 적이 없었을 테고, 당시에는 그것이 지역을 명명할 만한 특징이었을 것이다.

말리의 어원을 탐색할 때 등장한 레오 아프리카누스에게서는 또 다른 설이 나온다. 그는 16세기에 방대한 서아프리카 여행기를 남긴 사람으로, 1526년에 말리의 큰 상업도시 '젠네Djenné'에 대해 썼다. 젠네는 팀북투와 함께 15~17세기까지 소금과 황금 무역으로 번성한 사하라사막 횡단 무역로의 요지에 있었다. 그는 Djenne(Gheno, Genni, Ghinea라고도 썼고, 이것으로 마을에서 왕국까지 모든 것을 가리켰다)가 Ghinea의 어원이라 말했다. 다른 지리학자들도 이 시기에 흑인을 뜻하는 아랍어 Genewah가 흔히 쓰였다면서 Djenne를 어원으로 꼽는다. 그리고 이것이 첫 번째 설에서 본 베르베르어 Ghinawen이 아랍어화한 형태일 수 있다고도 인정한다.

기니의 어원 후보들이 정리되었다면 이제 이 말이 국명에 들어가는 세 나라를 살펴보자. 세 나라는 모두 '흑인들의 땅'의 변형으로, 변화 발전한 이야기를 알아보려면 이 나라들이 각각 독립한 날을 찾아가야 한다.

가장 먼저 독립한 것은 프랑스령기니였다. 이들은 1958년에 독립하면서 '프랑스령'을 지우고 그냥 '기니'가 되었다. 10년 후 스페인령기니도 독립을 선언하고 역시 이름을 바꾸려 했다. 하지만 단순명료한 기니가 이미 다른 나라 차지였기 때문에 적도와 가까운 위치를 이용해 '적도기니'가 되었다. 실제로 적도에 걸쳐 있지는 않다. 그리고 포르투갈령기니가 마지막으로 독립하면서 '기니비사우'가 되었다. 기니비사우는 프랑스령이었던 이웃 나라와 구별 짓기 위해 식민지 시대의 수도 이름을 뒤에 붙인 것이다. 재밌게도 기니 역시 혼동을 피하기 위해 뒤에 수도 이름을 붙여 '기니코나크리'라고 부를 때가 있다.

라이베리아

Liberia

Liber

이곳은 자유인의 땅인가?

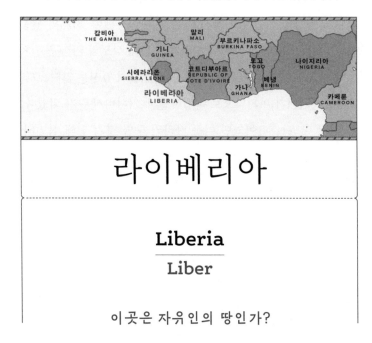

서아프리카의 많은 지분을 차지하는 흥미로운 어원 인접국들 옆에는 그들 못지않게 흥미롭고 특이한 나라인 라이베리아가 있다. 기니 지역의 남서쪽에 자리해서 시에라리온, 기니, 코트디부아르 사이에 껴 있는 라이베리아는 그 이름에 존재의 실마리가 담겨 있다. 라이베리아Liberia는 자유를 뜻하는 라틴어 liber에서 온 이름이기 때문이다. 이 liber에서 오늘날 우리가 그 무엇보다 중요시하는 자유liberty가 왔다.

미국의 식민지였던 라이베리아는 1822년 1월 7일, 미국식민협회(ACS) 주도 아래 미국 해방 노예들의 귀환 정착지로 건설되었다. 이전까지는 곡물해안의 일부였다. 포르투갈은 16세기에 이곳을 '후추해안'이라고도 불렀다. 이 지역에 유럽 무역상들이 좋아한 말라게타 후추 알갱이가 많이 났기 때문이다.

이 지역은 12세기부터 다양한 부족이 거주했는데, ACS가 미국의 자유 흑인과 해방 노예를 여기 정착시키기로 결정하면서 부족들의 운명이 바뀌어버렸다. 미국은 실제로 서아프리카 해안 여러 곳의 부족 지도자들과 토지 매수 협상을 하며 소거법을 통해 이 지역을 선정했다.

1821년에 미해군 장교 스톡턴 대위는 라이베리아 해안에 배를 정박시키고, 그 지역의 통치자를 강압해서 땅 일부를 ACS에 팔게 했다. 대위는 거기 정착했지만 당연히 성난 지역 부족들에게 끊임없이 공격당했다. 하지만 그는 꿋꿋이 버티며 요새를 건설하고 더 많은 사람을 데려와 그곳에 라이베리아라는 이름을 붙였다. 그 후 미국은 2만 명에 살짝 못 미치는 흑인 해방 노예를 그곳에 보냈고, 이 일은 토착민들에게 큰 충격이 되었다.

세간의 말에 따르면, 라이베리아는 19세기 말에 유럽 각국이 아프리카의 자원을 차지하려고 달려든 이른바 아프리카 쟁탈전이 벌어진 후에도 에티오피아와 함께 독립을 유지한 유일한 나라다. 라이베리아라는 이름 때문에 이런 이야기가 퍼졌겠지만 진실은 그렇게 간단하지 않다. 라이베리아에 식민지가 건설되자 경제적, 정치적 권력 대부분이 토착민이 아닌 미국 출신 흑인들의 손에 들어갔기 때문이다. 실제로 이후 여러 국제 보고에 일부 유력 미국계 라이베리아인들이 토착민을 노예로 삼아 그들의 조상이 미국에서 겪었던 고통을 그대로 강제하는 사례들이 기록되어 있다.

그러다 식민지 건설 25년 후인 1847년 7월 26일, 라이베리아의 자유 정착민들은 미국 지배로부터 독립을 선언했다. 미국이 1776년에 영국의 지배로부터 독립을 선언한 것과 비슷했다. 하지만 아이러니하게도 미국은 몬로비아를 수도로 해서 새로 태어난 라이베리아 공화국을 승인하지 않았다. 상황이 바뀐 건 1861년에 시작된 남북전쟁으로 마침내 미국 땅에서 노예제가 폐지되면서였다. ◀ 라이베리아의 수도 몬로비아는 미국의 제5대 대통령 제임스 먼로의 이름을 딴 지명이다. ACS를 열렬히 지지한 그는 미국 정부의 자금 지원을 이끌어내 라이베리아 식민지 건설에 중대한 역할을 했다.

라이베리아는 아프리카 최초의 공화국으로 독립국이 되었지만 토착 주민들의 삶은 달라진 게 별로 없었고, 권력은 계속 미국계 라이베리아인에게 독점되어 있었다. 영어의 제1공용어화, 기독교와 일부일처제 도입, 이성애 중심의 서구 문화 추종, 미국 모델의 정부 구성은 문화적 분열과 미국계 인종의 우월 의식을 낳았고, 그 결과 수십 년 동안 시민들의 불안, 전쟁, 가혹한 독재가 이어졌다.

2005년 엘런 존슨 설리프가 아프리카 최초의 여성 대통령으로 당선되고 나서야 토착민과 미국계 정착민을 아우르는 다양한 라이베리아인들에게 상대적 평화, 민주주의, 좀 더 안정된 삶이 찾아왔다. 미국계 정착민이 오기 전부터 오랫동안 그 땅에 살았던 사람들에게 라이베리아라는 이름과 거기 담긴 자유라는 뜻은 과연 축복이었을까 저주였을까?

베냉

Benin

Ile-ibinu

족장 배 속의 왕국에서 논쟁의 땅으로

라이베리아에서 해안선을 따라 동쪽으로 1500킬로미터 이상을 쭉 가면 국경을 네 개 지난 곳에 열쇠 구멍 모양의 나라, 베냉이 나온다. 어떤 사람들은 그리 멀지 않은 옛날에 이곳이 '다오메Dahomey'라 불렸다는 걸 기억할지도 모른다. 그래서 우리에게는 연대순으로 살펴보아야 할 어원이 두 개 생긴다. 베냉의 혼란스러운 역사도 그 이름들의 이야기를 하기 때문이다.

오늘날 베냉은 2018년에 이루어진 정당 개혁 덕분에 아프리카

국가 중 비교적 안정된 민주주의를 누리고 있지만, 그 안정 뒤에는 혼돈과 고통의 역사가 있었다. 주요 원인은 유럽 식민 열강이 이곳을 대서양 노예무역 기지로 삼은 것이었다. 실제로 이곳은 17세기부터 흔히 노예해안이라 불렸다. 납치당한 수많은 사람이 이곳을 거쳐 대서양을 건너가 굴종과 공포의 삶을 살았기 때문이다.

그 당시 이곳의 진짜 이름은 '다오메 왕국'이었다. Danxome, Danhome, Fon 등으로도 불렸으며 폰Fon은 당시 왕국을 다스리던 왕족 중에서도 특히 지배적이었던 인종 집단인 폰족에서 온 이름이다. 폰족은 아직도 베냉 최대의 인종 집단이다. Dahomey, Danxome, Danhome의 이야기는 아주 다채롭지만 분명히 민간어원의 영역에 있기에 아마도 사실이 아닐 것이다.

전설을 보면 다오메 2대 국왕 다코도누 이야기가 나온다. 다코도누는 베냉의 화웨 지역에 정착을 허락받자 지역 족장 단에게 영토를 아보메까지 넓혀도 되는지 물었고, 단은 분노 섞인 반응을 보였다. "이미 이렇게 많은 땅을 주었는데도 더 달라는 건가? 내 배를 갈라 네 집을 지으려는 건가?" 그러자 다코도누는 태연히 족장의 배를 찌르고 쏟아져 나온 내장 위에 궁전을 지었다. 정말이지 확실한 메시지 전달이었다. Danxome라는 이름은 이 궁전 건축 일화에서 태어났다. Dan은 족장, xo는 배, me는 내부라는 뜻이기 때문에 Danxome는 족장 배 속의 왕국이라는 뜻이 된다!

다오메 왕국은 유럽의 무자비한 전진 앞에 독립을 유지하지 못했지만 이름만은 남겼다. 1894년에 프랑스 보호령이 되고, 1904년에는 '프랑스령다오메'라는 이름으로 프랑스의 아프리카 식민지가 된 것이다. 그런 뒤 1958년이 되어서야 '프랑스령'을 떼고 자치적인

'다오메공화국'이 되었고 그로부터 2년 후에는 완전한 독립을 얻었다. 15년 뒤에는 마르크스-레닌주의 과학적 사회주의 군사 쿠데타가 일어나 1975년 11월 30일에 '베냉 인민공화국'이 공식 탄생했지만, 다시 15년 후에 '인민'이라는 말이 떨어지면서 오늘날의 '베냉공화국'이 되었다.

마티외 케레쿠 대통령과 그가 이끄는 사회주의 의회는 베냉만 Bight of Benin에서 Benin이라는 이름을 만들었다. bight는 잘 쓰이지 않는 말로, 얕은 만을 뜻한다. 베냉만의 이름은 베냉 왕국에서 온 것인데, 베냉 왕국은 다소 혼란스럽게도 오늘날의 나이지리아에 있었으며 아직도 나이지리아 전통국 중 하나로 존재한다. 현재 나이지리아에는 과거의 토착 국가에서 유래한 100여 개국이 전통국으로 유지되고 있지만 실권은 없다.

베냉 왕국은 많은 왕국이 흔히 그렇듯 부족 이름이 국명이 된 경우다. 이 경우는 비니Bini족이었는데, Bini의 어원은 분명하지 않다. 온라인 어원 사전에 따르면 아들들을 뜻하는 아랍어 bani와 관련이 있을지도 모른다. 이보다 흥미로운 다른 설은 bani가 나이지리아 최대 부족인 요루바족의 언어 Ile-ibinu(Ile는 땅, binu는 분노라는 뜻)라는 표현에서 왔다는 것이다. benin은 초기 포르투갈 탐험가들의 잘못된 발음으로 옮겨진 말이니, 사실 Benin이라는 이름은 논쟁의 땅이라는 다소 멋진 뜻이다. 아마도 당시의 왕이 치세를 하며 겪은 부족 갈등을 가리키는 말일 것이다. 왕국, 식민지, 공화국을 모두 가리킨 한 이름에서 부족, 얕은 만, 공화국을 가리키는 다른 이름으로 이어져온 베냉의 역사는 거기 담긴 이야기만큼이나 다채롭고 복잡하다. ➶ 베냉만은 노예해안에 자리했던 만큼 노예제 및 죽음과 길고도 참혹한 연관이 있다. 많은 작가가 이곳의 이야기를 했지만, 특히 〈노예의 노래A Slavery Jingle〉라는 특별한 노래가 당시의 상황을 압축적으로 표현한다. "베냉만을 조심해. 거기 들어가는 사람은 많지만 나오는 사람은 없어."

부두교에 관한 오해

흔히 부두교라고 하는 종교는 베냉 지역에서 처음 싹텄고, 그 시기는 약 6000년 전으로 추정된다. 부두교의 유래가 된 폰어의 '보둔 vodun'은 단순히 정령이라는 뜻이다. 이것이 흑마술과 제물 공양의 종교라는 오해를 받고 특이한 지리적 분포를 가지게 된 것은(오늘날 6000만 명가량의 부두교 신자는 대부분 아프리카와 카리브해에 있다) 식민지 노예주들 때문이다. 그들이 부두교를 금지한 탓에 아메리카 대륙에 잡혀간 아프리카 노예들은 비밀스럽게 종교 활동을 할 수밖에 없었다.

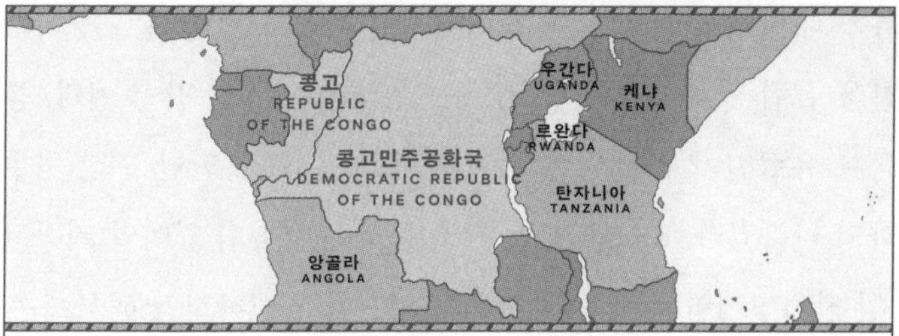

콩고 2국

The Congos

Kongo

산? 사냥꾼? 모이 다?

다음번 목적지는 아프리카의 광대하고 푸른 심장부를 점령하고 있는 콩고민주공화국Democratic Republic of the Congo이다. 이 나라는 이름이 아주 많아서 콩고킨샤사Congo-Kinshasa, DRC, DROC, DR 콩고, 아니면 간단하게 그냥 콩고로도 불린다. 그런데 DRC의 어원을 이야기하려면 콩고공화국도 빼놓을 수 없다. 콩고공화국은 몇 가지 분명한 이유로 DRC 서쪽에 있는 상대적으로 작은 이웃 나라다.

어디서 시작해볼까? 우선 두 나라 모두 콩고강에서 국명을 따

왔다. 콩고강은 양국 사이의 천연 국경을 이루는 강으로, 양국의 수도도 다 이 강변에 건설되어 서로를 마주 보고 있고, 그 사이를 콩고 급류가 대형 콘크리트 국경 경비대처럼 지키고 있다. 콩고강이라는 이름은 유럽 항해자들이 콩고Kongo 왕국의 이름을 딴 것이다. 콩고 왕국은 유럽인이 15세기 말에 이곳에 처음 와서 만난 토착 반투족 일파의 나라였다. Kongo가 반투어, 특히 콩코족의 언어인 키콩고어로 된 자칭명이라는 데는 학자들의 의견이 일치하지만 해석에는 여러 이견이 있다.

가장 흔한 설은 산을 뜻하는 반투어 kongo가 어원이라는 것으로, '산에서 흘러내리는 거대한 강'의 수원을 가리킨다는 의미다. 이에 따르면 콩고족은 먼저 강의 이름을 따서 왕국 이름을 지었는데, 나중에 어원적 부메랑(또는 언어적 패러독스랄까) 현상으로 포르투갈 항해자들이 그 왕국의 이름을 따서 강의 이름을 지은 것이 된다.

두 번째로 널리 퍼진 설은 사냥꾼을 뜻하는 키콩고어 nkongo에서 왔다는 것이다. 메트로폴리탄미술관의 아프리카 미술 큐레이터 알리사 러개마에 따르면 사냥꾼은 영웅적이고 대담한 사람이 갖는 직업이었다고 한다. 마지막 설은 식민지 시대의 유명 탐험가이자 작가인 새뮤얼 헨리 넬슨이 주장한 것으로, 그는 『콩고 분지의 식민주의Colonialism in the Congo Basin』라는 저서에 "Kongo라는 말 자체는 공공 집회를 의미하고 '모이다'라는 뜻의 어근 konga에 토대한다"고 썼다. 그러니 Congo의 의미는 산일 수도 있고 사냥꾼일 수도 있고 '모이다'일 수도 있다. 원하는 것을 골라보시라. ◀ 콩가Conga 댄스는 회합이라는 뜻의 어근과 무관하게 콩고의 춤을 뜻하는 아메리카 스페인어 '단차 콩가Danza Conga'에서 온 말이다. 이 말은 19세기에 미국 남부 주에서 아프리카 노예들이 추는 춤을 가리키며 쓰기 시작한 것으로 보인다.

Congo라는 이름을 설명하면서 우리는 1482년으로 이동했다. 이 해에 콩고 왕국에 도착한 포르투갈 항해자들은 노예와 상아를 비롯한 무역을 키우면서 다른 한편으로는 그 후 수 세기 동안 반투족의 힘을 잠식하는 관계를 다져나갔고, 그러다 19세기 말에 유럽 열강 경쟁국들이 왕국을 분단시켰다. 결국 프랑스가 오늘날의 콩고공화국인 콩고강 북쪽의 작은 지역을 차지하고, 오늘날 DRC가 되는 큰 남쪽 땅은 벨기에의 식민지가 되었다.

프랑스령콩고는 1880년에 프랑스령적도아프리카에 흡수되어 '중앙콩고'라는 이름이 되었고, 브라자빌Brazzaville이 수도로 지정되었다. 브라자빌은 이탈리아계 프랑스 탐험가이자 프랑스와 원주민 왕 마코코의 첫 조약을 중재한 피에르 사보르냥 드 브라자Pierre Savorgnan de Brazzà의 이름을 딴 것이다. 그러다 80년 후인 1958년에 프랑스가 헌법을 개정할 때 중앙콩고는 자치국 '콩고공화국'이 되었고, 1960년 8월에 같은 이름으로 완전한 독립을 얻었다.

DRC의 식민 역사는 아프리카 식민 수탈 역사에서도 가장 슬픈 이야기 중 하나다. 벨기에 국왕 레오폴트 1세는 1885년에 이곳을 사유지로 삼고 '콩고 자유국가'라는 이름을 붙였다. 하지만 레오폴트의 땅에 살던 수많은 부족과 인종 집단에게 자유란 전혀 없었다. 레오폴트는 천연고무와 상아를 채취하기 위해 그들에게 강제 노역을 시키면서 상상할 수 없는 가혹 행위를 저질렀고, 그 결과 23년 동안 수백만 명이 목숨을 잃었다. 이 폭정은 그가 1908년에 국제사회의 비난에 굴복해 이곳을 벨기에에 넘겨주고 나서야 끝이 났다.

벨기에의 통치하에 개선된 것들도 있지만 그 반대가 더 많았고,

벨기에령콩고는 1960년에 강 북쪽의 이웃 나라보다 한 달 먼저 독립을 얻었다. 하지만 콩고공화국이라는 이름은 오래가지 않았다. 이웃 나라와 혼동을 피하기 위해 1964년에 국명에 '민주'를 넣었기 때문이다. 하지만 1971년, 정치적 혼란과 불안 속에 권력을 잡은 조제프-데지레 모부투는 국명을 '자이레공화국'이라 바꾼 뒤 그 후로 25년 동안 다시 독재정치를 펼쳤다.

모부투는 강력한 민족주의와 반식민주의, 특히 반벨기에주의에 토대해 유럽에서 유래한 이름들을 아프리카어로 바꾸어나갔고, 자신의 이름도 프랑스어 느낌이 없는 모부투 세세 세코로 바꾸었다. 모부투는 콩고도 이 범주에 들어간다고 보아 국명을 '자이레Zaire'로 바꾸었다. 하지만 아이러니하게도 애국적 관점으로 채택한 Zaire는 강을 뜻하는 키콩고어 nzere를 포르투갈인들이 잘못 발음한 데서 온 말이다. 그러니까 모부투는 유럽풍 이름을 다른 유럽풍 이름으로 바꾼 셈이다. 어떤 이들은 모부투가 알고도 일부러 그랬다고 한다. 외지인 입장에서는 자이레라는 말이 더 발음하기 쉽기 때문이라는 것이다. 하지만 그것은 모부투의 민족주의 이념과는 어긋나는 일이다.

모부투는 1997년 제1차 콩고 전쟁 때 쫓겨났고, 신임 대통령 로랑-데지레 카빌라가 국명을 콩고민주공화국으로 되돌렸다. 아프리카 세계대전이라고도 하는 제2차 콩고 전쟁으로 DRC가 황폐화되고 500만 명이 사망했을 때도 이 이름은 살아남았다. 2018년에는 독립 이후 최초로 평화적 정권 교체가 이루어져, 길고 고통스러운 역사 속에서 민주주의를 별로 맛보지 못한 이 나라에 드디어 '민주'라는 수식어가 어울리게 될 수도 있다는 약간의 희망이 보이고 있다.

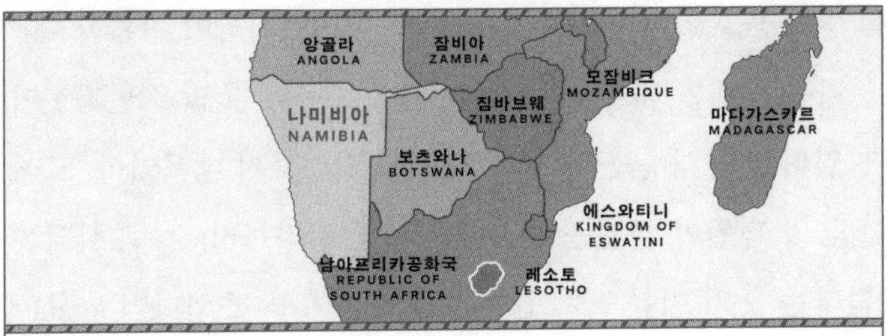

나미비아

Namibia

Namib

신이 화가 나서 만든 광대한 땅

광대한 열대우림과 초원의 국가 콩고에서 남쪽 앙골라를 지나 1500킬로미터 이상 쭉 내려가면 전혀 다른 세계가 나온다. 국경에서 해안까지 거의 전 국토를 덮은 나미브사막 덕분에 세계에서 가장 인구밀도가 희박한 국가 중 하나인 나미비아가 바로 그곳이다. 나미비아는 불과 30년 전까지만 해도 독일령남서아프리카라 불렸다.

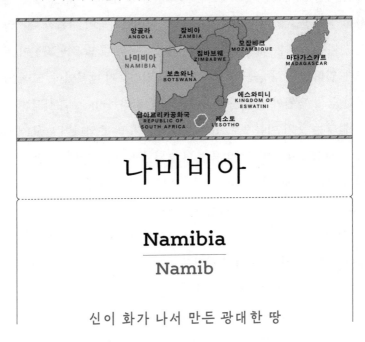

짐작했겠지만 나미비아의 현대 국명은 나미브사막에서 왔다. 당연한 일 아닌가? 나미브사막은 이 나라에서 까마득한 옛날부터 압

도적인 존재감을 발휘했다. 약 8000만 년 전부터 있던, 그래서 세계에서 가장 오래된 나미브사막은 나미비아에 강렬한 이름이 붙은 환상적인 풍경을 여럿 안겨주었다. 가령 나미브사막이 광활한 대서양을 만나는 곳에는 해골해안이라는 이름이 붙었다. 많은 난파선이 파도에 밀려 이곳의 끈끈한 모래 해안에 밀려오기 때문이다. 모래 가득한 금빛 평원이 끝없는 사바나를 이룬 칼라하리Kalahari사막은 물이 없다는 뜻의 이름으로, 큰 갈증이라는 뜻의 츠와나어 kgala에서 왔다. 사람들이 나미브사막을 보며 경외감을 느낀 역사는 수천 년 전이 구릉진 모래땅을 누비며 '신이 화가 나서 만든 땅'이라는 이름을 붙인 수렵 채집인 부시먼 시절까지 거슬러 올라간다.

나미브Namib라는 말과 여기서 파생된 Namibia라는 이름은 코에코에어에서 왔다. 나마족의 언어라 나마어라고도 하는 이 언어는 클릭음을 사용하며 남부 아프리카 곳곳에서 널리 사용된다. 클릭음은 영어에서는 정식 소리가 아니지만 특정 상황에서는 단순한 형태로 쓰일 때가 있다. 혀를 차는 소리나 말발굽 소리를 흉내 내는 소리가 그렇다. 아주 적절하게도 Namib는 광대한 곳이라는 뜻이다. 그런데 이것이 1990년에 국명이 된 사정은 조금 복잡하다.

아프리카 서부 해안 나라가 대부분 그렇듯 나미비아에 처음 온 유럽인도 15세기 포르투갈 항해자였지만, 이 지역에 정착한 것은 주로 19세기 독일과 스웨덴의 교역자와 탐험가였다. 독일은 오토 폰 비스마르크 시절인 1884년에 이곳을 식민지로 만들었고, 독일령남서아프리카라는 창의성 없는 이름을 붙였다. 때는 아프리카 쟁탈전 시대였고 그들은 대영제국이 아프리카에서 더 팽창하는 일을 막으려 했다.

독일 제국은 가혹한 통치를 했고, 4년 간의 군사행동으로 원주민 헤레로족, 나마족, 산족을 몰살했다. 이 사건은 20세기 최초의 집단학살이라 불렸다. 30여 년 동안 수만 명이 죽었고 인종 분리와 차별에 시달린 사람들은 훨씬 더 많았다. 제1차세계대전이 진행 중이던 1915년에는 대영제국 대신 남아프리카가 나미비아를 침략해 장악하고 '완전한 독립을 위해 육성하라'는 위임을 받았는데, 이때 '독일령'이라는 말이 사라지고 멋없는 '남서아프리카' 부분만 남았다. 하지만 이 이름은 결국 무미건조함 때문에 생명을 유지할 수 없었다.

그 뒤로도 이들은 남아프리카의 위임통치 아래 양차 대전을 치렀고, 아파르트헤이트 정권은 독일 제국과 똑같이 인종차별을 그대로 이어나갔다. 20세기 중반에 이르자 아프리카에 독립운동이 고조되면서 UN이 남서아프리카 원주민에 대한 남아프리카의 처우가 부당하는 판결을 내렸고, 이에 따라 위임통치를 종결하지 않으면 더 이상의 점령은 불법임을 선언했다. 그리고 1968년 6월 12일에는 UN 총회가 남서아프리카라는 국명을 국민 소망에 따라 '나미비아'로 개명하는 결의안을 채택했다. 하지만 정치적 불안이 계속된 탓에 이후로 22년이 지난 1990년 3월 21일에야 나미비아가 공식 국명이 되었다.

나미비아의 국명과 관련해 할 이야기로는 한 가지가 더 있다. 그러려면 정치가, 학자, 다수 정당의 창당자, 독립운동의 핵심 인물이자 멋진 이름의 소유자인 음부룸바 케리나를 만나야 한다. ◁ 음부룸바 케리나의 본명은 에릭 윌리엄 게첸으로, 퀘벡 출신 유명 탐험가 프레더릭 토머스 그린의 손자다. 그는 자신의 개명에 대해 이렇게 말했다. "원래 이름은 내가 아무 권리가 없던 아기 때 선교사들이 지어준 것이다. 하지만 정치적 의식이 생겼을 때, 나는 그 이름과 결별하고 음부룸바가 되었다."

케리나는 1960~1962년 사이에 인도네시아에서 박사 공부를 할 때 당시의 대통령이던 수카르노를 만났다. 그리고 2014년에 《더 나미비언》과 인터뷰할 때 이 의외의 만남을 회고했다. “우리는 수카르노의 나라뿐만 아니라 우리나라에 대해서도 이야기했다. 그가 물었다. ‘당신 나라의 이름은 무엇입니까?’ 내가 대답했다. ‘남서아프리카입니다.’ 그가 말했다. ‘그건 지리적 지칭이지 국명이 아닙니다. 노예와 개는 주인이 이름을 짓지만 자유인은 스스로 이름을 지어야 합니다.’” 이 만남을 계기로 케리나는 어느 글에서 아직 세워지지 않은 자신의 나라를 ‘나미브공화국’이라 불렀다. 나미비아는 여기서 비롯된 이름이다.

남아프리카공화국

South Africa

Union of South Africa

먼지와 동굴이 많은 남쪽 나라

질곡의 역사 속에서도 흥미로운 이야기가 가득한 아프리카 서부 해안을 여행한 끝에 마침내 아프리카 최남단이자 세계에서 가장 단순해 보이는 이름을 가진 나라로 간다. 하지만 굳이 설명이 필요 없어 보이는 남아프리카공화국이라는 국명에도 이야기가 있다. 그리고 이 이야기를 살펴보며 아프리카라는 대륙 전체의 이름도 탐색해볼 것이다.

남아프리카공화국이라는 이름에 다가가는 방법 하나는 왜 그렇게 별다른 뜻이 없는 산문적이고 기능적인 이름을 국명으로 삼았을까 묻는 것이다. 어쨌건 이 나라는 눈부신 자연과 다양한 인종과 풍부하고도 혼란스러운 역사를 가진 나라고, 이것들은 모두 국명을 짓는 데 좋은 재료이기 때문이다.

하지만 이 나라는 중앙아프리카공화국과 마찬가지로 이름에 지리적 위치만을 담았다. 또 이름에 '남'이나 '북'이 들어간 대부분의 국가와 달리 나라가 갈라져 생겨난 게 아니다. 오히려 그 반대다. 오늘날의 남아프리카공화국은 1910년에 연합법으로 세상에 태어났다. 영국과 네덜란드 식민 건설자들은 이 법으로 케이프, 나탈, 트란스발이라는 개별 식민지와 오렌지 자유국을 통합해 '남아프리카 연합'이라는 것을 만들었다. 이 연합은 여전히 백인 정착민을 우대하고 토착민의 권리는 무시했지만 어쨌건 이 법에 따라 명목상 독립 상태로 영국의 입법 통제를 받았고, 1934년에는 영국의 통제를 벗어나 주권국이 되었다.

하지만 남아프리카 연합은 민족주의 규칙 아래 분리와 차별 정책을 계속 강화해나갔고, 결국 이후 아파르트헤이트라 불리는 인종 분류 구조를 만들었다. 이들은 1961년 5월 31일에 행해진 국민투표를 거쳐 공식적으로 오늘날의 남아프리카공화국이 되었지만, 아파르트헤이트의 폭정이 철폐되고 토착민들이 권리를 찾는 데는 그로부터 다시 30년의 시간이 필요했다.

오늘날 남아프리카공화국은 열한 개의 공용어를 사용 중이다(이보다 공용어가 더 많은 나라는 인도뿐이다). 언어별로 남아프리카공화국을 말하는 공식 번역어가 있는데, 흥미로운 것은 이 말이 언어 집단에 따라 달라진다는 것이다. 도시 흑인 청년들의 구어로는 흔히

'음잔시Mzansi'다. 음잔시는 남쪽을 뜻하는 코사어(남아프리카 공용어 중 하나로 클릭음을 쓴다) '움잔치uMzantsi'에서 온 말로, '이 나라, 남아프리카공화국'을 뜻한다. 이 이름은 자국의 뿌리를 식민주의보다 토착민 역사에서 찾고자 하는 젊은이들의 열망이 담겨 있다.

아자니아인민기구(AZAPO) 같은 범아프리카주의 정당은 '아자니아'라는 이름을 쓴다. AZAPO 부대표인 스트라이크 토코안은 2014년에 이 이름을 제안하며 말했다. "우리에게는 새로운 국명이 필요하다. 그것은 자유의 이름 '아자니아'다. … 아자니아는 대륙 끝에 있는 흑인의 나라라는 뜻이다. 남아프리카공화국은 식민지 시대 이름이다. 남서아프리카는 독립과 함께 국명을 나미비아로 바꾸었다. 영국령동아프리카는 독립 후 탄자니아가 되었다. 로디지아는 영국의 지배를 벗어나 짐바브웨가 되었다. 아프리카 나라 중 아직도 식민지 시대의 이름을 쓰는 것은 우리가 유일하다." 그런데 아이러니하게도 아자니아라는 이름 또한 아프리카에서 기원한 것이 아니라 1세기의 그리스 탐험가들이 명명한 이름으로 추정된다.

아프리카라는 대륙 이름의 뿌리를 찾으려면 유럽을 떠난 뒤 잊고 있던 옛 친구 로마인을 다시 만나야 한다. 여전히 논란은 있지만 가장 보편적인 어원설은 이것이 북아프리카인을 가리키는 라틴어에서 왔다는 것이다. 로마인은 기원전 146년, 카르타고 제국을 물리칠 때 처음 북아프리카인을 만났고 그들을 '아프리Afri'라 불렀다. 그리고 여기 -ca라는 접미사를 붙여 아프리인의 땅이라는 말을 만들었다. 하지만 이 지역의 건조한 기후를 가리킨다는 의미에서 먼지를 뜻하는 페니키아어 afar이 어원이라는 설도 있고, 당시 이 지역에 동굴 거주자가 많았기 때문에 동굴을 뜻하는 베르베르어 ifri가 어원이라는 설도 있다. 이것이 아랍어를 거쳐 라틴어로 자리 잡은 말이 '이프리키예'다(이프리키예는 지난날 북아프리카 중서부, 즉 튀니지와 알제리의 일부 지역을 가리키던 말이다—옮긴이).

이것 말고도 이집트 기원설, 그리스 기원설 등 여러 가지 설이 있지만 어느 것도 그다지 신빙성은 없다. 분명한 것은 로마인이 오늘날의 튀니지와 알제리 일부를 가리킨 말인 아프리카가 결국 대륙 전체의 이름이 되었다는 것이다. 비록 대륙 개념이 생겨나고 2000년 뒤이기는 하지만 말이다.

단어의 힘

아파르트헤이트apartheid는 네덜란드어에 토대한 크리올어이자 남아프리카에서 널리 쓰이는 아프리칸스어로, 분리라는 뜻이다. 이 말은 1929년에 처음 쓰였고 1948년에 '인종 집단의 분리 및 차별 제도'로 공식화되었다. 네덜란드어로 '(거리가) 떨어진'이라는 뜻의 aprt-와 '~함'을 뜻하는 접미사 -heid가 합쳐진 단어이며, 영어로는 분리발전이라는 뜻의 seperate development라고 옮겨진다. 1960년에 앨런 페이톤은 《뉴욕타임스》에서 이 단어의 사용을 통렬히 비난했다. "'분리'는 활동력이 강한 말이고 누군가 타인을 분리하려 노력한다는 느낌을 전달한다. 그래서 '아파르트헤이트'라는 말이 도입되었고, 이제 이 말의 악취가 전 세계에 진동하자 '자생적 발전'이라는 말로 바꾸고 있다."

말라위

Malawi

Maravi

아프리카의 더운 심장

남아프리카를 떠나 짐바브웨를 가로지르고 모잠비크 서쪽 지역도 지나 북쪽으로 1440킬로미터가량을 이동하면 말라위 공화국이 나온다. 지금까지 본 아프리카의 역사가 대개 그렇듯이 말라위의 이야기도 고대 왕국, 유럽 식민 지배, 독립 투쟁으로 이루어지며 이 모든 것이 이 나라의 국민, 문화, 정체성뿐만 아니라 국명에도 영향을 미쳤다.

말라위는 바다가 없는 내륙국이지만 거대한 말라위 호수의 대부분을 품고 있다. 말라위 국토 면적의 20퍼센트가량을 차지하는 이 호수는 바다의 대체물 역할을 하기에 호수 이름을 국명으로 삼았다는 사실이 그렇게 놀랍지는 않다. 이렇게 압도적인 지형지물은 어원의 뿌리가 되는 일이 흔하기 때문이다. 그런데 말라위 호수는 그런 경우가 아니다. 전에는 그랬지만 말이다.

말라위가 이 이름을 채택한 것은 1964년 7월 6일 영국의 지배로부터 독립하면서였다. 독립은 했지만 영연방에는 남았고 2년 후에는 공화국이 되었다. 말라위라는 이름을 채택한 인물은 민족주의자인 신임 대통령 헤이스팅스 반다였는데, 『아프리카 새 백과사전New Encyclopedia of Africa』에 따르면 거의 변덕스러운 결정이었던 것 같다. "그는 옛 프랑스 지도에서 '마라비Maravi 호수'라는 지명을 보고, 소리와 철자가 괜찮게 느껴질 때까지 그것을 이리저리 변형해보았다." 그렇게 소리와 철자를 변형한 결과가 Malawi였다고 한다.

반다가 Malawi라는 이름에 마음을 주기 한참 전인 15~19세기에 Maravi는 말라위 호수 변에서 시작해 오늘날의 말라위 대부분과 잠비아 및 모잠비크의 일부를 차지한 왕국, 왕조, 제국의 이름이었다. 건국 세력인 아마라비족은 오늘날의 콩고민주공화국에서 질병과 불안을 피해 떠나온 이들로, 이 지역에서는 외국인이라는 뜻의 체와Chewa족이라 불렸다.

17세기 말부터 유럽인이 오고 노예제가 심해지면서 마라비 제국의 국운과 국력이 쇠퇴하자 그 공백으로 다른 집단들이 들어왔다. 그중 강력했던 한 집단이 야오족이었다. 야오족은 우연한 계기로 이 나라의 명명에 큰 영향을 미쳤다. 1859년에 용맹한 아프리카 탐험가 데이비드 리빙스턴이 말라위 호수와 야오족을 발견하고 호수의 이름을 묻자, 야오족은 '니아사Nyasa'라고 대답했다. 니야오족의 언어인 치야오어를 잘하지 못한 리빙스턴은 그 호수를 '니아사 호수'라고 불렀는데, 사실 니아사 자체가 호수라는 말이었다. 리빙스턴은 세계 5대 호수에 들어가는 이 자연의 경이에 '호수 호수'라는 이름을 지은 셈이었다. ✐ 리빙스턴은 니아사 호수에 매혹되어 이곳에 '별들의 호수'라는 별명도 붙였다. 밤에 고기잡이배들의 뱃머리에 켜진 불빛이 잔잔한 호숫물에 비치는 모습, 해 질 녘 햇빛이 호수에 반짝이는 모습을 가리킨 이름이다. 하지만 어느 날 예고 없는 강풍과 격랑을 겪은 뒤로는 그런 열광이 사그라들어 '폭풍의 호수'라는 이름을 새로이 붙였다. 전보다 아름다움이 덜하기는 해도 이 이름 역시 시적이기는 마찬가지다.

1891년에는 영국이 남부 아프리카 대부분을 차지하고 '영국 보호령 중앙아프리카'라는 식민지를 건설했다. 1907년에 말라위 지역에는 리빙스턴의 오해에서 비롯된 '니아살랜드' 또는 '니아살랜드 보호령'이라 불리는 독자적인 이름이 처음 생겼다. 이는 호수의 나라라는 뜻이었다. 이 이름은 오늘날 각각 잠비아와 짐바브웨가 된 남부와 북부 로디지아에 10년 동안 통합되었던 시기를 제외하고 계속 이어지다가, 1964년에 '우풀루 우풀루Ufulu! Ufulu!', 즉 '자유! 자유!'라는 구호 아래 독립을 얻었다.

기록을 보면 반다 대통령이 옛 프랑스 지도에서 마라비를 보고 말라위라는 이름을 지었다는 이야기가 국명의 어원과 관련한 최우선 후보다. 하지만 여기에는 맞지 않는 점이 있다. 다른 출처들을 보면 실제로 체와 방언에 '말라위malaŵí'라는 말이 있고, 반다의 창의적 변형보다는 이것이 국명의 진정한 뿌리라고 말하기 때문이다. 하지만 어근 단어가 무엇이건 해석은 똑같이 '불꽃'이라 여겨진다.

왜 이런 뜻이 생겨났는지에 대해서도 많은 논쟁이 있다. 한 설은 마라비 제국에 철공업이 발달했다는 점을 지적하며 밤하늘에 반짝이는 용광로들을 가리킨다고 이야기한다. 또 다른 설은 이것이 경작을 준비하며 죽은 풀을 태우는 모습에서 왔다고 말한다. 마음에 가장 강한 감정을 일으키는 마지막 설은 다시 말라위 호수와 호숫물에 반짝이는 아침 햇살을 이야기하고, 이것은 말라위 국기에도 담겨 있다. 말라위라는 국명이 생겨난 진실이 무엇이든 간에 불꽃이라는 의미는 오늘날 말라위가 아프리카에서 불리는 별명, '아프리카의 더운 심장'과 잘 들어맞는다.

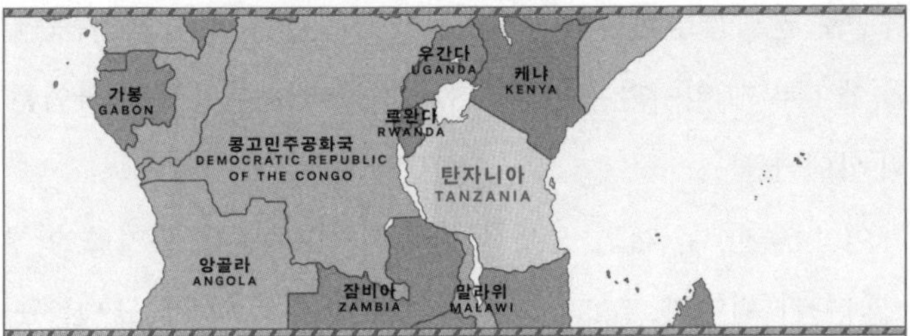

탄자니아

Tanzania

Tanganyika and Zanzibar

평온한 호수와 흑인의 땅

반짝이는 말라위 호수 위를 잠깐 날아(또는 호수를 오랫동안 헤엄쳐서) 동쪽으로 가면 눈부신 동아프리카의 첫 번째 목적지인 탄자니아 연방공화국이 나온다. 아프리카뿐 아니라 전 세계를 통틀어도 탄자니아만큼 다양하고 놀라운 자연의 경이를 품고 있는 나라는 극히 드물다.

지난날 탕가니카라 불리던 본토에는 눈 덮인 고산이자 빛나는 산이라는 뜻의 킬리만자로, 드넓은 초원과 야생동물의 천국이자 끝없는 평원이라는 뜻의 세렝게티, 응고롱고로라는 멋진 이름의 초대형 녹색 분화구 등이 있다. 응고롱고로는 평원에서 방목하는 소 떼의 소 방울 소리를 흉내 낸 마사이어 의성어 '응고로 응고로'에서 왔다. 다음으로 인도양 앞바다의 잔지바르제도는 파란 바다, 하얀 해변, 햇빛 속에 까맣게 익어가는 바닐라 콩깍지들이 눈부신 풍경을 이룬 낙원의 섬이다.

이 이웃한 두 개의 신생 독립국은 1964년에 통일을 이루고 탄자니아가 되었다. Tanganyika와 Zanzibar의 앞 세 글자를 모아 Tanzan을 만들고, 여기에 (이 책을 처음부터 읽었다면) 익숙한 라틴어 접미사 -ia를 붙여 Tanzania가 된 것이다. 그러니까 탄자니아는 탕가니카와 잔지바르의 나라라는 뜻이다. 물론 이런 설명만으로는 부족하다. 자세히 들어가보자.

옛날부터 100개 이상의 인종 집단과 부족이 섞여 살던 탄자니아 본토는 19세기 초부터 유럽과 아랍의 관심을 받기 시작했다. 그리고 그 뒤로 160년이 흐르는 동안 주인이 여러 차례 바뀌었다. 처음에는 오만이 여기에 여러 무역 정착지를 건설했다. 1885년에는 독일 제국이 오만을 물리친 뒤 독일령동아프리카를 세웠고, 이는 독일 제국이 제1차세계대전에 패배할 때까지 유지되었다. 이후 1920년에 베르사유조약에 따라 이 지역을 차지한 영국에게는 새로운 국명을 만드는 과제가 주어졌다.

많은 이름이 제시되었고 다행히 거절되었다. 남아프리카 정치인이자 남아프리카연합의 초대 총리였던 얀 스무츠를 기려 '스무츠랜드'로 하자는 의견이 있었지만 이 안은 멋없다는 이유로 탈락했다. '윈저랜드' '뉴메릴랜드' '빅토리아' 등 영국 왕실의 색채가 강한 것은 너무 식민지스럽고 원주민을 무시하는 이름으로 여겨졌다. 라틴어로 상아를 뜻하는 '에부르네아'라는 이름은 코끼리 사냥꾼들의 지지를 받았다. '킬리만자로' '타보라' 같은 상징적 지명들도 추천되었는데, 이 중 국토 서쪽에 있는 '탕가니카 호수'가 선택되어 본토의 이름이 되었다.

탕가니카Tanganyika의 어원은 의견이 분분하다. 1858년, 이 호수에 찾아온 잉글랜드 탐험가 리처드 프랜시스 버턴 경은 탕가니카라는 이름이 '모이다' '만나다'라는 뜻의 스와힐리어 kou tanganyika에서 왔다고 한다. 여러 갈래 물이 모이는 곳이라는 뜻이다. 하지만 1876년, 이 호수 변의 마을 우지지에 온 영국 저널리스트 헨리 모턴 스탠리는 원주민들도 그 어원을 잘 모르지만 '항해하다'를 뜻하는 스와힐리어 tanga와 평원을 뜻하는 nyika가 합쳐져 '평원 같은 호수를 항해하다' 정도의 의미가 되었을 것이라는 설을 제시했다. 어쩌면 탕가니카라는 이름은 초기 독일 탐험가와 원주민 간의 의사소통 오류에서 왔을 수도 있다는 것이다.

지금은 탄자니아의 일원이지만 잔지바르제도의 이야기는 이와 전혀 다르다. 잔지바르제도는 더 일찍인 16세기 초에 포르투갈 식민지가 되었다. 스와힐리 지도자들은 포르투갈의 지배를 벗어나기 위해 오만 술탄국에 지원을 요청했는데, 1698년부터 오만이 이 지역을 지배하기 시작했다. 오만은 이후 200년 이상 이곳을 동아프리카 노예무역의 중심지로 삼고 향료 수출로 세계에 이름을 떨쳤다.

아랍의 영향력은 향료와 이슬람에 그치지 않았다. 잔지바르Zanzibar라는 이름은 Zengi(또는 Zang 또는 Zanj)에서 왔다. 이는 아랍인이 원주민을 가리키는 말로, 흑인이라는 뜻이고(이 말은 오늘날 여러 언어의 다양한 버전으로 멸칭이 되었다) barr는 아랍어로 해안이라는 뜻이다. 그러니까 합치면 Zanzibar는 해안 지역의 흑인이라는 뜻이다.

흑인이라는 의미는 오늘날 아프리카 전역의 타칭 국명에서 흔히 등장한다. 많은 이름이 아랍 또는 유럽 탐험가, 침략자, 무역상, 식민 건설자에게서 유래했기 때문에 그들이 피부가 검은 사람을 처음 접하고 받은 강렬한 인상이 아프리카 전역의 명명에 영향을 미쳤다. 에티오피아, 수단, 기니 3국의 국명 모두 검은 피부, 탄 얼굴이라는 뜻을 가진 말에서 왔다.

세월이 흘러 노예무역 철폐 압력이 높아지자 영국은 1890년에 잔지바르를 식민지 대신 보호령으로 만들었고, 이후 1963년에 보호령을 없애면서 잔지바르는 영연방의 일원인 독립국이 되었다. 그러다 한 달 뒤에 유혈혁명이 일어나 수천 명이 목숨을 잃고 사회주의 정부와 '잔지바르 인민공화국'이 태어났다.

그로부터 일 년 후인 1964년에는 탕가니카와 잔지바르가 '탕가니카와 잔지바르 연방공화국'으로 합쳐졌는데, 곧 더 간결하고 입에 잘 붙는 '탄자니아'로 개명했고 잔지바르는 자치 지역으로 남았다. 그러니까 이 모든 걸 합해 탄자니아라는 이름을 문자 그대로 해석하면 '평원 같은 호수로 항해하고, 해안 지역에 검은 피부의 사람들이 사는 나라'라는 뜻이 된다!

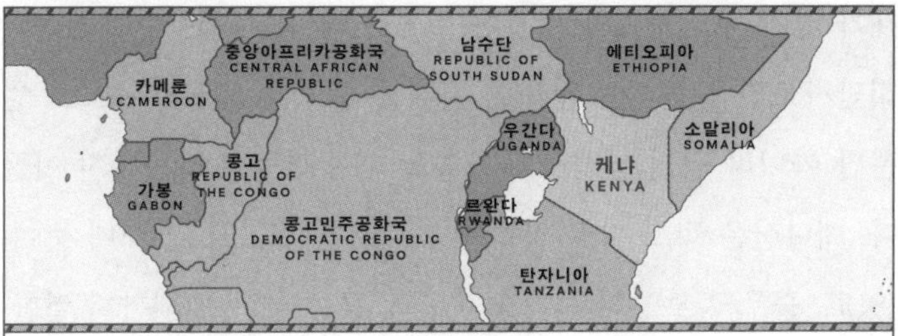

케냐

Kenya

Kĩrĩnyaga

눈 덮인 신의 휴식처

지도에서 탄자니아와 케냐의 국경을 보면 천연 방벽을 이루는 킬리만자로산 인근을 제외하고는 전체가 부자연스러운 직선이라는 것을 알 수 있다. 이것은 이 지역의 역사 유산이다. 19세기에 독일과 영국이 지도 위에 이렇게 국경을 멋대로 설정하고, 각각 독일령동아프리카와 영국령동아프리카 식민지를 만들었기 때문이다. 그래서 케냐의 국경을 넘어가도 탄자니아처럼 눈부신 자연 풍광이 계속 이어진다.

케냐의 유명한 지명이라면 야생동물의 천국 마사이 마라 평원과 고고학의 보고인 그레이트리프트 계곡이 있지만, 이 나라 국명의 유래가 된 것은 국토 중앙에 있는 비범한 케냐Kenya산이다. 케냐산은 킬리만자로만큼 높지는 않지만 일대를 압도할 정도의 규모로 원주민뿐만 아니라 식민 침략자와 오늘날 관광객들의 감탄까지 이끌어낸다. 케냐산은 적도 바로 남쪽에 위치하면서도 일 년 내내 눈에 덮여 있고, 줄무늬 모양의 산기슭 곳곳에 글을 쓰는 현재까지 열한 개의 소형 빙하가 흩어져 있다. 산 하부 숲은 물이 몹시 귀중한 이 나라의 중요한 수원지이기도 하다.

케냐산의 오늘날 이름은 19세기 독일 선교사 요한 루트비히 크라프 박사가 기록한 것이 처음이다. 크라프는 동아프리카를 탐험하며 많은 기록을 남겼고, 유명 교역자 키보이 족장이 이끄는 원주민 캄바족 캐러밴에 합류하기도 했다. 그때 크라프가 앞에 거대하게 솟은 산을 보고 이름을 묻자 키보이 추장이 '케냐아Kĩ-Nyaa' 또는 '케마케냐아Kĩĩma-Kĩĩnyaa'라 대답했다 하고, 몇몇 설에 따르면 이 말은 신의 휴식처라는 뜻이라고 한다. 반면 초기 식민자 프랜시스 홀은 약간 초현실적인 느낌이 담긴 타조의 산을 뜻한다고 했는데, "아마도 가파른 봉우리들에 검은 바위와 눈이 이룬 패턴이 타조 수컷의 깃털을 연상시켰기 때문"이었다.

케냐산 기슭에 사는 키쿠유(또는 아기쿠유)족은 이 산을 '케레마 케레냐가Kĩrĩma Kĩrĩnyaga'라 불렀고, 이웃인 엠부족은 '키레냐아Kirenyaa'라고 불렀다. 둘 다 하얀 산이라는 뜻으로, 눈 덮인 봉우리를 가리키는 것이 분명하다. 크라프는 이것을 Kenia나 Kengnia라고 적었고 오늘날 이것이 오류였는지, 그러니까 캄바어 발음 Kĩnyaa를 잘

못 옮긴 것인지, 정확한 기록이 맞는지에 대해 논란의 여지가 있다.

이것이 나중에 Kenya, Kinya, Keenya 사이의 발음 문제를 일으켰고, 1942년에는 영토 간 언어 위원회 소속의 B.J. 래트클리프라는 사람이 《왕립 아프리카 학회 저널》에 다음과 같이 단호한 편지를 보냈다. "1899년부터 동아프리카를 연구해온 저는 원주민이 Kenya라는 말의 첫 번째 모음을 [에] 이외의 소리로 발음하는 것을 들어본 적이 없습니다. 영국식으로 '키냐'라고 하는 원주민은 유럽인의 영향을 받고 그들을 따라 하려는 이들뿐입니다." 결국 래트클리프가 맞았고 오늘날 널리 통용되는 발음은 유럽식 '키냐'가 아닌 아프리카식 '케냐'다.

영국의 동아프리카 보호령 경계 설정 13년 전인 1882년에 스코틀랜드 지질학자 겸 박물학자 조지프 톰슨이 이 지역의 지도를 만들고 케냐산을 Mount Kenia라 적었다. 이때부터 케냐가 이 지역을 가리키는 이름으로 받아들여졌지만, 정작 이 이름이 널리 쓰이게 된 것은 영국이 1920년에 이곳을 공식적으로 '케냐 식민지'로 만들면서였다. 그 후 43년이 지난 1963년 12월 12일에 케냐는 마침내 영국에서 독립했고, 일 년 후에는 '케냐공화국'이 되어 지리적으로도 문화적으로도 하얀 산을 나라의 심장부에 고정시켰다. 특징적 지형의 이름을 지명으로 삼는 일을 라틴어로 '파르스 프로 토토pars pro toto'라고 한다. 지리에만 해당하는 것은 아니고, 전체를 뜻하는 일부라는 뜻이다. 그러니까 어떤 장소, 물건, 개념의 일부가 실제로는 대표성이 없다 해도 전체를 대표하는 경우를 말한다. 산 이름 케냐가 나라의 이름이 된 것도 파르스 프로 토토의 한 예다.

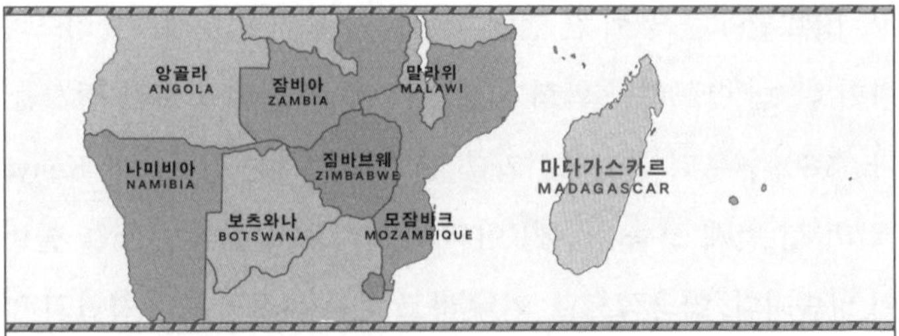

마다가스카르

Madagascar

Madageiscar

모가디슈 항구로 착각해 탄생한 이름

아프리카에서 마지막으로 찾아갈 목적지는 마다가스카르섬이다. 마다가스카르는 모잠비크 동해안에서 400킬로미터가량 떨어진 인도양에 있고, 재미난 어원이 많은 아프리카 대륙의 피날레로 적합하다. 이곳은 세계에서 네 번째로 큰 섬이고, 두 번째로 큰 섬나라이며, 세계에서 가장 작은 파충류 브루케시아 나나*Brookesia nana*(카멜레온으로, 코에서 꼬리까지 22밀리미터밖에 되지 않는다)와 가장 작은 포유류 중 하나인 큰귀텐렉*Geogale aurita*(땃쥐 종류. 길이는 75밀리미터다)의 고향이다. 또 유일하게 야생 여우원숭이가 있는 나라이기도 하다. 동물들도 흥미롭지만 이곳은 지상의 대형 땅덩이들 가운데 인간이 가장 늦게 들어간 곳 중 하나라는 특징도 있다. 이 나라의 어원도 논란은 있지만 재미나다.

서기 350~550년 사이에 인도네시아와 아프리카 여러 지역의 다양한 부족이 이곳에 와 살기 시작했고, 이런 고대 거주자들을 바짐바족이라 불렀다. 그 뒤로 1000년이 지나는 동안 아랍과 페르시아 교역자들이 이 섬을 인도양의 여러 항구를 잇는 대양 무역의 중심지로 삼았다. 이어 반투족이 아프리카 본토에서 건너오고, 남인도양에서 타밀족 상인들이 왔으며, 16세기부터는 메리나 왕국이 지역 패권을 차지하면서 바짐바족은 천천히 동화되거나 밀려났다.

이때까지 마다가스카르에는 각각의 이름을 가진 왕국과 지역이 여럿 있었지만 섬 전체를 가리키는 토착어는 없었던 것 같다. 그러다 1500년 성 로렌스 축일에 디오고 디아스라는 포르투갈 항해자가 이 섬에 포르투갈어로 성 로렌스를 뜻하는 '상로우렌수São Lourenço'라는 이름을 붙였지만 이 이름은 정착하지 못했다.

마다가스카르에서 주로 쓰는 언어는 프랑스어와 말라가시어다. 프랑스어는 1896~1958년까지 프랑스 식민 지배를 받았던 유산이다. 말라가시어는 4세기 초 초기 정착민들이 가지고 온 것으로, 현재 마다가스카르의 국어다. 재밌는 것은 말라가시어에 c라는 글자가 없다는 것인데, 정작 나라 이름에는 c가 들어가니 문제가 되지 않을 수 없다! 이 문제를 해결하기 위해 말라가시인들은 간단히 자국을 '마다가시카라Madagasikara'라고 부른다. 그러니까 원주민의 Madagasikara가 유럽식 Madagascar로 변한 것이 아니라, 반대로 Madagascar가

Madagasikara가 된 것이다. 이것은 마다가스카르라는 이름이 이 지역에서 비롯된 것이 아니라 여기 와본 적도 없는 수상쩍은 유럽인에게서 왔다는 뜻이기도 하다.

탐험사에는 많은 실수가 있다. 신대륙에 당도한 콜럼버스가 아시아를 발견했다고 생각한 것도 그렇고, 스코틀랜드가 파나마 남부의 험악한 다리엔 지협에 식민지를 건설하려다 국가 부도가 날 뻔한 일도 그렇다. 그리고 그 목록에 마르코 폴로의 이름도 올릴 수 있을 것이다. 그가 지도를 잘못 읽고 이 섬에 마다가스카르라는 이름을 붙였기 때문이다.

폴로는 13세기에 실크로드 여행기 『동방견문록Le Devisement du Monde』에 Madageiscar라는 이름을 처음 사용했다. 이 책에서 그는 아프리카 대륙 옆에 섬이 하나 있다고 하면서 그 섬을 마다가스카르라 불렀다. 폴로는 그 섬에 방문한 적이 없어서 이차적 자료를 참고했는데, 문제는 자료가 그의 모국어인 이탈리아어도 아니었다는 것이다. 결국 폴로는 이 섬을 모가디슈 항구로 착각했다. 참고로 오늘날 소말리아의 수도인 모가디슈는 당시에 잘나가던 술탄국이다. 마다가스카르와는 거리가 2400킬로미터나 떨어진, 아프리카 북동부에 뾰족 튀어나온 '아프리카의 뿔' 지역에 위치해 있다. 폴로를 변명해주자면 착각하기 매우 쉬운 상황이기는 했다. 게다가 신뢰성 없는 자료, 발음 오류, 철자 오류에다 직접 방문한 적 없다는 사실이 더해져 Mogadish를 Madageiscar로 잘못 옮겼는데, 이는 섬의 이름도 아니었고 위치도 그가 생각한 곳이 아니었다! ✓ 모가디슈 역시 논란은 있지만 고유한 어원이 있다. 가장 흔한 설은 신성하다는 뜻의 아랍어 mukaddas, 또는 비슷한 뜻의 페르시아어 Maq'ad-i-Shāh에서 왔다는 것이다. 소말리 방언의 두 단어 muuq와 disho가 합쳐진 것이라는 설도 있다. 이 말은 시각 살인자라는 뜻으로, 이 도시의 눈부신 아름다움을 뜻한다고 한다. 원주민이 부르는 이름은 '하마르'다.

착각이건 어쨌건 르네상스와 함께 폴로의 이름이 통용되기 시작하고 지도에도 빈번히 나타나면서 디오고 디아스의 상로우렌수는 역사 속으로 떠나갔다. 마다가스카르는 프랑스 식민지 시대에도 '마다가르카르 식민지와 보호령'이라는 이름으로 유지되었지만, 1960년의 자치 정부는 국민투표로 '말라가시공화국'이라는 이름을 채택했다. 그러다 15년 후 사회주의 정부가 들어서면서 다시 국민투표로 '마다가스카르 민주공화국'이 되었고, 1992년에 선거를 통해 오늘날 우리가 아는 세 번째 이름 '마다가스카르공화국'이 되었다.

마다가스카르의 어원과 의미에 대해서는 아직 통일된 견해가 없다. 폴로가 그 이름을 선택한 과정을 좀 더 구체적으로 이야기하는 몇 가지 심도 깊은 언어학적 설명이 있지만 신빙성은 높지 않다. 어쩌면 원주민들이 쓰는 애칭 '모라모라Moramora'가 더 좋은 선택일지도 모른다. 모라모라는 '서두를 필요 없다'라는 뜻이다.

아시아

사우디아라비아	Saudi Arabia
이라크	Iraq
아제르바이잔	Azerbaijan
파키스탄	Pakistan
인도	India
네팔	Nepal
부탄	Bhutan
중국	China
몽골	Mongolia
남한과 북한	South Korea and North Korea
일본	Japan
태국	Thailand
미얀마	Myanmar
스리랑카	Sri Lanka

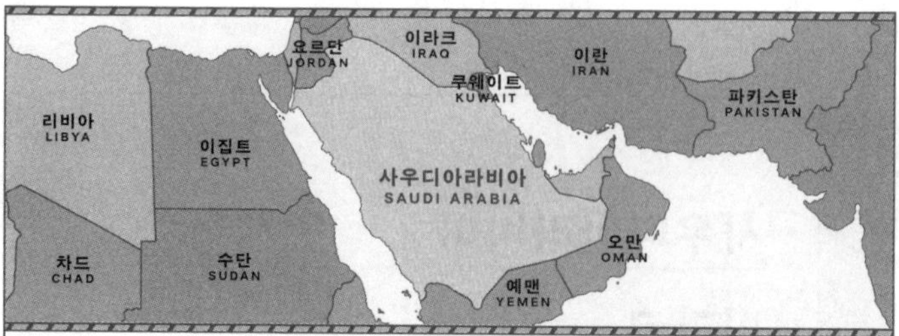

사우디아라비아

Saudi Arabia

Sa'di Arabia

사막 방랑자들 나라의 사우드 가문

어원학 세계 여행은 다시 한번 적도를 넘어 다른 대륙으로 간다. 아프리카의 뿔을 지나 거대한 유조선과 해적이 가득한 위험한 아덴만을 지나면 부츠 모양의 사막 땅 아라비아반도가 나온다. 바로 여기서부터는 아시아다. 아시아는 세계에서 면적도 가장 넓고 지리, 지형, 문화, 언어도 가장 다양한 대륙이다.

가장 먼저 나오는 나라는 남쪽 나라 예멘이다. 예멘은 먼 옛날 시바 여왕의 나라이자 세 현자가 베들레헴에 가져갈 유향과 몰약을 모은 곳으로 유명하지만 오늘날은 내전, 기근, 폭력으로 여행이 권장되지 않는다. 계속 북쪽으로 가서 아라비아반도 대부분을 차지하고 이름에도 아라비아가 들어가는 사우디아라비아로 가보자. 이슬람의 탄생지이자 이슬람의 성지인 메카와 메디나가 있는 나라로.

『브리태니커 백과사전』은 사우디아라비아를 "풍부한 역사가 있는 젊은 나라"라고 설명한다. 이 사실은 국명에도 잘 반영되어 있다. '사우디'가 젊은 왕국을 뜻하고 '아라비아'가 오랜 역사를 뜻하기 때문이다. 사우디아라비아 왕국은 1932년 9월 23일 압둘라지즈 이븐 사우드Abdulaziz ibn Saud왕의 왕실 포고령으로 태어났다. 이 이름 속 어원의 실마리는 사우드 가문Al Saud 출신임을 알려주는 왕의 성씨 Saud다. 그러니까 사우디아라비아는 세계에서 통치 가문 이름이 국명이 된 유일한 나라다. Saud라는 이름은 행운, 행복을 뜻하는 아랍어 sa'd에서 왔다. 접미사 -i는 아랍에서 나라를 표시하는 말로, 가문 이름 Saud를 Saudi라는 나라 이름으로 만들어준다. 반면 Al Saud의 Al은 '~의 가문'이라는 뜻이다.

압둘라지즈의 조상 무함마드 빈 사우드는 종교 지도자 무함메드 이븐 알와하브와 함께 1727년에 아라비아반도 네지드 지역에 제1사우디국을 세웠다. 이 나라는 무슬림 사회에 수니파 이슬람의 엄격한 가르침을 회복하라는 명령을 실행하면서 성공을 거두고 빠르게 팽창해나갔다. 19세기 초에 그들은 아라비아반도 대부분을 차지했지만 그로 인해 오스만제국과 부딪히면서 1818년에 거의 멸망할 뻔한 위기를 겪었다.

제2사우디국은 1824년에 세워졌고 비슷한 역사를 겪는다. 알 사우드 왕조는 다시 성장했지만 이번에는 아라비아의 다른 유력 통치 가문 알 라시드와 갈등을 빚었다. 알 라시드는 오스만제국의 지원을 받아 결국 알 사우드를 패퇴시키고 1891년에는 쿠웨이트로 추방했다.

하지만 알 사우드라고 당하고만 있지는 않았고, 1902년에 젊은 압둘라지즈 이븐 사우드의 지휘 아래 수도 리야드를 탈환했다. 그리고 이후 30년 동안 오스만제국에 대항하는 아랍 국가들을 통일해나갔고, 성공을 토대로 1932년에 사우디아라비아왕국을 세운 뒤 석유로 얻은 부를 통해 도시와 기반 시설을 개선하고 세계 무대에서 자국의 지정학적 지위를 높이는 데 평생을 바쳤다.

Arabia라는 말은 아라비아반도를 가리키는 다른 이름으로, 직역하면 아랍인들의 섬이라는 뜻이지만 실제로는 섬이 아니라 삼면이 바다에 둘러싸인 반도다. Arabia의 뿌리는 Arab이 분명하고, 거기에 나라나 장소를 나타내는 라틴어 접미사 -ia가 붙어 아랍인의 나라라는 뜻의 Arabia가 만들어졌다. 이때 아랍에 대해 알아두어야 할 점은 정치적 연합이라기보다 이슬람 종교라는 공통점을 가진 지리적 연합을 가리킨다는 것이다.

아랍인은 세계에서 두 번째로 큰 인종 집단이고, 오늘날에는 아라비아의 국경 너머로까지 널리 퍼져 있다. Arab이라는 말의 기원을 거슬러 올라가면 고대 프랑스어 Arabi, 라틴어 Arabs, 그리스어 Araps를 지나 토착 아랍어 arab이 나온다. 아랍어로 이 말이 처음 기록된 것은 328년에 임루 알카이스 이븐 암르를 '왕관을 쓴 모든 아랍인의 왕the king of all Arabs who owned the crow'으로 칭송한 비문이다. 물론 이것이 arab의 어원이 아랍어라는 증거는 아니다.

Arab의 본래 의미와 기원에 대해서는 많은 해석이 있는데, 아랍어뿐 아니라 아시리아어나 히브리어 같은 셈어족 언어도 후보 중 하나다. 셈어족 언어 중 특히 오래된 아시리아어는 서쪽 사람들의 땅이라 해석되는 mâtu arbâi 표현을 그 뿌리로 제시한다. 아랍이 아시리아 제국의 서쪽에 있기 때문이다(물론 오늘날의 세계지도를 보면 아랍은 중동의 남쪽에 있지만). 이 기록은 3000년 전 것으로, 아랍인을 특정 인종 집단으로 기록한 최초의 사례라 여겨진다.

하지만 가장 일반적인 설에 따르면 이 말은 사막 거주자 정도를 뜻하며, 동시에 방랑하는 유목민이라는 뜻도 품고 있다. 이는 히브리어로 사막을 뜻하는 arav와 초원을 뜻하는 aravah와 연결된다. 구약성서는 Arabah의 여성형으로 아랍의 한 지역을 가리키는데, 그 지역에는 아랍어를 쓰는 나바테아족이 살았다. Arabah는 현대 히브리어에서 아랍을 뜻하는 말이기도 하다. 그래서 Arab의 진정한 어원은 아직도 손에 잡히지 않지만, 어쨌건 사우디아라비아라는 말은 '사막 방랑자들 나라의 사우드 가문'이라고 해석된다. ◁ 사막을 가리키는 아랍어는 çahr고, çahr의 여성 불규칙 단수형이 ṣaḥrā다. 우리가 아는 사하라Sahara사막이 여기서 왔다. 그러니까 사하라사막은 본래 뜻이 '사막 사막'인 셈이다. 재밌게도 동아시아의 고비Gobi사막도 마찬가지다. gobi가 몽골어로 사막이기 때문이다. 언어학에서는 이런 현상을 '용어법'이라고 하는데, 의미를 전달하는 데 필요 이상의 많은 단어를 사용하는 것을 가리킨다.

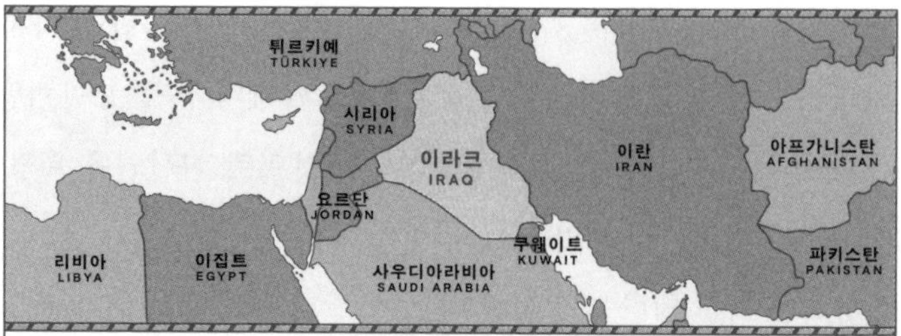

이라크

IRAQ

Al-'Irāq

뿌리 깊은 메소포타미아

다시 북쪽으로 올라가면 사우디아라비아뿐만 아니라 아라비아반도 전체의 경계선이 나온다. 이것을 넘어 다음 목적지인 이라크공화국으로 가자. 이라크 하면 대부분의 사람이 현대사, 나라와 국민을 황폐화시킨 전쟁을 먼저 떠올리겠지만 이라크는 역사적으로 오늘날 우리가 아는 세계의 발전에 중요한 역할을 한 나라다. 이라크가 괜히 문명의 요람이라 불리는 게 아니다.

1920년 국제연맹의 요청에 따라 파이살 1세 빈 알후세인 빈 알리 알하셰미가 국왕이 되어 현대 민족국가 이라크를 수립하기 전에 이 지역은 '메소포타미아'라는 이름으로 알려졌다. 이 이름은 현대 이라크의 국경을 멀리 벗어나 튀르키예 남동부와 시리아 북서부는 물론이고, 페르시아만 정상부 인근의 이란 서부와 쿠웨이트 북부까지 포함하는 지명이기는 하다. 하지만 메소포타미아라는 귀에 쏙 들어오는 멋진 이름을 안겨준 것은 티그리스강과 유프라테스강 사이에 있는, 이른바 '비옥한 초승달'이라고 하는 충적 평원이다. 메소포타미아는 고대 그리스어로 강들 사이의 땅이라는 뜻이다.

이 비옥한 초승달 지역은 현대 문명의 요람이 되었다. 수메르, 아카드, 바빌로니아, 아시리아 제국이 여기서 일어났고 이 나라들에서 세계 모든 면의 토대를 놓은 발명들이 이루어졌다. 시간, 문자, 수학, 지도, 도시, 수레바퀴, 돛 등등 일일이 다 열거할 수도 없을 정도다. 메소포타미아Μεσοποταμία는 가운데를 뜻하는 그리스어 '메소스μέσος'와 강을 뜻하는 '포타모스ποταμός'에서 비롯되어 강 사이의 땅을 뜻하며, 티그리스강과 유프라테스강 사이의 위치를 가리킨다.

이라크 왕국은 20세기 초 제1차세계대전의 여파 속에서 세상에 태어났지만 '알이라크al-'Irāq'라는 아랍 이름은 이미 6세기 전부터 쓰이고 있었다. 아랍어로 Iraq는 원래 메소포타미아 중 남부의 함린산맥만을 가리키는 말이었다. 북부를 가리키는 명칭은 '알자지라'였고, 이 지역은 최근에야 이라크에 합병되었다. 반면 메소포타미아 중 오늘날 시리아의 영토인 지역은 여전히 알자지라라고 불린다.

이라크의 어원에는 몇 가지 설이 있다. 널리 알려진 민간어원은 아랍어 araqa에서 왔다는 것이다. 어근 -r-q는 '맥脈' 또는 '뿌리 깊은' 이라는 뜻인데, '물을 흠뻑 준' '땀을 흘리는'이라는 개념도 있다. 이라크라는 이름은 사막의 아랍인들이 푸른 메소포타미아를 보고 받은 인상에서 왔다고 여겨진다. 강과 운하가 그물처럼 얽힌 모습이 잎맥이나 손등의 정맥처럼 보였을 것이다.

또 다른 설은 이 이름이 수메르 지역, 특히 주요 고대 도시 우루크Uruk에서 비롯되었다고 주장한다. 수메르어로 ur는 도시고, uk는 존재를 뜻한다. 인기 있는 세 번째 설은 또 다른 언어인 중기 페르시아어를 어원으로 지목한다. 중기 페르시아어는 이 지역을 저지대라는 뜻의 erāq(또는 erāgh)라 불렀는데, 페르시아가 오늘날의 이란인 인근 고원지대에 있었다는 사실에서 비롯된 이름이다.

영국의 이라크 왕국 지배는 11년 만에 끝났다. 이들은 1932년에 파이살 1세 아래 '이라크 하심 왕국'으로 독립하고 군주제를 유지했다. 하지만 1958년에 쿠데타가 일어나 '이라크의 공화국'이 세워졌고, 1992년에는 공식 국명이 '이라크공화국'으로 변경되었다. ✓이란과 이라크는 지리적으로도 가깝고 이름도 비슷해서 뿌리가 같다고 생각하기 쉽다. 하지만 그것은 착각이다. 비슷한 역사에도 불구하고 이라크는 메소포타미아에 속했고 이란은 페르시아에 속했다. 이란은 아리아인의 땅이라는 뜻의 중기 페르시아어 Airyana Vaeja를 축약한 자칭명이다.

아제르바이잔

Azerbaijan

Âterepâtahe

신성한 불의 나라

다음 목적지에는 약간의 논쟁이 따른다. 내가 이곳을 유럽이 아닌 아시아 장에 넣었기 때문이다. 아제르바이잔은 동유럽과 서아시아에 걸쳐 있어서 과연 이곳이 어느 대륙 소속인지를 두고 많은 논쟁이 있다. 이런 위치는 아제르바이잔의 역사에도 중대한 역할을 했다. 1922~1991년까지 이들은 '아제르바이잔 소비에트 사회주의 공화국'이라는 이름으로 소련에 속해 있었기 때문이다.

캅카스산맥 남쪽 사면에 자리 잡은 아제르바이잔Azerbaijan은

이웃한 조지아 및 아르메니아와 함께 캅카스 3국을 이룬다. 이곳의 풍광은 하늘을 찌르는 고산, 넓은 고원, 푸르고 광활한 초원, 특이한 진흙 화산 등으로 독특하고 다양하다. 거기다 꺼지지 않는 불이라는 신기한 자연현상은 오늘날 불의 나라라는 관광 마케팅 요소도 되지만 원래 이 나라 국명의 기원이기도 했다. Azerbaijan은 불이 보호하는 땅이라고 해석되기 때문이다.

방대하게 매장된 천연가스가 얇고 구멍 많은 사암 사이로 빠져나와서 한번 점화하면 끝없이 타오르는 아제르바이잔의 불은 오늘날에도 관광 명소지만, 원시의 자연력을 경외하는 고대 문명사회에서는 훨씬 더 신비로운 현상이었다. 이런 자연의 무대에서 불을 숭배하는 조로아스터교가 태어났고, 이는 오늘날까지 이어진 종교들 가운데 가장 역사가 깊은 종교 중 하나다.

조로아스터교가 처음 기록된 것은 기원전 6세기지만 실제로는 기원전 2000년 무렵에 태어난 것으로 보인다. 그 후 1000년 동안 고대 이란 제국들의 지배적 종교로 번성하지만, 페르시아가 무슬림에게 정복당하자 쇠퇴하고 박해당한 신도들은 인도 북부로 이주한다. 조로아스터교는 유일신 사상, 메시아 사상, 천국과 지옥, 천사와 악마 개념을 들여와 다른 여러 종교와 철학에 영향을 미쳤다고 여겨진다. 특히 이들은 불을 지혜의 빛을 상징한다고 여겨 중요시했다. ◁ 조로아스터교Zoroastrianism라는 이름도 독특하다! 이것은 이란 예언자 조로아스터Zoroaster의 가르침에 토대해 태어난 종교고, 이름의 기원에 대해서는 논쟁이 너무 많아 그것만으로도 책 한 권이 될 정도다. 어쨌건 한 가지 설에 따르면 그의 모국어인 아베스타어 이름 Zaraθuštra를 그리스어로 문자역한 것이라 한다. Zaraθ가 '희석되지 않은'이라는 뜻의 zoros가 되고, uštra가 별이라는 뜻의 aster가 되었다는 것이다. 그래서 조로아스터는 희석되지 않은 별이라는 뜻이 된다.

Ajerbaijan의 어원은 조로아스터교에 뿌리를 두고 있다는 것이 통설이다. 조로아스터교의 〈수호 천사 찬가Hymn to the Guardian Angels〉에는 "âterepâtahe ashaonô fravashîm ýazamaide"라는 대목이 나온다. 이 아베스타어 표현을 직역하면 '성스러운 아트로파테네의 프라바시를 예배합니다'라는 뜻이며, '프라바시'는 개인의 정령을 의미한다. 여기서 주목해야 할 것은 아트로파테네Atropatene라는 인물이다.

아트로파테네는 아케메네스 제국에 속한 페르시아 지방의 총독으로, 그리스어로 '메디아 아트로파테네Media Atropatene'라는 왕조를 창건했다(나중에는 '메디아' 부분을 떼어낸다). 이 이름은 이후 여러 왕국을 거치면서 중기 페르시아어로 Āturpātākān이 되었다가 다시 여러 차례 변신을 거쳐 Azerbaijan이 된다. Atropatene라는 이름은 고대 이란어의 그리스어 문자역으로, '신성한 불을 보존하는 곳' '신성한 불이 보호해주는'이라는 뜻이다. 또 다른 설도 불에 뿌리를 두고 있다. 이것은 고대 페르시아어로 불을 뜻하는 azar와 수호자를 뜻하는 payegan 또는 경작지라는 뜻의 abadag를 어원으로 본다. 그러니까 Ajerbaijan은 불을 숭배하는 조로아스터교 사원과 나라를 가리킨다는 것이다.

그런데 여러 가지 어원설에서 고려해야 할 중요한 장애물이 한 가지 있다. 바로 오늘날의 아제르바이잔공화국은 우리가 지금까지 말한 아제르바이잔과 위치가 다르다는 것이다. 역사적 아제르바이잔은 이란 북서부에 있었고, 이 지역은 오늘날에도 '이란 아제르바이잔'이라 불린다. 오늘날의 아제르바이잔은 러시아 제국의 붕괴와 함께 이전까지 '아란Arran'과 '시르반Shirvan'이라 불리던 두 지역이 1918년 5월에 '아제르바이잔 민주공화국'이라는 이름으로 독립하며 생겨났다.

이 이름은 지하 정치조직으로 시작해서 오늘날 아제르바이잔의 가장 역사 깊은 정당이 된 무사바트 튀르크 연방당이 지은 것이다. 명명 당시부터 많은 비난을 받았는데, 특히 이란과 러시아가 크게 반발했다. 그들은 이 명명이 북서부 지역에 대한 지배권을 주장하는 정치적 행동이자 그 지역 전역에 공통되는 인종, 언어, 종교를 무시하는 행위라 보았다. 당시 무사바트 지도자였던 모함마드 아민 라술자데는 나중에 아제르바이잔을 국명으로 선택한 것이 "실수였다"고 말했다. 또 이란 아제르바이잔인들에게서 "더 이상 불만을 사고 싶은 마음은 없다"며 이란 아제르바이잔은 캅카스 아제르바이잔과는 다르다고 인정했다.

정치적 다툼과 소련 점령 시기를 빼면 아제르바이잔이라는 이름은 역사 속에서 지속되어 왔으며 문화적 정체성으로 발전하여 여전히 땅과 불을, 거주자와 숭배자를, 인간의 추상적 영토와 물리적 자연력을 연결하고 있다.

파키스탄

Pakistan

Pakstan

영혼이 깨끗하고 순수한 사람들의 나라

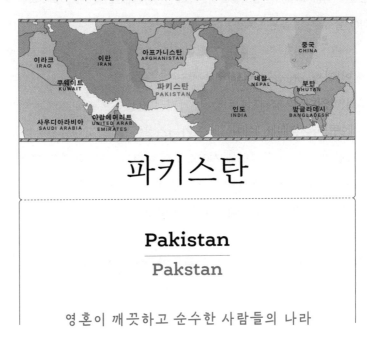

아제르바이잔의 불꽃 튀는 이야기를 뒤로 하고, 이제 카스피해의 소금물을 지나 다시 한번 광대한 지역이 공통된 어원으로 묶이는 나라들로 간다. 바로 국명에 '-스탄stan'이 들어가는 나라들이다. 접미사 '-스탄'이 들어가는 나라는 모두 일곱 곳이다. 아프가니스탄, 카자흐스탄, 키르기스스탄, 파키스탄, 투르크메니스탄, 타지키스탄, 우즈베키스탄이 그것인데, 이 이름들은 과연 우연일까? 당연히 아니다. '-스탄'은 페르시아어로 '~이 많은 장소' 정도의 뜻이지만 오늘날에는 흔히 '~의 나라'라고 해석된다. 다른 언어에서 쓰는

-land(잉글랜드England, 독일Deutchland)나 -ia(탄자니아Tanzania, 인도India) 같은 용법이다. 접미사 -stan은 장소를 뜻하는 인도이란어 stanam에서 왔다. 직역하면 사람이 서 있는 곳이라는 의미가 된다.

카스피해를 건너 동쪽으로 이동하면 우리는 많은 '-스탄' 국 중 첫 번째 정거장인 투르크메니스탄에 도착한다. 투르크메니스탄은 투르크멘족의 나라라는 뜻이다. 거기서 남동쪽으로 1500킬로미터를 가면 파슈툰족의 나라인 아프가니스탄이 있고, 그다음으로는 파키스탄이 나온다. 무굴족과 시크교도의 나라로, 공식 국명은 '파키스탄 이슬람공화국'인 이 나라는 향기로운 아라비아해 해변에서 세계의 지붕인 히말라야산맥과 웅대한 카라코람산까지 뻗어 있다. 해발고도 8611미터의 카라코람산은 세계 제2의 고봉인 K2의 끝자락에 있다. 또 파키스탄은 세계 어느 나라 못지않게 현대적이고 강력하고 만족스러운 국명을 가진 나라이기도 하다.

지도자 토머스 산카라가 국가의 가치를 담고 식민주의 과거를 떨치기 위해 의도적으로 작명한 이름인 아프리카의 부르키나파소처럼, 파키스탄 국명도 국민을 통합하고 영국 통치의 역사에서 벗어나고자 한 누군가가 만든 것이다. 그의 이름은 바로 초드하리 라흐맛 알리다.

파키스탄은 1947년에 탄생했다. 대영제국 식민지였던 인도의 심장부에서 이슬람 국가로 분리되었고 처음에는 군주제를 유지하다가 1956년에 '이슬람공화국'을 선포했다. 파키스탄은 이슬람 이름을 달고 건국한 유일한 나라다. 영국의 지배가 끝났을 때 파키스탄이 별개의 국가로 분리된 것은 무슬림 주민들의 요구 때문이었다. 하지만 이 이름의 뿌리를 찾으려면 1933년 영국의 케임브리지로 가야 한다.

더 정확히 말하자면 험버스톤로 3번지다.

인도의 무슬림 민족주의자였던 초드하리 라흐맛 알리는 당시 케임브리지대학교에서 공부하며 동아시아의 무슬림 국가 건설을 열렬히 주장했다. 그가 1933년에 쓴 '파키스탄 선언' 팸플릿 "지금이 아니면 불가능하다. 살 것인가 멸망할 것인가?"는 그런 지역을 제안하고, 그 나라에 파키스탄이라는 이름까지 붙였다. 라흐맛 알리의 생각은 여러모로 아주 독창적이었기 때문에 그의 말을 그대로 소개해보겠다.

"영국과 인도의 정치인들이 인도 연방헌법의 토대를 놓으려는 이 엄중한 역사의 시기에, 공동 유산의 이름으로 PAKSTAN(펀자브 **P**unjab, 북서변경주 아프간**A**fghan, 카슈미르**K**ashmir, 신드**S**indh, 발루치스탄Baluchis**tan**으로 이루어진 인도 북부의 5개 지역)의 3000만 무슬림 형제를 대신해 호소합니다. 정치적 박해와 무자비한 탄압에 맞서 힘겹게 투쟁하는 저희에게 공감과 지원을 베풀어주십시오."

가장 눈에 띄는 것은 PAKSTAN이라는 줄임말에 I가 없다는 것이다. PAKSTAN은 파키스탄의 국어인 우르두어로 만들어진 글자인데, 우르두어는 단모음을 적지 않기 때문이다. 이 이름이 인기를 얻자 영어로 옮길 때 발음의 편의를 위해 i가 추가된 것이다. 다른 '-스탄' 국들도 대체로 그렇다.

이후 라흐맛 알리는 이 이름을 pak과 stan 두 부분으로 나누면 또 하나의 멋진 효과가 나타난다고 (우연이라고 하는 사람들도 있지만) 말했다. "Pakistan은 페르시아어면서 우르두어입니다. … 이것은 pak들의 나라라는 뜻, 다시 말해 영혼이 순수하고 깨끗한 사람들의 나라라는 뜻입니다." 페르시아어로 pak은 '순수한', 더 정확히는 '깨끗한'

이라는 뜻이고 stan은 '~이 가득한 장소'라는 뜻이기에 라흐맛 알리가 만든 이름은 순수하고 깨끗한 사람들이 가득한 나라라는 멋진 뜻이 된다.

하지만 라흐맛 알리도 자신의 뜻을 모두 관철하지는 못했다. 그는 나중에 이 이름이 **P**unjab, **A**fghania, **K**ashmir, **I**ran, **S**indh, **T**urkharistan, **A**fghanistan, Balochista**n**까지 포함한다면서 파키스탄을 오늘날의 이란과 아프가니스탄까지 포함하는 훨씬 더 큰 나라로 만들려 했다. 하지만 무슬림 동맹이 그의 웅대한 계획을 거절하고 작은 영토를 채택하자 실망한 그는 '거대한 배신'이라는 성명을 발표하고 현 정부에 대항하는 새로운 해방운동을 이끌겠다고 했다. 하지만 라흐맛 알리가 1948년에 파키스탄으로 돌아가자 정부는 그의 여권을 거절하고 물품을 압류한 뒤 다시 영국으로 추방했다. 그로부터 3년 후, 라흐맛 알리는 케임브리지대학교에서 생활고와 고독 속에 죽었다. 새 조국은 그를 실망시켰지만 그의 유산은 국명에 영원히 남아 있다.

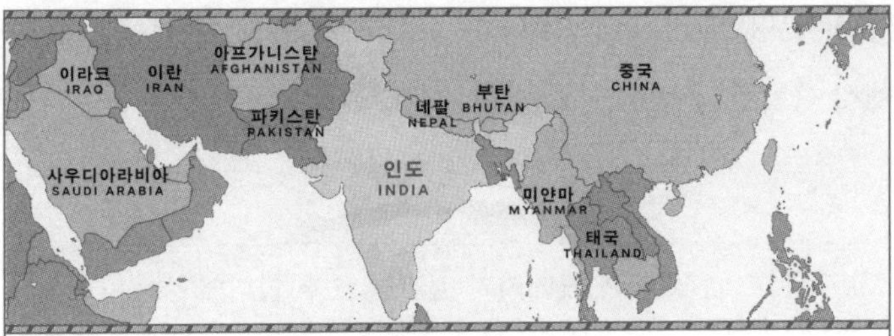

인도

India

Sindhu

물과 불을 동시에 품다

파키스탄의 남동쪽 국경을 건너면 인도공화국이 나온다. 지상에서 가장 인구가 많은 민주주의 국가 인도는 오늘날 인구가 거의 15억에 이르고 인종도 엄청나게 다양하지만 이들은 힌두교, 이슬람교, 불교, 시크교, 기독교, 자이나교, 조로아스터교 등 다양한 종교를 통해 영성을 추구한다는 공통점이 있다.

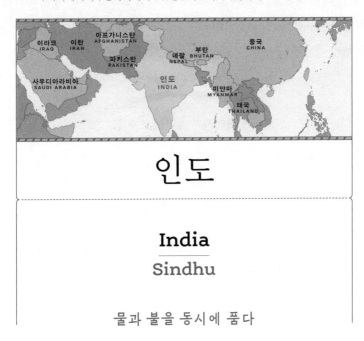

이렇게 다채로운 종교와 인종은 인도의 길고 변화무쌍한 역사에 잘 담겨 있고, 그 결과 인도는 다양한 원주민에게서 비롯된 자칭

명뿐만 아니라 외부인들이 가져온 타칭명까지 많은 이름을 가지고 있다. 그중 오늘날 인도의 실생활과 공식 상황에서 가장 널리 쓰이는 국명은 '인디아India'와 '바라타Bharata' 두 가지다. 두 이름은 인도 헌법에서 특별한 구분 없이 쓰인다.

인도인과 아메리카 원주민 모두 인디언?

인도인이 영어로 '인디언Indian'인데 어쩌다 다른 지역의 원주민이 같은 이름으로 불리게 되었을까? 그 이유를 알아보려면 남아메리카 탐험에서 자주 만난 크리스토퍼 콜럼버스를 다시 찾아가야 한다.

콜럼버스는 1492년에 아시아 대륙, 특히 인도 지역을 탐험하려 항해에 나섰다. 그는 인도가 유럽 서쪽 2000~3000킬로미터 거리에 있을 것이라 믿고 5주 동안 항해한 끝에 카리브해의 앤틸리스제도에 닿았는데, 이때 자신이 인도에 닿았다 믿고 그곳 사람들을 인디언이라 불렀다.

그때 그의 생각이 착각이었다는 것은 몇십 년 안에 밝혀졌지만, 그 사이에 이미 인디언이라는 이름이 굳어져버린 탓에 서인도제도 같은 지명이 오늘날까지 그대로 남아 있다. 인디언이라는 말도 아메리카 대륙의 다양한 토착민에게 일괄적으로 적용되었지만 오늘날에는 비하적 의미 때문에 거의 사용하지 않는다.

먼저 India로 시작해보자. India는 인도 하면 떠오르는 또 하나의 단어인 '힌두Hindu'와 어원이 같다. 오늘날 힌두라는 말은 주로 종교와 연관되지만, 인도인들은 자국을 가리킬 때 흔히 '힌두스탄'이라는 이름도 쓴다. 파키스탄 편에서 보았듯이 힌두스탄은 접미사

-stan이 붙은 이름으로, 힌두인의 나라라는 뜻이다. India도 같은 방식으로 분석하면 Ind에 라틴어 접미사 -ia가 붙은 것으로, 인드Ind족의 나라라는 뜻이다. 그러면 Hindu와 Ind는 무슨 관계고, 그 의미는 무엇일까?

둘 다 궁극적 어원은 산스크리트어의 Sindhu로, 이것은 오늘날의 인더스Indus강과 파키스탄 신드Sindh주 북쪽에 있는 강의 하류 분지를 가리켰다. 기원전 6세기에 인도 아대륙을 침략한 아케메네스 제국(제1페르시아 제국)은 거대한 천연 국경인 이 강의 이름으로 강 너머의 지역과 그 주민들을 가리켰다.

Sindh는 고대 페르시아어로 Hindu가 되었고, 이후 그리스어로 Indós가, 라틴어로는 Indus가 되어 영어에 들어왔다. 이 설명을 들으면 인더스강 이름의 유래와 Hindu와 India의 관계를 알 수 있다. 산스크리트어 Sindhu는 대개 큰 수역水域을 가리키는 보통명사로 쓰였고, 이 비옥한 땅을 흐르는 큰 강에도 적용되었다. 그러니까 이를 기반으로 민간어원적 해석을 더하면 India는 물의 나라라는 뜻이 된다.

'바라타Bharata'는 인도가 1947년에 영국 지배에서 독립한 뒤 1950년에 새 헌법의 초안을 작성할 때 외래 이름 India와 달리 원주민을 반영하는 이름으로 선택되었다. 바라타는 인도 아대륙의 가장 오래된 이름 중 하나로 여겨지고 그 뿌리는 산스크리트어로 된 인도 문학 장르 푸라나, 특히 힌두 서사시 「마하바라타Mahabharata」로 거슬러 올라간다.

이 서사시를 보면 바라타는 브라만 제도가 실행되는 광대한 지역으로, 그 영토가 남쪽 바다에서 북쪽 눈의 거처까지 뻗어 있다는 설명이 나온다. 바라타라는 이름은 여러 푸라나 텍스트에 나타나며 지리적 지역보다는 사회 문화적 통일국가로 해석하는 쪽이 더 자연스럽다. 하지만 푸라나를 읽다 보면 바라타가 사람을 가리킬 때도 있다. 그는 두샨타의 아들이자 인도 인종을 창설했다는 신화적 왕이다. "남쪽 대양과 북쪽 설산 사이에 '바라탐Bhāratam'이라는 나라가 있고, 거기 바라타의 후손이 산다."

Bharata의 어근 bhr은 산스크리트어로 '품다' '운반하다'를 뜻하고, 단어 전체를 직역하면 '(불이) 보존되다'라는 의미다. 이는 불이라는 뜻으로, 힌두교 불의 신을 가리키는 또 다른 산스크리트어 Agni의 수식어다. 그러니까 물의 나라를 뜻한다는 India의 민간어원과 반대로 바라타는 불을 품은 나라 정도의 뜻이 된다!

네팔

Nepal

Nepa

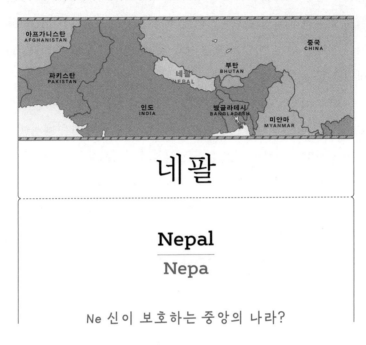

Ne 신이 보호하는 중앙의 나라?

히말라야산맥이 세계의 지붕이라면 네팔연방민주공화국은 그 지붕 아래의 집일 것이다. 네팔은 세상에서 가장 인구가 많은 두 나라 사이에 끼어 있다. 인도 및 중국과 접하는 국경이 강력한 압박감을 줄 것 같지만, 아찔하게 높은 산들로 이루어진 자연 방벽에 비하면 아무것도 아니다. 네팔은 세계 최고봉 에베레스트산을 포함해 세계적인 고봉 여덟 개를 품고 있는 나라다.

이런 극단적 지리와 고도는 수천 년 동안 네팔의 운명과 이야기에 중대한 영향을 미쳤다. 다인종, 다언어, 다종교, 다문화 국가인 네팔은 지난날 카트만두 계곡을 통해 산악 지대를 지나가는 실크로드에서 핵심적 역할을 했다. 그 덕에 네팔은 국제 교류지로 번성하며 식민 지배를 받는 일 없이 오랜 세월 동안 왕정, 군주정, 의원내각제 사이를 왔다 갔다 했다.

네팔Nepal이라는 이름의 어원에 관해서는 몇 가지 재미난 설이 있는데, 이에 대해 다양한 인종과 언어가 저마다의 해석을 제시한다. 힌두교 신앙에 따르면 네팔 문화는 진실의 시대에서 비롯되었다. 세계 최초의 왕이었던 마누왕은 '사티아와티'라는 나라를 다스렸는데, 은의 시대에 사티아와티는 고독한 명상과 참회의 나라를 뜻하는 '타포반'으로 이름이 바뀌었고, 동의 시대에는 구원의 사다리라는 뜻의 '무키스토판'으로 바뀌었다. 그러다 18세기 중반에 고르카의 왕 프리트비 나라얀 샤가 통일을 이룬 뒤에 공식적으로 '네팔'이 되었다.

구르카족으로 더 잘 알려진 고르카Gorkha족은 전 세계에 용맹한 전사로 이름이 높았고, 영국과 인도 군에는 이들로 이루어진 고정 부대가 있었다. 고르카 왕국은 통일 네팔 아래서 팽창했기에 Gurkha는 네팔인과 동의어로 쓰였다. Gorkha는 중세 힌두 전사였던 성 구루 고라크나트Gorakhnath의 이름에서 왔고, 더 거슬러 올라가면 소들의 보호자를 뜻하는 네팔어 고라크샤Go-Raksha가 기원이다. 고르카가 용맹한 군인으로서 영웅적 보호자 역할을 했다는 것을 생각하면 이해가 되는 어원이다.

하지만 네팔이라는 이름이 이때 처음 사용된 것은 아니다. 이 말은 힌두교가 태어난 베다 시대에 처음 기록되었을 정도로 아주 오래되었고, 카트만두 계곡과 같은 의미로 쓰였다. 그리고 여기서 오늘날 국명의 어원에 대해 가장 그럴듯한 설이 나온다. 바로 Nepal이 네와르어 Nepa에서 왔다는 것이다. Nepa는 초기 네와르인이 카트만두 계곡 주민을 가리킨 말이다. 네와르어로 Ne는 중간, 중앙이고 Pa는 나라라서 둘을 합친 Nepa는 중앙의 나라라는 뜻이 된다. 아마도 티베트, 중국의 거대한 고원, 인도 평원 사이에 자리 잡은 위치를 가리킨 이름이었을 것이다.

티베트어에는 다른 설명이 나온다. 이 설명에 따르면 Ne가 천막집이고 Pal이 양털이라 네팔은 양털로 만든 천막집이라는 목가적인 뜻이 된다. 이 설은 상당히 설득력이 있다. 네팔이 한때 인도 대륙 곳곳에 양과 야크 털을 수출했고, 그들의 천막은 깎은 털의 보관 장소뿐만 아니라 목축을 하는 가족들의 주거 공간도 되었기 때문이다.

산스크리트어를 살펴보면 더 많은 설이 있다. 산스크리트어로 Nepala(또는 Nepalaya)라는 말이 '날아 내려가다' '산기슭'을 뜻하는 nipat과 거처, 집을 뜻하는 alaya에서 왔고, 이것이 산기슭에 있는 집 정도의 뜻이 되어 히말라야산맥 기슭 저지대의 마을을 가리킨다는 것이다. 또 하나의 산스크리트어 어원설은 Nepa가 소치는 사람들이라는 뜻으로, 인도의 갠지스 평원에서 네팔 지역으로 이주해 고팔라 왕조를 세운 사람들의 이름이라고 한다.

마지막 설은 Ne라는 이름의 고대 힌두교 현자 관련 신화에 토대한다. 전설에 따르면 네팔의 수호신인 Ne는 시바 신의 현신 중 하나인 파슈파티에게 히말라야산맥의 심장부를 보호하라는 명령을 받는다. pala는 산스크리트어로 '~가 보호하는 장소'라는 뜻이기에 합치면 Nepal은 Ne가 보호하는 나라라는 뜻이 된다.

불교 신화에도 비슷한 이야기가 있다(전설에 따르면 불교의 창시자인 싯다르트 고타마는 네팔에서 태어났다). 이번에는 문수보살이 반은 사람이고 반은 뱀인 저승의 괴수 naga가 사는 호수의 물을 빼서 카트만두 계곡을 만들고, 첫 부처인 Ne에게 이를 돌보게 한다. 그래서 불교 신도들에게도 Nepal은 Ne가 돌본 계곡이라는 의미가 된다.

물론 종교적 신화를 그대로 받아들이는 것은 무리한 일이고, 그보다는 과학적 어원 연구를 추구해야 한다. 하지만 이 경우는 믿을 만한 역사 기록이 부재하고 여러 언어의 발전 과정을 이해하는 데 제한이 있기에 정확한 파악이 어려워서, 어쩌면 Ne가 정말로 세상 꼭대기에 자리한 이 땅을 돌본 자의 이름이었던 건 아닐까 하는 생각도 해보게 된다.

부탄

Bhutan

Drukyul

천둥 용의 나라

네팔을 떠나 동쪽으로 짧지만 험한 길인 인도 시킴주의 고산지대를 100여킬로미터 가면 방문자가 별로 없는 수수께끼의 나라 부탄이 나온다. 히말라야의 마지막 왕국인 부탄 왕국은 세계 최고의 산들에 둘러싸인 작고 외딴 요새로, 아시아의 두 강대국인 남쪽의 인도와 북쪽의 중국 사이에 끼인 채 티베트고원 기슭에 자리하고 있다.

부탄Bhutan은 사실 외부인이 부르는 타칭명이라 부탄 사람들은 이 이름을 거의 쓰지 않는다. 부탄의 자칭명은 부탄의 유일한 공용어인 중국-티베트어족의 종카어로 '드루큘Drukyul'('왕국'까지 들어가는 정식 국명을 쓰면 '드루크 기알 캅Druk Gyal Khap')이다. 뜻은 어떤 나라 못지않게 인상적인데, 바로 천둥 용의 나라라는 뜻이다.

하지만 천둥 치는 용의 이야기로 들어가기 전에 먼저 Bhutan을 살펴보자. 16세기 말부터 영어에 Bhutan의 다양한 변이형들이 보이기 시작한 걸 고려하면 정작 Bhutan은 이 나라의 이름 중 비교적 늦게 나타난 편이다. 1585년 무렵 잉글랜드 상인 랠프 피치는 인도를 탐험하던 중 아마도 유럽인 중 최초로 인도 비하르주의 쿠치에서 나흘이 걸리는 거리에 있는 Bottanter의 이야기를 들었다.

이어 거의 1세기 뒤인 1676년에 유명한 동방 교역자 장바티스트 타베르니에가 『여섯 차례의 항해Six Voyages』라는 책에 "부탄Boutan 왕국은 사향, 양질의 대황, 일정량의 모피를 생산한다"고 썼다. 피치도, 타베르니에도 같은 장소를 가리켰고 흥미로운 이야기인 것은 맞지만 그들이 말한 부탄은 오늘날의 부탄이 아니라 티베트 지역이었다. 당시에는 서로 멀리 떨어진 이 두 왕국이 다른 곳이라는 걸 몰랐을 것이다.

1683년, 이탈리아 지도 제작자 칸텔리 다 비놀라는 인도 지도를 제대로 만들었고, 부탄 왕국도 대체로 올바른 위치에 표시했다. 물론 그 역시 부탄과 티베트를 구분하지는 못했다. 그러다가 1774년에 스코틀랜드인 조지 보글이 이 지역을 탐험하다 두 왕국이 별개의 나라임을 깨닫고, 그 이름을 각각 Boutan와 Tibet으로 제안했다.

그때부터 Boutan이라는 이름이 살아남았고 세월이 흐르는 동안 Bohtan, Bottanthis, Bottan, Boutan, Buton 등으로 다양하게 변하다가 정확히 알 수 없는 어느 시점에 오늘날의 Bhutan이 되었다.

이 어원도 확실하지는 않지만 산스크리트어 Bhota-anta에서 왔다고 여겨진다. bhota가 티베트, anta가 끝이라는 뜻으로, 티베트의 끝이라는 지리적 위치를 정확히 가리킨 것이다.

또 다른 설은 산스크리트어 Bhu-uttan을 어원으로 지목한다. 이는 고원이라는 뜻으로, 이 나라의 높은 고도를 생각하면 개연성 있는 설명이다. 분명한 것은 이름의 핵심 부분인 Bhu가 티베트를 뜻하는 라싸 티베트어 bod에서 왔다는 것이다. 여기에 아시아 곳곳에서 마주치고 파키스탄에서 자세히 살펴본 -stan 접미사의 변형으로 보이는 tan을 붙이면, 티베트의 나라 부탄이 생겨난다!

서양이 이 나라의 존재를 알기 전에 부탄은 여러 이름으로 불렸다. 불교가 전래된 7세기 전까지 고대에는 어두운 남쪽 나라라는 뜻의 '로몬Lho Mon'이었다. 로몬은 티베트족이 자신들의 남쪽에 살며 자연을 숭배하는 본교Bonism 신도들, 그러니까 부처의 가르침을 모르고 영적 어둠 속에 사는 이들을 가리키는 말이었다. 티베트족은 이들을 네 개의 길로 가는 남쪽 나라라는 뜻의 Lhomen Khanzhi라고도 불렀다. 이는 거칠고 가혹한 지형 때문에 그 나라에 교역하러 가기가 얼마나 힘든지를 가리키는 산문적 이름이다. 약초의 남쪽 나라라는 뜻의 Lho Menjong은 약초가 많이 나서 붙은 이름이고, 삼나무의 남쪽 나라라는 뜻의 Lho Tsendenjon도 마찬가지로 삼나무가 나라의 대부분을 울창하게 덮고 있어서 붙은 이름이다.

하지만 17세기 통일 이후 부탄의 자칭 국명은 드루큘이다. 앞서 보았듯 천둥용의 나라라는 뜻이기도 하며, 또 다른 관점으로는 드루크파의 나라라는 뜻이기도 하다. 드루크파는 부탄 불교의 다수파다. 이 이름의 기원에 대한 전설은 그야말로 환상적이다.

샹바 자레는 부탄 건국 아버지의 조상이자 명상의 스승으로, 티베트의 남Nam 지역에 사원을 세우다가 아홉 마리의 용을 보았다. 그가 다가가자 용들은 달아나면서 천둥소리를 요란하게 울렸고, 꽃들에 비가 내렸다. 이 모습을 본 샹바 자레는 사원의 이름을 용을 뜻하는 '드루크'라 짓고, 그들의 종교도 드루크파라 불렀다. 파요 드루곰시그포는 티베트 국경을 넘어 부탄에 이 종교를 전파하고 부탄 서쪽에 자리 잡게 했으며, 전통을 이은 그의 후손들이 차츰 부탄 전역에 퍼뜨려 드루크를 지배적인 종교로 만들었다.

이렇게 해서 드루크라는 말이 사원을 비롯한 많은 장소의 이름에 쓰이면서 어느새 국명으로도 이어진 것이다. 드루크가 국명으로 인기를 얻은 것은 18세기가 되어서였다. 국제정치 무대에 등장하면서 서구 친화적 이름 같은 형식 요소가 필요해졌기 때문이다. 20세기 초가 되자 드루큘은 확고히 자리를 잡았고, 천둥 용의 나라는 날개를 펴고 세계 무대로 날아올랐다.

호랑이 둥지 전설

부탄 신화에는 놀라운 이야기가 가득한데, 그중 특히 인기인 것은 파로 탁상, 즉 호랑이 둥지 전설이다. 이곳은 부탄 파로 계곡의 해발 3000미터가 넘는 절벽에 아슬아슬하게 매달려 있는 사원으로, 파드마삼바바(소중한 스승님을 뜻하는 '구루 린포체'라고도 불린다)가 8세기에 호랑이를 타고 티베트에서 날아와 내린 동굴 자리에 세워졌다. 그는 거기서 3년 3개월 3주 3일 3시간 동안 명상을 한 뒤 여덟 개의 현신으로 나타나 부탄에 불교를 전파했다. 파드마삼바바 탄신일인 음력 6월 10일은 지금도 부탄의 국경일이다.

중국

China

Cina-s

문명의 중심이 되고 싶은 중앙 국가

작은 나라 부탄을 떠나 히말라야산맥 능선을 넘으면 광대한 나라 중국의 서쪽 끝에 위치한 오지 티베트고원이 나온다. 티베트고원이라는 엄청난 전망대에서 동쪽으로 방향을 바꿔 5000킬로미터가량을 더 가면 같은 나라에 속한 다른 세상이 펼쳐진다. 기술과 전통이 조화롭게 공존하는 대도시들을 가득 채운 15억 인구의 나라, 바로 중국이다. 오늘날에는 기술 발전이 중국의 세계적 이미지에 큰 영향을 미치지만 이들의 국가 정체성에 가장 중요한 것은 역사와 전통이고,

국명은 거기에 중요한 역할을 한다.

표준 중국어로 중국의 이름은 '중궈'이며 '중'은 중앙, '궈'는 나라라는 뜻이다. 영어로는 흔히 Middle Kingdom, 즉 '중왕국'으로 잘못 번역되고는 하는데, 이는 포르투갈어에서 비롯되어 19세기에 널리 퍼진 해석이다. 실제 의미와 무관하게 내향적인 중간의 왕국이라는 중국을 바라보는 서구인의 시각을 담고 있다.

중왕국이라는 이름은 기원전 1000년 무렵인 서주 시대에 비롯되었다. 이것을 기록한 가장 오래된 자료로 알려진 고대 청동 제기 '하존何尊'을 보면 주나라가 자신들을 문명의 중심이라고 생각했다는 것을 알 수 있다. 이 연대는 중국이 통일을 이루기 약 800여 년 전이라는 점에서 중요하다. 이때 중궈는 황하 계곡 주변의 중앙 지대만을 가리키는 말로, 왕실 영토를 변방의 '야만족' 영토와 구별하는 데 사용했다.

그로부터 800년가량 후에 주나라가 세워졌으며 이어 진나라가 그 자리를 차지했고, 이들과 함께 새로운 이름이 왔다. 한나라, 당나라, 명나라, 청나라처럼 중국 역사는 대체로 왕조의 이름을 나라 이름으로 썼기 때문이다. 이런 왕조의 흥망성쇠 속에서도 중궈라는 이름과 그 변이형들은 실생활과 비공식 문서에서 계속 사용되었다.

그러는 가운데 중궈라는 이름의 지리적 의미는 차츰 줄어들었고, 중국 문명의 지정학적 위치를 가리키는 새로운 의미를 띠기 시작했다. 남북조시대에는 정치적 선전 도구로도 쓰였다. 모든 나라가 스스로를 중궈라 하고, 경쟁국들을 비하적 이름으로 부른 것이다. 하지만 그러는 가운데에도 공식 국명은 언제나 왕조의 이름이었다.

시대가 변하면서 중궈의 의미는 미묘하게 변해 때로는 수도를,

때로는 지역 전체나 문화를 가리키기도 했으며 동시에 여러 의미를 띠기도 했다. 하지만 1911년에 중국의 마지막 왕조인 청나라가 신해혁명으로 무너지자 '중화민국'이라는 이름이 공식 자칭 국명이 되었다.

어쩌면 중궈보다 훨씬 더 뿌리가 오래된 '차이나China'라는 이름은 영어에 들어온 지 400년이 넘지만 그 뿌리를 거슬러 올라가면 포르투갈어, 말레이어, 페르시아어 변이형을 거쳐 고대 인도의 산스크리트어 Cina-s(또는 Chīna)에까지 이른다. 그러니까 이 말은 중국어 이름이 아니다. 현대 국명 China는 포르투갈 탐험가 두아르테 바르보사의 1516년 일기에 처음 기록되어 있다. 그는 이 말을 페르시아어 Cina에서 가져왔고 이는 1555년에 영어로 옮겨졌다.

가장 흔한 어원설은 China가 기원전 3세기에 잠시 중국을 통일했던 진나라에서 왔다는 것이다. 이 설은 실크로드 교역로를 타고 퍼진 것으로 추정되며, 여기에는 13세기에 25년 이상 중국을 여행하고 유럽에 이야기를 전한 마르코 폴로가 특히 큰 역할을 했다. 폴로는 실제로 중국을 Chin이라고도 하고 Cathay라고도 했다. 이때 Chin은 중국 남부의 송나라를, Cathay는 중국 북부를 가리켰다. 그러다 차츰 Cathay와 China의 의미 차이가 흐려져 결국 같은 의미를 띠게 되었다. 차이점이라면 Cathay가 좀 더 시적인 느낌을 준다는 것이다.

진나라 유래설은 1655년에 예수회 선교사 마르티노 마르티니가 처음 제시한 것으로, 이후 많은 언어학자의 지지를 받았지만 『옥스퍼드 영어 사전』은 "아직도 논쟁 중"이라 쓰고 있다. 의문이 지속되는 주요한 이유는 『마하바라타』를 비롯한 힌두 문서가 진나라 건국 전인 기원전 5세기부터 China라는 말을 쓰고 있기 때문이다. 그래서 학자들은 기원전 9세기 이후 존재한 신Thsin, 징Jing, 지나Zina 같은 왕국들이 기원일 수 있다고 말한다.

오늘날의 중국은 제2차세계대전, 일본 침략, 국공 내전을 겪은 후인 1949년에 수립되었다. 이런 역사적 격변에 따른 정치적 분열 결과, 중국 공산당은 본토에 남고 그에 맞선 중화민국 정부는 대만으로 옮겨져 오늘날에도 중화민국이라는 이름을 공식 국명으로 쓰고 있다. 양 정부 모두 자신들이 정통성 있는 유일한 정부라고 주장하고 있어서 여전히 심각한 정치적 문제가 되고 있지만, UN은 1971년에 중국이 본토와 외지 영토에 지배력이 있다고 인정한 바 있다.

차이나와 도자기

차이나는 동음이의어다. 중국 도자기가 유럽에 도입된 후 도자기 자체가 차이나로 불리게 되었기 때문이다. 유럽인들은 중국 도자기의 섬세한 아름다움과 다양한 쓰임새에 열광했고, 대량으로 수입된 도자기들은 chinaware로 불리다가 china로 줄어들었다. 이때는 대문자를 쓰지 않는다.

본래 도자기를 가리키는 말 porcelain은 이탈리아어로, 값비싼 수입품을 사느니 스스로 도자기를 만들고자 해서 유럽인들이 붙인 이름이다. 이 단어도 어원이 특이하다. porcelain은 이탈리아어로 개오지 껍데기를 뜻하는 porcellana에서 왔는데, 매끄럽고 광택이 나는 껍데기가 도자기의 윤기와 비슷하기 때문이다. porcellana는 어린 암퇘지나 돼지를 뜻하는 이탈리아어 porcella에서 왔다. 개오지 아래쪽 틈새가 돼지의 외성기를 닮았기 때문이라고 한다!

몽골

Mongolia

Meng-wu

용맹 불패 용사들의 땅

중국은 국토 면적도 광대하지만 인구도 엄청나다. 그러니 다음 목적지인 몽골이 이웃 중국의 6분의 1 정도인데도 훨씬 오지의 황야처럼 느껴지는 것은 분명 희박한 인구 때문이다. 150만제곱킬로미터의 면적에 300만 명을 살짝 넘는 인구, 또 그 절반 이상이 수도 울란바토르에 살고 3분의 1은 유목 생활을 하니, 몽골에서는 여러 날을 돌아다녀도 사람 한 명 만나지 못하는 수가 있다.

몽골Mongolia은 몽골족의 나라라는 단순한 뜻이다. 몽골은 인접한 중국과 북쪽의 더 큰 나라인 러시아에 큰 영향을 받았다. 하지만 몽골의 역사와 이름의 기원은 두 나라가 영향력을 미치기 훨씬 전, 심지어 이들이 이곳에 영구 정착하기도 전인 유목 제국 시절로 거슬러 올라간다.

몽골족은 현대 몽골뿐 아니라 러시아와 중국 일부까지 포함하는 광대한 지역에서 비롯되었고, 이후 이란과 일본을 비롯한 아시아 여러 지역으로 퍼진 인종 집단이다. 오늘날에도 몽골이라는 말은 몽골 나라만이 아니라 러시아의 부랴트공화국과 중국의 광대한 자치 지역인 내몽골까지를 포함한다. 실제로 내몽골에 사는 몽골 인구가 본국 거주자의 거의 두 배다.

몽골 영토는 오랜 세월 동안 많은 유목 제국의 지배를 받았지만 몽골족의 진정한 기원은 수수께끼다. 중국 역사서는 이들이 고대 선비족 단일 혈통이라 말하지만 실제로는 원시 몽골어를 사용한 다양한 동아시아 부족이 공통된 언어, 유산, 인종 정체성으로 묶인 집단일 가능성이 높다. 이들의 유명한 건국 서사시 「몽골의 비밀 역사 Secret History of the Mongols」에는 그들이 바다나 호수로 추정되는 '텡기스'를 건너왔다고 나오지만 그것이 무엇인지, 또 기점이 어디인지는 분명하지 않다. 그리 멀지 않은 곳에 있는 거대한 호수 바이칼을 가리키는 걸까?

지금까지 전해지는 소수의 자료 가운데 중에서는 8세기 당나라의 기록이 눈길을 끈다. 여기에 몽골이라는 이름이 처음 나오기 때문이다. 여기서 몽골은 5세기부터 북동부 만주 지역의 삼림을 지배한 실위족을 가리킨다. 실위족 일파인 몽올족이 스텝 초원으로 이주해서 오늘날의 중국과 러시아의 국경인 얼구나 강변의 광대한 초지에서 목축을 하다가 동쪽으로 더 이주해 오늘날의 몽골에 닿았다는 것이다.

그러니 몽올이 몽골이 되었다는 것은 어원설로 그럴듯하지만 실제로 이 사람들의 기원은 불분명하다. 다른 설도 많다. 그중에는 '용감한' '적수가 없는'이라는 뜻을 가진 원주민 이름 mong이 기원이라는 이야기도 있다. 이는 산이나 강 이름일 수도 있고, 영원한 하늘의 불을 뜻하는 몽골어의 시적 표현 Mongkhe-tengri-gal이 변형된 것일 수도 있다.

mong은 11세기 말 요나라 시절에, 그리고 요나라 몰락 이후 카묵 몽골족이 몽골고원을 장악한 1125년에 다시 나타났다. 이때 카묵 몽골의 마지막 지도자인 예수게이의 아들 테무진이 마침내 실위족의 모든 부족을 통일해 몽골제국을 세웠다. 이 이름은 13세기가 되어 몽골어를 사용하는 다양한 부족의 거대한 동맹을 포괄하는 용어로 확고히 자리 잡았다. 이때 테무진은 누굴까? 바로 역사에 손꼽히는 가혹한 통치자, 칭기즈 칸이다. ✓ 칭기즈 칸의 유산은 그의 기대보다도 더 널리 퍼진 것 같다. 《아메리카 인간 유전학 저널》에 실린 한 연구에 따르면, 지난날 몽골 제국 영토였던 땅에 사는 모든 남성의 8퍼센트, 그러니까 1600만 명 정도가 동일한 것으로 보이는 Y 염색체를 보유하고 있다. 수치가 너무 높아서 연구자들은 여러 원인이 겹쳐 엄청난 파괴력을 일으키는 퍼펙트스톰 사건만이 이 일을 설명할 수 있고, 그것은 칭기즈 칸과 그 가문의 남자들이 수많은 민족을 정복한 사건이라고 말한다. 당시는 강간이 흔했고 칸들은 미녀를 독차지했다. 그들 각각이 광대한 지역에 자녀를 수십 명, 때로는 수백 명까지 두었다는 것은 어떤 기록을 보아도 알 수 있다. 그리고 그 후손들이 오늘날까지 몽골의 유산을 이어가고 있다.

1206년부터 칭기즈 칸과 그의 자녀들과 손자인 쿠빌라이 칸은 아시아와 유럽에서 100년 가까이 잔혹한 정복 전쟁을 펼쳤고, 그 결과 몽골제국은 태평양에서 지중해까지 뻗는 역사상 최대의 육상 제국이 되었다. 그들은 이 과정에서 자신에게 맞선 수많은 민족을 파괴하고 본보기로 벌을 주었다.

하지만 몽골제국은 13세기 말에 네 개의 나라로 갈라졌다. 그 중 쿠빌라이 칸이 세운 원나라는 그가 죽은 후에도 1368년까지 오랫동안 중국을 지배했다. 오늘날 몽골은 칭기즈 칸의 후예들이 몽골고원으로 물러가서 이룬 나라 '북원北元'이 토대가 되었다. 이곳은 외몽골이라고도 한다. 내몽골은 아직도 중국의 영토이기 때문이다. 이후 몇 세기 동안 무수한 전쟁과 재통일이 이어졌고, 그 사이에 도입된 불교는 몽골의 국민 종교가 되었다. 그러다 1634년에 마지막 칸인 링단 칸이 죽자 그들은 강력한 새 제국이었던 청나라의 지배 아래 들어갔다.

1911년에 청나라가 무너지자 몽골은 기회를 놓치지 않고 독립을 선언했다. 하지만 그 일은 쉽지 않았기에 10년이 더 지나서야 소련의 지원 아래 공식 독립을 이루어 '몽골인민공화국'이 되었다. 몽골은 그 뒤로 20세기 내내 세계 무대에서 조용히 지내다가 소련이 무너지자 평화로운 민주혁명을 거쳐 1992년에 새 헌법을 채택하고 다당제 국가가 되었다. 이렇게 해서 새로 태어난 몽골, 아니 자칭명 '몽골 올스Mongol Uls'는 그들이 보유한 자연의 경이를 세계와 나눌 준비를 갖추었다.

남한과 북한

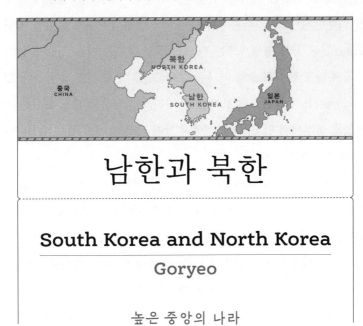

South Korea and North Korea

Goryeo

높은 중앙의 나라

몽골고원에서 남동쪽으로 1900킬로미터가량 내려오면 양옆에 황해와 일본해이자 한국의 동해를 끼고 있는 작은 반도의 국경에 도착한다. 이 반도에는 '코리아Korea'(한국에 국한되지 않은 역사 전체에 걸친 우리나라는 코리아로 표기—옮긴이)라는 하나의 이름을 사용하는 두 개의 나라가 있다. 중국 동북부에서 세계 최고 수준으로 경비가 삼엄한 국경을 넘어가면 아마도 세계에서 가장 비밀스러운 국가일 북한North Korea, 공식 명칭으로는 '조선민주주의인민공화국'이 있다.

그리고 거기서 남쪽으로 약 400킬로미터 내려가면 북위 38도선이 있다. 이것은 한반도의 특징을 규정한 위선으로, 근처에 형성된 비무장지대(DMZ)라는 4킬로미터 폭의 완충지대가 북한과 남한 South Korea, 공식 명칭으로는 '대한민국'의 경계를 이루고 있다. 남북 양국과 반도 전체의 오랜 역사는 갈등과 침략으로 점철되어 있다. 그래서 까다롭지만 단순해 보이는 두 나라의 상황은 길고도 복잡한 이야기로 이루어져 있고, 그 과정에서 많은 이름과 어원 이야기가 나온다. 바로 들어가보자.

우리가 아는 Korea라는 이름은 처음에는 Corea라는 표기로 영어에 등장했지만, 20세기 초부터 지도와 책에서 C 대신 K가 쓰이기 시작했다. 변화의 이유는 1905년에 있었던 일본의 한반도 점령이 거론된다. 이때부터 차츰 K가 쓰이기 시작했는데, 어떤 학자들은 이 일을 일본이 주도했다고 주장한다. 열등한 식민지가 영어 알파벳 순서에서 앞서면 안 된다고 생각했다는 것이다. 특히 1908년에 행해진 런던 올림픽에서 일본 선수가 코리아 선수보다 먼저 나오게 하기 위해서였다고 한다. 확실한 이야기는 아니지만 특이한 변화인 것은 사실이다. 하지만 이탈리아와 스페인은 Corea, 프랑스는 Corée로, 여전히 한국을 지칭할 때 C를 사용한다.

이런 자음 교체 문제 훨씬 이전에 Corea라는 이름은 13세기 『동방견문록』에도 나온다. 이 책은 이탈리아 탐험가 마르코 폴로가 1271~1295년까지 아시아 곳곳을 다니면서 체험한 문물의 기록을 담고 있다. 폴로가 한반도에 가보니 거기에는 918년부터 Gāo li 왕조가 통치하고 있었고, 이들은 최초로 한반도를 통일한 나라라고 했다. 중국어로 Gāo li는 높은 평온함이라는 뜻이다. 폴로는 그 이름을 이탈리아어로 Cauli라 문자역했고, 이것이 나중에 Corea, 이어서 Korea가 되었다.

여기서 약간 복잡해지는 것은 Gāo li가 실제로는 한자 이름으로, 한국어로는 고려高麗이며 Koryŏ라 문자역되기도 했다는 것이다. 고려는 5세기의 삼국시대에 가장 강력했던 왕국 고구려를 계승해 지은 이름이다. 어원으로 보면 높다는 뜻의 '고'와 예맥족 일파의 이름인 읍성을 뜻하는 '구루' 또는 중앙을 뜻하는 '가우리'를 합친 말이다. 한자란 중국 글자에 코리아식 발음을 붙인 것을 가리킨다. 이것은 코리아가 처음 나라를 세웠을 때부터 계속 사용되었고, 천자문이라는 중국 시문을 통해 들어왔다. 천자문은 1000개의 중국 글자로, 중국 어린이를 가르치는 교재이며 6세기에 만들어졌고 불교와 함께 널리 퍼졌다.

일제 강점은 1945년 제2차세계대전과 함께 종료되었지만 코리아는 38선을 기준으로 북쪽은 소련, 남쪽은 미국이 점령하면서 갈라졌다. 이는 남북 분단으로 이어졌고 양국은 상반되는 이념 속에 맞붙어 살면서 고통의 역사를 공유하고 있다. 코리아는 1948년에 두 개의 주권국으로 분열되었고, 1950년에 한국전쟁을 겪은 뒤 3년 후 맺은 불안한 정전협정은 오늘날까지 이어지고 있다.

북쪽은 한반도를 '조선朝鮮'이라고 부른다. 이것은 고요한 아침의 나라라는 시적인 뜻으로, '조'는 아침, '선'은 고요하다는 뜻이다. 이 역시 한자 이름으로, 일본과 중국에서도 쓰인다. 조선이라는 이름은 1393~1897년까지 한반도를 통치한 코리아의 마지막 왕조인 '조선'에서 온 것이다. 조선이라는 이름 또한 기원전 3세기부터 중국 한나라에 패망한 기원전 108년까지 이곳을 다스린 한반도 최초의 왕국 '고조선古朝鮮'에서 따온 이름이다. 여기서 한 가지 주제가 거듭 나타난다는 걸 눈치챘을 것이다. 한자 '고'는 '오래된' '옛날의'라는 뜻이고, 시간적으로 멀리 떨어져 있지만 이름이 같은 다른 왕조를 구별하기 위해 현대에 덧붙인 말이다. 고려와 고구려, 조선과 고조선이 그런 사례다(고구려는 장수왕 때부터 고려라 불렸지만 중세 고려와 구별하기 위해 오늘날은 대개 고구려라 부른다—옮긴이).

남쪽은 스스로를 '한국'이라 부른다. 이것은 한민족의 나라라는 산문적인 뜻이다. 언뜻 들으면 한나라 침략의 유산 같지만 그렇지 않다. 한국은 위대한 코리아라는 뜻인 '대한민국'의 약자로, 여기서 '한'은 세 개의 한을 뜻하는 '삼한'에서 왔다. 삼한은 삼국시대 전에 코리아를 다스린 동맹의 이름이다. 어원은 불분명하지만 '한'이라는 말은 크다는 뜻의 고대 한국어에서 온 말로, 특히 지도자를 가리킬 때 쓰였다고 여겨진다. 몽골의 정복 역사에서 보았던 중앙아시아의 악명 높은 칸과 유사하다고 말하는 사람도 있다. 하지만 두 단어가 서로 관련 있다는 증거는 없다.

여기서 끝이 아니다. 남쪽 사람들은 북쪽을 '북한'이라 부른다. 마찬가지로 북쪽은 자국을 '북조선', 남쪽을 '남조선'이라 부른다. 어쩌다 양국이 공식 만남을 가졌을 때는 남측과 북측이라는 단순한 말을 쓴다. 이는 양쪽 모두 아직도 서로를 같은 나라의 일부라고 생각한다는 것을 보여준다.

일본

Japan

Cipangu

해가 뜨는 나라

날씨가 좋은 날, 한국의 대형 항구이자 제2의 도시인 부산의 달맞이 고개에 서서 눈에 힘을 주면 수평선 너머에 희미한 육지가 아물아물 보일 때가 있다. 이곳은 일본이다. 하지만 일본 본토는 부산에서 맨눈으로 보일 만큼 가깝지 않다. 부산에서 보이는 섬은 쓰시마섬으로, 양국 사이 등간격에 자리해 대한해협을 바라보고 있다. 일본 남부의 서해안에 자리한 이 섬은 일본 본토를 이루는 큰 섬 다섯 개 주변을 둘러싼 작은 섬 7000개 중 하나다.

하지만 쓰시마섬뿐 아니라 일본의 어떤 섬에서도 주민들은 Japan이라는 이름을 쓰지 않는다. 그들은 자국을 일본어로 '니혼', 좀 더 공식적인 자리에서는 '니뽄'이라고 한다. Japan의 어원과 이것이 이 나라의 타칭명으로 자리 잡은 경위를 이해하려면 먼저 니혼이라는 말의 뿌리로 가서 그 의미와 문자 표현을 알아보아야 한다.

니뽄은 일본어로 日本이라고 쓴다. 이 문자는 '칸지'라는 것으로, 중국 문자가 건너와 일본의 문자언어와 발음에 통합된 것이다. 칸지는 한 글자가 한 단어다. 여기서 '지쓰' 또는 '니치'라 발음하는 日은 날, 태양이라는 뜻이고, '혼' 또는 '뽄'이라 발음하는 本은 근본, 기원이라는 뜻이다. 즉 둘이 결합하면 태양의 기원이라는 뜻이 된다. 일본이 중국의 동쪽에 위치하니 거기서 태양이 떠오르고 하루가 시작되는 것처럼 보여 붙은 이름일 것이다. 오늘날 서양권에 널리 퍼진 해가 뜨는 나라라는 일본의 이미지는 이 의미에서 생겨난 것이다. ◁ 일본어는 문자가 세 종류다. 히라가나는 일본어의 일상적 문자고, 가타카나는 본래의 일본어에 없는 외래어를 표기하는 문자이며, 칸지는 일본어에서 쓰는 중국 문자, 즉 한자다. 한자는 소리를 나타내는 표음문자가 아니라 뜻을 나타내는 표의문자다.

Japan이라는 이름은 아시아에서 만난 몇몇 나라의 국명과 마찬가지로 마르코 폴로의 여행기를 통해 서구 세계에 들어왔다. 폴로는 일본을 방문한 적은 없지만 13세기 말 중국 남부를 여행할 때 일본에 관한 이야기를 들었다. 그 당시 중국 남부에서 日本은 '지팡' '주팡' 정도로 발음되었고, 폴로는 일기에 이것을 Cipangu(또는 Zipangu)라 적었는데, 이 중 -gu 부분은 아마 중국어로 나라를 뜻하는 '궈國'일 것이다. 그래서 Cipangu는 Cipan국이라는 뜻이다.

폴로가 문자역한 이 이름은 日本을 이탈리아어로 번역하려는 시도였을 수도 있지만, 그보다는 자신이 들은 발음을 최대한 성실히 옮겨적은 것일 가능성이 더 높다. 표준 중국어로 日은 'ㅈ'과 'ㄹ'이 동시에 발음되어 한 음절을 이루고, 本은 '펀'처럼 들린다. 그러니까 폴로의 귀에 그 발음은 아마 'ㅈㄹ펀' 비슷하게 들렸을 것이다!

그로부터 거의 300년 정도 뒤인 1577년, 리처드 윌리스는 『서인도제도와 동인도제도 여행기The History of Travayle in the West and East Indies』라는 책에서 포르투갈 예수회 선교사 루이스 프로이스의 편지를 인용해 영어 최초로 'Giapan섬'을 기록한다. 이 철자는 차츰 Japan으로 바뀌었고 오늘날에는 프랑스어로 Japon, 스코틀랜드게일어로 Iapan, 이탈리아어로 Giappone 등 언어에 따라 다양한 철자가 쓰인다.

하지만 일본이 처음부터 니혼은 아니었다. 8세기 전에는 '와倭' 또는 '와코쿠倭國'라 불렸다. 이 표현은 처음에 중국이 일본 남쪽 섬 규슈 사람을 가리킬 때 쓴 말이다. 고대 중국 궁정 문서에 처음 언급되는데, 여기에는 서기 57년에 한나라 광무제가 중국에 처음 온 일본 사절에게 황금 인장을 하사했다는 이야기가 나온다. 인장에는 대략 '한나라의 가신인 와나라의 나왕'이라는 내용이 적혀 있다. 중국이 와나라나 와코쿠라는 이름을 선택한 정확한 이유는 알 수 없지만 옛 중국 사전에 倭는 '순종하는' '왜소한'이라는 뜻으로 정의되어 있다. 일본인들은 당연히 이 이름을 좋아하지 않았고, 8세기에 발음이 같으면서도 평화, 균형, 조화를 의미하는 글자인 和로 바꾸었다.

665~703년 사이로 추정되는 이 무렵 일본의 이름은 와코쿠에서 니뽄으로 바뀌었는데, 그 이유 역시 정확히 알 수 없다. 널리 알려진 설은 두 가지인데, 첫 번째는 7세기의 중국 사절이 와라는 이름이

싫어 바꾸었다는 것이고, 두 번째는 8세기에 중국 여제 측천무후가 어떤 알 수 없는 이유로 일본에게 이름을 바꾸라고 명령했다는 것이다. 그 결과 오늘날 일본인들은 자칭명으로 해가 뜨는 동쪽 나라라는 뜻의 니뽄을 쓰게 되었다.

태국

Thailand

Thai

미소가 가득한 자유인의 나라

이제 동북아시아 일본을 떠나 동남쪽으로 4000킬로미터를 이동해 보자. 동중국해와 남중국해를 지나, 길고 가는 나라 베트남을 지나, 라오스를 지나면 다음 목적지가 나온다. 한때 '시암'이라고 불린 열대의 타일랜드 왕국Kingdom of Thailand, 태국이다.

태국이 미소의 나라라 불리는 이유는 분명하다. 아름다운 자연에 온정과 공유의 문화가 가득하고, 음식과 가족이 직장과 근심 걱정보다 중요하며, 방방곡곡의 웅장한 사원이나 대형 금불 못지않게 불교가 사람들의 일상에 살아 있기 때문이다. 태국어에는 이러한 미소를 정의하는 '사눅'이라는 말도 있다. 사눅은 기본적으로 즐거움을 뜻하지만 태국에서는 좀 더 깊은 의미를 띤다. 즐거움이 근본적으로 가치 있는 목적이라는 속뜻이 있기 때문이다.

미소가 가득한 문화는 Thailand의 Thai가 자유롭다는 뜻이고, 그래서 그들의 국명이 자유인의 나라를 뜻한다는 널리 퍼진 어원설에서도 엿볼 수 있다. Thai는 오래전부터 이곳 원주민을 가리킨 이름이지만 Thailand는 1939년에야 공식 국명이 되었다. 민족주의 인민당이 잔혹한 쿠데타로 군주정을 철폐하고 헌법과 정부를 통한 통치를 확립한 지 7년이 지난 뒤였다.

돌아보면 이 자유롭다는 의미에는 약간의 아이러니가 있다. 그 후 인민당의 창당 인사 중 한 명이자 군 장교 출신인 피분이 독재를 펼쳤기 때문이다. 하지만 민족의 이름을 국명에 넣은 것은 세계 무대에 태국인을 널리 알리려는 피분의 민족주의적이자 근대적인 의제만이 아니라, 태국이 동남아시아에서 유럽 열강의 식민 지배를 받은 적 없는 유일한 국가라는 국민들의 자부심도 반영한 것이다. 제2차 세계대전 이후에도 몇십 년 동안 이웃한 공산주의 국가들 속에서 미국의 우방이었던 태국은 거의 고립국과 같았다.

자유를 뜻하는 Thai의 기원은 물론 근대 민족주의적 표현이 아니다. 역사가 조르주의 말에 따르자면 정확한 뜻은 자유인으로, 태국인을 태국 사회의 원주민 노예와 구별하기 위해 쓰였다. 하지만 한편으로 이 말에는 Tai라는 더 넓은 인종 집단을 가리키는 뜻도 있다. Tai족은 기원전 6세기에 중국에서 발전한 민족으로, 오늘날 태국인의 직계 조상이다. 그러니까 Thailand는 자유(인)의 나라일 뿐만 아니라 Tai족의 나라이기도 하다.

Thailand라는 이름이 퍼지기 전에 세상은 이 나라를 '시암Siam'이라는 이름으로 알았다. 시암은 18세기 말 차크리 왕조가 태국을 통일하기 전부터 서구 세계에서 사용되었고, 16세기 초에 교역을 위해 접촉을 시도한 포르투갈 사절단이 유럽에 이 이름을 소개했다. 1556년에 이탈리아 지도는 시암을 Syam으로 적었고, 1592년에는 사략선장 제임스 랭커스터가 시암 땅에 대한 최초의 영어 글을 남겼다. ◁ 시암은 실제로 두 번이나 이 나라의 이름이었다. 한 번은 18세기부터 1939년에 국명을 Thailand라고 바꾸기 전까지, 또 한 번은 1946~1948년까지 그러했다. 두 번째 시기는 1936년에 국명 변경을 주도한 인민당과 지도자 피분이 제2차세계대전에서 일본과 동맹을 맺고 있던 때다. 일본의 패전이 다가오자 자유 타이 운동이 거세졌고, 피분이 1944년에 자리에서 물러나자 국명을 시암으로 되돌렸다. 하지만 피분은 가만히 있지 않았고, 1947년에 군사 쿠데타를 감행하여 1948년 4월에 다시 권력을 잡아 국명을 Thailand로 되돌렸다.

그 포르투갈인이 왜 시암이라는 이름을 선택했는지는 확실치 않지만 몇 가지 가능한 설은 있고, 이는 전부 외지인이 붙인 타칭명과 연관되어 있다. 실제로 1687년에 프랑스 탐험가 시몽 드 라 루베르는 "시암 국민들은 시암이라는 이름을 모른다. 그들은 스스로를 Tai족, 또는 그 단어의 뜻을 따라 자유인이라 부른다"고 말했다.

시암이라는 이름에 관해 가장 널리 퍼진 설은 어둡다는 뜻의 산스크리트어 śyāma에서 왔다는 것이다. 아마도 인도 교역자들 간에 이 지역 사람들이 인도 사람보다 피부가 더 검다는 걸 가리키는 말이었을 것이다. 시암은 7세기 고대 크메르 비문에 syam이라는 형태로 등장하는데, 이때는 차오프라야강 하류 분지의 어딘가를 가리키는 지명을 의미한다. 또 동시에 여자 노예Ku syam와 지주인 정부 관리pon syam를 가리키기도 했다. 11~12세기 무렵 앙코르와트를 설명하는 부조 패널을 보면 크메르 군대 용병을 syam-kuk이라 칭하는 내용도 있다. 이것은 아마 시암의 나라를 뜻하는 말이었을 것이고, 많은 학자가 그 용병이 타이족이었을 거라고 생각한다.

방콕의 대단한 공식 이름

올리브나무의 도시인 방콕의 태국어 공식 이름은 세계 도시 이름 가운데 가장 길다. 보통은 편의를 위해 '크룽텝'이라고 줄여 부르지만, 공식 이름을 다 적으면(숨을 한번 들이마시자) 'Krung Thep Mahanakhon Amon Rattanakosin Mahinthara Ayuthaya Mahadilok Phop Noppharat Ratchathani Burirom Udomratchaniwet Mahasathan Amon Piman Awatan Sathit Sakkathattiya Witsanukam Prasit'이다. 뜻을 대략 옮기자면 '천사의 도시, 위대한 도시, 에메랄드 부처의 거처, 아유타야 인드라 신의 난공불락의 도시, 아홉 개의 보석으로 장식한 세계의 웅대한 수도, 행복한 도시, 천당을 닮은 웅장한 왕궁에서 신의 화신이 다스리는 도시, 인드라 신이 하사하고 비슈바카르만이 건설한 도시'라 할 수 있다.

하지만 다른 설들도 있다. 예를 들어 토착민족 몬족의 말 중 외지인을 뜻하는 rhmañña에서 왔다는, 그러니까 당시 지역 패권을 두고 서로 다툰 왕국들의 경쟁과 불신에서 태어났다는 설도 있고, 이 지역을 가리키는 고대 중국 지명 '시안Xian'에서 왔다는 설도 있다.

사실 태국인에게 시암의 어원은 별로 중요하지 않다. 태국인들은 자국어 국명 '프라텟 타이'나 좀 더 구어적인 '므앙 타이', 혹은 그냥 간단하게 '타이'를 써왔기 때문이다. 여기서 접두사 '프라텟-'은 나라를 의미하고 Thailand의 land 같은 역할을 한다. '므앙'은 고대어로 도시라는 뜻이며 지역의 중심지라는 뜻도 내포한다. 공식 명칭을 쓰고 싶으면 태국 왕국이라는 뜻의 '랏차아나착 타이'를 사용하면 된다. 이 표현은 왕실, 영토를 뜻하는 산스크리트어 rājan(ratcha), 권위와 권력을 뜻하는 ājñā(ana-), 권력과 통치의 상징인 바퀴를 뜻하는 cakra(-chak)에서 온 것이다.

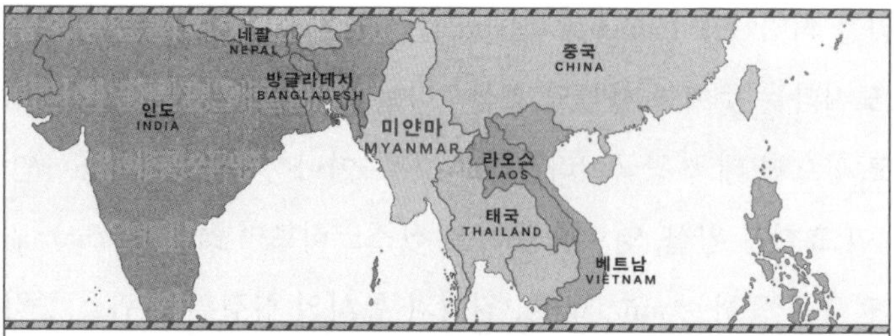

미얀마

Myanmar

Mranma

미얀마와 버마, 두 개의 이름

태국 서쪽에 있는 이웃은 지금도 이름이 두 개라서 많은 사람이 무엇이 맞는 이름인지 헷갈려 한다. 버마Burma가 맞을까, 미얀마가 맞을까? 정답은 복잡하고 가혹했던 영국 식민지 시대에, 그리고 국가적 정체성이 혼돈을 겪은 20세기와 21세기 역사에 있다. 하지만 일상 용법에서는 무엇이 옳고 그른지 명확한 지침이 없기에 대개의 경우 미얀마와 버마를 혼용해도 별다른 문제가 생기지 않는다. 두 이름 다 몇 세기 동안 여러 가지 방식과 형태로 존재했기 때문이다.

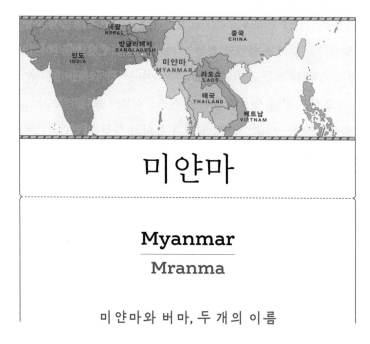

공식적 입장을 취하자면 오늘날 올바른 국명은 1989년에 바뀐 이름인 '미얀마'다. 이제 두 가지 국명의 어원으로 들어가기 전에 알아두어야 할 것은 많은 나라가 흔히 국명을 바꾸면서 확실하고 새로운 정체성을 만드는데, 왜 이 나라에는 아직도 두 이름이 공존하고 있는지에 대한 이유다.

버마는 19세기 영국-버마 전쟁의 뒤를 이어 제2차세계대전 중 잠시 일본에 점령당했던 시기를 제외하고는 1885년부터 60년간 영국의 식민 통치를 받았다. 제2차세계대전이 끝난 뒤인 1948년 초에 '버마 연합' 이름으로 독립을 얻었지만, 1962년에 쿠데타가 벌어져 '버마사회주의계획당'이라는 군사 정권의 철권통치 아래로 들어가고 말았다. 1974년에는 '버마 연합 사회주의공화국'이 새 헌법으로 일당 체제를 확립하고 군부 통치를 펼쳐 나라를 세계 최빈국 중 하나로 만들었다.

그로부터 14년 뒤인 1988년 9월에 전국적 민주화 운동인 8888 항쟁이 일었지만, 정권은 군대를 동원해 이를 무자비하게 진압하고 다음 해에 다시 국명을 바꾸었다. 이번에는 '미얀마 연합'이었다. 이 이름은 오래전부터 버마어로 자국을 가리키는 이름이었다. 군사 정권은 미얀마 연합이라는 이름이 영국 식민 통치의 유산을 떨쳐내고, 자국어의 중요성을 재확립하며, 버마의 주요 인종 집단뿐 아니라 134개의 소수 인종 집단도 잘 담아내는 이름이라 보았다. ✐ 이때 국명 말고 다른 지명들도 바뀌었다. 수도 랑군은 양곤, 메이묘는 핀우린, 이라와디는 에야와디, 모울메인은 몰라먀인이 되었다.

대부분의 나라와 UN을 비롯한 많은 기구가 이 새로운 국명을 승인했지만, 영국과 미국 등 일부 국가는 선출되지 않은 정권이 국민의 의사를 물어보지 않고 강요한 일이라며 승인하지 않고 있다. 호주 같은 나라는 두 이름을 다 사용해 군사정권과 외교적 관계를 유지하는 한편, 민주화 운동을 인정하고 아직도 전국에서 자행되는 인권 유린에 대한 우려도 동시에 표한다. 이런 여러 가지 상황이 뒤섞이며 사람들은 언제 어떤 이름을 써야 할지 혼란을 느끼게 되었다.

하지만 이 국명 문제가 보기보다 그렇게 심각한 문제가 아닐 수 있는 한 가지 이유는 어원의 관점에서 버마와 미얀마는 뜻이 같은 말이기 때문이다. 이 나라의 이름은 버마어 문어로 '므란마Mranma(Pran)'고, 구어로는 '바마Bama'다. 둘 다 버마 인종 집단을 가리키는 자칭명에서 온 말이다.

언어의 위상 차이

같은 무엇인가를, 이 경우에는 나라와 인종 집단을 가리키는 이름 간에 이렇게 뚜렷한 차이가 있는 것은 버마어의 다양한 위상 때문이다. 사회언어학에서 위상은 언어를 상황에 따라 다른 방식으로 사용하는 것을 말한다. 예를 들어 정중한 발언이나 글쓰기는 친구들과 가볍게 나누는 대화와 다르다. 영어의 경우 일상 대화에서는 흔히 talking을 talkin이라 하고 ain't 같은 비표준어를 쓰지만, 취업 면접 때도 같은 방식으로 말하는 사람은 별로 없다. 그런 상황에서는 대개 좀 더 점잖고 올바르다 할 수 있는 말을 쓰기 때문이다. 이런 현상은 문어와 구어에 현저한 차이가 있는 동남아시아의 많은 언어에 흔하지만 영어에도 있다. 공식 국명 '네덜란드'를 일상 대화에서 흔히 '홀란드'라고 부르는 일이 그 예다.

Bama는 본래 Myanmar였던 것이 복잡한 과정을 거쳐 변형된 것으로 보이지만 이 둘은 몇백 년 동안 함께 쓰였다. 19세기 중반에 민돈왕은 자신을 므란마Mranma인의 왕이라 일컬었다. 통치 영역을 이라와디 계곡 너머까지 확장하려는 의도였다. 1세기가량 후에 '우리 버마인 연맹'의 창립자인 바타웅은 므란마라는 발음이 약하다며 국명을 '바마프란Bamapran'이라 바꾸고, 다소 반직관적으로 '바마'가 므란마인뿐 아니라 자국의 모든 인종 집단을 가리킨다고 주장했다.

Mranma(Myanmar)의 어원은 불분명하다. 어쩌면 9세기에 북쪽에서 내려온 기마 민족 바마르Bamar족에서 왔을 수도 있다. 이들은 이라와디 계곡에 파간 왕국을 세우고 스스로를 므란마라 불렀다. 한 설에 따르면 므란마는 '빠른'을 뜻하는 원주민어 myan과 '강한'을 뜻하는 ma에서 비롯된 말로, 빠르고 강하다는 뜻이다. 이 말이 처음 버마어로 사용된 사례는 1190년에 Myanma로 기록된 것이지만, 버마 작가이자 역사가인 마타네기는 이것의 첫 버마어 기록인 '므란마 왕국'이 1235년에 비석에 새긴 글(မြန်မာပြည်)임을 지적한다. 오늘날 이 비석은 야다나콘탄 비석이라 부르고, 고고학 분류로는 다소 밋밋하게 43번 돌이라고 한다.

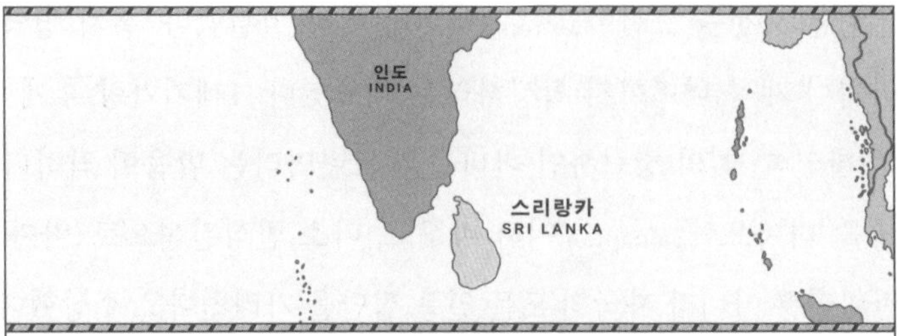

스리랑카

Sri Lanka

Sri Lanka

루비가 가득한 빛나는 섬

아시아에서 마지막 목적지는 남서쪽으로 인도양 벵골만을 지나 인도 남단 앞바다에 떠 있는 눈물방울 모양의 섬이다. 이 섬은 1000년 동안 다양한 이름으로 불렸지만 오늘날에는 간단히 스리랑카Sri Lanka라고 알려져 있다. 공식 국명은 '스리랑카민주사회주의공화국'인데, 이 섬의 독특한 역사는 신비롭고 복잡하다. 스리랑카는 인접국 인도에서 많은 영향을 받은 불교와 힌두교의 나라, 타밀족과 신할리즈족의 나라지만 독자적인 개성과 문화를 통해 인도와는 다른 독특한 정체성을 키웠다.

스리랑카에 최초로 인간이 살았던 증거는 12만 5000년 전까지 거슬러 올라가지만(어떤 이들은 50만 년 전이라고도 한다), 인정받은 스리랑카 최초의 토착 민족은 베다족이다. 여기서 베다족은 아마 궁수를 뜻하는 팔리어, 사냥을 뜻하는 타밀어, 꿰뚫는 자를 뜻하는 산스크리트어에서 왔을 것이라 추측된다. 이들은 스스로를 Wanniya-laeto, 즉 숲 사람이라고 불렀다. 하지만 이들이 자신의 섬을 뭐라고 불렀는지에 대해서는 기록이 없다. 우리가 아는 첫 번째 이름은 오늘날의 이름과 별 차이가 없는 '랑카'인데, 이는 섬이라는 단순하고도 적절한 뜻이다.

오스트로아시아어에서 유래한 랑카라는 말은 애초에 어느 섬에도 붙일 수 있었지만(실제로 인도 일부 지방에서는 아직도 그렇다), 스리랑카가 남아시아에서 가장 큰 섬이다보니 차츰 이곳만을 가리키게 된 듯하다. 이 이름은 기원전 5세기 무렵 고대 산스크리트어 서사시 「라마야나Ramayana」에 처음 나타났다.

「라마야나」는 코살라 왕국 라마 왕자의 모험 이야기다. 머리가 열 개 달린 악마 왕 라바나가 라마의 아내 시타를 자신의 섬나라 랑카로 납치해가지만, 라마가 원숭이 왕 하누만의 도움을 받아 시타를 구출하고, 이어 하누만의 원숭이 부대가 랑카와 인도 사이에 놓은 다리를 건너 탈출한다. 이때 등장한 이름인 랑카가 오늘날까지 살아남았지만 지금의 형태가 되기 전에 많은 변화를 겪었다.

그중 하나인 Lankadeepa는 불교를 창시한 싯다르타 고타마의 시대, 즉 2500년 전 무렵에 이 섬의 이름으로 채택되었다. 같은 시기에 Lakdiva와 Lakbima라는 고대 신할리즈어 이름도 알려졌다. 여기서 접두사 Lak-는 랑카에서 온 것이고 접미사 -deepa, -diva, -bima는 모두 섬을 의미해서 이 이름들의 의미는 랑카 섬, 좀 더 정확히는 '섬 섬'이 된다!

이런 비슷비슷한 이름들의 조합은 오래가지 않았다. 스리랑카의 역사적 서사시 「마하반사Mahavansa」에 따르면 기원전 5세기에 비자야 왕자가 섬 동쪽 해안의 푸탈람에 상륙했는데, 오늘날 인도의 한 지방이자 그의 고향인 싱하푸라에서 몇백 명의 추종자와 함께 추방당했기 때문이다. 왕자는 해변에 상륙할 때 모래에 붉은색과 갈색 줄무늬가 드리워진 것을 보고 이 섬을 '탐라파니Tamrapani'라고 불렀다. Tamrapani는 구리를 뜻하는 산스크리트어 thamiran과 색깔을 뜻하는 varni를 합한 것으로, 구릿빛 섬이라는 뜻이 된다. 탐라파니는 지역 팔리어로 '탐바판니Tambapanni'가 되었는데, 이 이름은 오늘날 스리랑카 역사 이야기에 흔히 나온다. 이후 비자야 왕자가 세운 신할라 왕국은 몇백 년 동안 이어졌고, 그가 속한 인종 집단은 스리랑카 전체 인구의 4분의 3을 이루게 된다.

기원전 4세기에는 세계가 이미 좁아져서 서양에도 탐바판니 같은 이국적 나라의 존재가 알려졌다. 고대 그리스 외교관 메가스테네스와 유명 지도 제작자 에라스테네스도 타프로바네섬이라는 곳을 언급하기 시작했는데, 탐바판니에서 온 것으로 보이는 이 이름은 곧 널리 퍼졌다. 로마제국, 중세 아일랜드, 그리고 여러 철학자와 작가(존 밀턴의 『실낙원』에서 세르반테스의 『돈키호테』까지)가 언급하면서 이 이름은 유럽에서 근대 초기인 16세기 말까지 사용되었다.

근대 유럽 초기에 스리랑카에 대한 다른 이름 하나도 널리 쓰이기 시작했다. 바로 '세렌딥Serendip'이다. 그리스어도, 스리랑카어도 아닌 이 이름은 아랍과 페르시아 교역자들이 스리랑카를 가리키던 말에서 왔고, 더 거슬러 올라가면 사자들이 사는 섬을 뜻하는 산스크리트어 '심할라드비파Simhaladvipa'가 기원이다. 스리랑카에서 사자가 거의 4만 년 전에 멸종한 것을 생각하면 이상한 일이지만 싱할라족은 사자를 자신들의 상징으로 채택해 오늘날의 국기에도 쓰고 있다.

세렌디피티

짐작한 사람도 있겠지만 Serendip이라는 이름은 널리 알려진 영어 단어 serendiptiy의 뿌리다. 기쁜 우연을 의미하는 이 단어는 '귀중하거나 마음에 드는 것을 특별한 노력 없이 발견하는 능력 또는 현상'이라고 정의되며, 옥스퍼드 백작이자 18세기 문필가였던 호레이스 월폴이 만들었다. 월폴에게 아이디어를 준 건 '세렌딥의 세 왕자'라는 페르시아 동화였다. 이야기는 세 왕자가 우연과 총명함을 통해 잃어버린 낙타의 본성을 알아내고, 그 과정 속에서 여러 모험을 한 뒤 해피엔딩에 이르는 내용이다.

고대 페르시아와 아랍 교역자들에게 Serendip은 루비의 나라라는 뜻으로, 스리랑카에 루비가 많다는 것을 가리켰다. 하지만 다른 아랍어 이름도 있었다. 960년 작품 『인도의 경이Ajab-al-Hind』에는 Saheelan이라는 이름이 나온다. Saheelan은 Serendip과 같은 산스크리트어 어원에서 나온 말로, 유럽 곳곳에 퍼지면서 여러 변이형을 낳았다. 특히 1505~1658년까지 스리랑카를 지배한 포르투갈은 '세일랑Ceilão'이라는 이름을 썼고, 1658~1796년까지 이곳을 지배한 네덜란드가 그것을 받아들여 '제일란Zeylan'이라 부르다가, 1796~1948년까지 영국이 이곳을 지배하면서 '(영국령) 실론Ceylon'이 되었다. ✔이곳은 1796년부터 공식적으로 영국 왕령 식민지였지만, 스리랑카 북부의 칸디 왕국은 거기서 제외되어 1817년까지 보호령으로 남아 있었다. 그런 뒤 섬 전체가 영국의 지배를 받다가 1948년에 실론 자치령이 되었다.

그러다 1972년에 실론이 마침내 수백 년의 식민지 역사를 떨치고 공화국으로 독립하면서 '스리랑카'라는 새로운 이름으로 옛 뿌리를 찾았다. 여기서 빛난다는 뜻의 '스리Sri'는 독립운동을 주도한 스리랑카 자유당을 기리는 말로, 아름다움 또는 번영을 뜻하는 산스크리트어 'sri(shri)'에서 왔다. 결국 이 인도양의 보석은 2500년 동안 여러 문화와 언어에서 나온 많은 이름을 거친 뒤, 그저 평범한 섬에서 빛나는 섬이 되었다.

오세아니아

오스트레일리아	Australia
뉴질랜드	New Zealand
나우루	Nauru
파푸아뉴기니	Papua New Guinea

오스트레일리아

Australia

Terra Australis Incognita

미지의 남쪽 땅에 대한 전설

우리는 이제 마지막으로 적도를 넘는다. 스리랑카의 눈물방울을 떠나 거대한 인도양을 남동쪽으로 8800킬로미터가량 이동하면 오스트레일리아 서부 해안이 나온다. 거대하지만 고립된 나라, 섬이자 대륙인 나라. 오늘날 이 나라의 이름은 많은 사람이 사는 유럽 대륙에서 남쪽으로 몹시 멀리 떨어져 있다는 지리적 사실에서 나왔다.

용감한 탐험가들과 횡재를 꿈꾸는 군주국들이 오스트레일리아의 외딴 해안에 닿기 한참 전부터 유럽에는 남쪽에 있는 미지의 땅에 대한 소문과 전설이 무성했다. 근거라고는 북반구, 그러니까 세계 위쪽에 이렇게 큰 땅이 있으니 세계 아래쪽에도 그만한 땅이 있어야 균형이 맞는다는 것이 전부였지만 말이다. 이 설에는 구체적 증거도 없었고 본격적 탐사도 몇백 년 후에야 시작되었지만, 그래도 지도에 표기를 하거나 대화를 나눌 때 이곳을 가리킬 이름은 필요했다. 그래서 태어난 이름이 미지의 남쪽 나라라는 다소 시적인 뜻을 가진 '테라 아우스트랄리스 인코그니타Terra Australis Incognita'였다.

남쪽 나라에 대한 설은 고대 그리스에서 처음 나왔다고 하지만(지리학자 겸 수학자인 프톨레마이오스가 이 설의 신봉자였다) 이 이름은 라틴어다. 로마 철학자 키케로는 저서 『스키피오의 꿈Somnium Scipionis』에서 남쪽 지대를 뜻하는 cingulus australis를 이야기하며 그곳을 Terra Australis라고 불렀다. 여기에 '미지의'라는 뜻의 Incognita가 붙어 아직 확인되지 않은 남쪽 땅이라는 이름으로 인기를 얻었다. 라틴어 Australis는 남쪽이라는 뜻이고 남풍을 뜻하는 auster에서 왔다. auster은 그리스신화 속 남풍의 신 노토스Notos가 라틴어로 변한 것이다.

Australis는 1000년 이상 생명력을 유지하며 5세기 초~16세기 말까지 많은 지도에 나타났다. 그러다 1642년이 되어서야 탐험가와 군주국이 마침내 미지의 영역이던 남쪽 나라의 존재를 확인했다. 네덜란드 항해자 아벨 얀스존 타스만Abel Janszoon Tasman이 오스트레일리아 남쪽 바다의 섬을 발견했고, 그 섬의 이름은 오늘날 그를 기려 '태즈메이니아Tasmania'가 되었다. 이렇게 존재가 확인되자 '인코그니타'는 떨어져나가고 이름은 애초의 '테라 아우스트랄리스'로 돌아갔다.

하지만 타스만의 생각은 달랐다. 타스만은 자신이 발견한 새 땅을 '니우홀란트Nieuw-Holland'라 불렀다(영어로는 '뉴홀랜드'). 하지만 이 이름은 상상력과 창의성이 너무 부족했다. 당시 많은 유럽 지도에 실리기는 했지만, 이후 그 땅을 차지한 영국은 영어식 발음으로 '테라 오스트레일리스'를 채택해서 뉴홀랜드를 역사 속으로 떠나보냈다.

거기서 160년이 더 지나 1803년이 되자, 영국 탐험가 매슈 플린더스가 마침내 최초로 테라 오스트레일리스 주변을 완전히 일주했다. 그는 일 년 뒤 모리셔스에서 프랑스인들에게 감금되자 그동안 여행기를 쓰며 테라 오스트레일리스라는 말 대신 나라 이름에 흔히 쓰는 접미사 -ia를 붙여 '오스트레일리아Australia'라는 이름을 사용했다. Australia는 이전에도 문헌이나 지도에 몇 번씩, 때로는 틀린 방식으로 나타났지만 오늘날 이 이름이 널리 퍼진 것은 플린더스 덕분이다.

물론 그 과정이 순탄하지만은 않았다. 석방된 플린더스는 1814년에 마침내 (긴 제목 주의!) 『테라 오스트레일리스 항해기: 광대한 나라를 철저히 발견하기 위해 1801년, 1802년, 1803년에 해군 선박 인베스티게이터호를 타고 수행하다A Voyage to Terra Australis: Undertaken for the Purpose of Completing the discovery of that Vast country, and Prosecuted in the Years 1801, 1802, and 1803, in His Majesty's Ship the Investigator』라는 책을 내면서 오스트레일리아라는 이름이 "더 듣기 편하고 다른 대륙들의 이름과 조화를 이룬다"고 말했다. 하지만 영국 해군은 동의하지 않고 그에게 테라 오스트레일리스로 다시 바꾸라며 강요했다. 그런데 10년 후, 해군 본부는 그 명령을 취소해야 했다. 뉴사우스웨일스주 총독 라클런 매쿼리가 영국에 보낸 공문서들 때문에 오스트레일리아의 인기가 높아졌고, 결국 1824년에 오스트레일리아가 이 대륙의 공식 이름이 되었기 때문이다.

실제로 이때는 오스트레일리아 전체를 하나로 쓸 필요가 많지 않았다. 뉴사우스웨일스를 비롯한 개별 식민지 이름이 훨씬 많이 쓰였기 때문이다. 뉴사우스웨일스는 제임스 쿡 선장이 1770년에 상륙해 영국의 영토로 선언한 곳이다. 1788년 1월 26일, 이곳에 영구 이주한 유럽 식민 건설자들은 곧 대륙 전체로 퍼져 여섯 개의 왕령 자치 식민지를 건설했고, 1901년에는 오스트레일리아 연방이 결성되었다. 오늘날 이 남쪽 나라는 흔히 '오즈Oz'라는 애칭으로 불린다.

오스트레일리아 이름을 가장 먼저 쓴 사람

1605년에 스페인 사람 페드로 페르난데스 데 키로스가 미지의 남쪽 나라를 찾아 남아메리카를 떠났다. 그는 오스트레일리아 동북부 남태평양에 위치한 뉴헤브리디스제도의 바누아투에 상륙해 남극까지 뻗은 이 모든 남쪽 지역을 '아우스트리알리아 데 에스피리토 산토Austrialia de Espirito Santo', 즉 '성령의 남쪽 오스트리아'라고 선언했다. 오스트레일리아를 잘못 쓴 게 아닐까 싶지만, 이 말은 스페인 국왕 펠리페 3세에게 바치기 위해 '오스트리아'와 '남쪽의'를 뜻하는 '아우스트랄리스'를 합쳐 만든 말이다. 펠리페 3세가 오스트리아 합스부르크 왕가의 일원이었기 때문이다. 그러니까 어쩌면 비록 이름으로라도 오스트레일리아에 가장 먼저 도착한 것은 스페인이었다고 할 수 있을지 모른다.

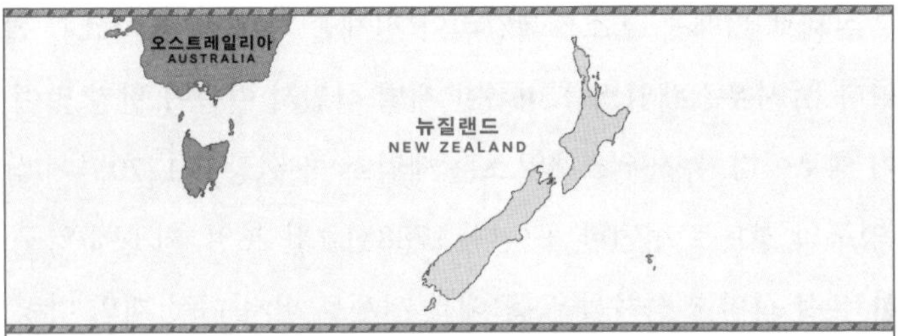

뉴질랜드

New Zealand

Nieuw Zeeland

새로운 바다 나라

대륙 크기의 섬 오스트레일리아를 떠나 남태평양 남동쪽으로 이동하면 그보다 작은 섬 두 개가, 그리고 그보다 훨씬 작은 700여 개의 섬이 나온다. 바로 뉴질랜드를 이루는 섬들이다. 오스트레일리아 가장자리 섬에서 뉴질랜드 사이에는 1900킬로미터 거리의 망망대해가 있는데, 그 섬과 바다 이름은 모두 뉴질랜드를 세계지도에 올린 사람의 이름을 따서 명명한 것이다. 그 인물은 바로 아까 만난 아벨 얀스존 타스만이다.

민주주의와 생활수준 면에서 세계적 모범이 된 뉴질랜드는 실제로 세계 탐험 역사에서 마지막으로 발견된 넓고 살 만한 장소였다. 하지만 1642년에 유럽인 중 처음으로 이 섬을 발견한 타스만과 선원들은 골든베이를 비롯한 곳곳에서 마오리족과 험악한 충돌을 겪은 탓에 해안에 상륙하지 않았다. 실제로 이들은 그곳이 어디인 줄도 몰랐다. 타스만은 남아메리카 어디쯤일 것이라 착각하고서 이 넓은 고원의 땅에 '스타턴 런트Statten Landt'라는 이름을 붙였다. 어떤 연유에서인지 그곳이 오늘날 아르헨티나 남단 근처의 로스에스타도스섬과 관련 있다고 생각한 것이다.

그러다 일 년 후에 네덜란드인은 잘못을 깨닫고, 타스만이 발견한 섬들에 네덜란드의 제일란트Zeeland주 이름을 따 라틴어로 '노바 제일란디아Nova Zeelandia'라는 이름을 붙였다. 네덜란드어로는 '니우 제일란트Nieuw Zeeland'였다. 네덜란드 서쪽 끝자락에 자리한 제일란트주는 섬과 반도로 이루어진 오지라서 바다 나라라는 뜻의 Zeeland라는 이름이 붙었고, 거의 대척점에 있는 인간의 마지막 정착지도 같은 이름으로 불리게 되었다.

이렇게 해서 뉴질랜드는 이미 두 개의 이름이 생겼지만 유럽인이 실제로 그곳에 발을 디딘 것은 그로부터 120년도 더 지난 1769년이었다. 그 유럽인은 잉글랜드인 제임스 쿡이었다. 쿡은 이 지역으로 총 세 차례 원정을 갔는데, 그중 1차 원정에서 영국 식민지 건설과 '뉴질랜드'라는 영어 이름 명명의 토대를 놓았다. 그리고 이는 프랑스와 식민 경쟁이 격화되던 1840년에 영국 총독 윌리엄 홉슨이 전국의 마오리 족장들을 불러 영국 왕실과 와이탕이 조약을 맺으며 공식화되었다. 하지만 실제로는 모든 족장이 서명을 완료하기 전에 이미 주권국을 선언했다. ◁ 쿡은 뉴질랜드 자연과 마오리족에게 수십 개의 영어 이름을 강제했다. 그중 두드러지는 것은 '모아나-오-라우카와'를 다소 오만하게도 '쿡 해협'이라 바꾼 것이다. 쿡이 그의 유명한 첫 뉴질랜드 지도에 이런 이름들을 넣어서 이미 마오리 이름이 있던 많은 명소가 지금까지 영어 이름으로 알려졌다. 하지만 그는 북섬과 남섬의 마오리 이름은 유지했다. 쿡은 지도에 북섬은 '에아헤이노마우웨', 남섬은 '타바이 푸나무'라고 적었다. 에아헤이노마우웨의 오늘날 공식 이름은 '테 이카아마우이'로, 마우이의 물고기라는 뜻이다. '타바이 푸나무'는 초록바다라는 뜻의 '테 와이 포우나무'로 불린다.

마오리족은 뉴질랜드 원주민이 아니다. 그리고 유럽인들이 오기 전까지는 스스로를 마오리라 부르지도 않았다. 마오리는 '평범한'이라는 뜻으로, 자신들을 유럽 식민자들과 구별하기 위해 붙인 이름이다. 마오리족은 그로부터 1000년 전인 1250년 무렵부터 소시에테제도, 쿡제도 남부, 프랑스령오스트랄제도, 폴리네시아 동부에서 뉴기니섬과 솔로몬제도를 거쳐 뉴질랜드에 왔다.

광막한 남태평양에서 새로운 땅을 찾기 위해 이중 선체 카누를 타고 위험천만한 항해를 한 이 이주민들이 뉴질랜드 마오리족의 조상이다. 그러니까 타스만과 쿡 이전에 뉴질랜드의 진정한 발견자는 이들이고, 이들에게 땅 소유권이 있었다는 것이다. 하지만 그들은 섬들을 총괄하는 이름을 붙이지 않았다. 그래서 쿡이 그곳을 뉴질랜드라고 불렀을 때, 마오리족은 그저 그것을 자신들의 언어로 '니우 티레니'라 옮기고 전과 같이 살았다.

최근에는 길고 흰 구름의 나라라는 뜻이 담긴 원주민 국명 '아오테아로아Aotearoa'가 널리 쓰이고 있다. 구름, 세계를 뜻하는 마오리어 ao와 '하얀' '밝은'을 뜻하는 tea와 '긴'을 뜻하는 roa가 합쳐진 말이다. 길고 밝은 세계, 계속되는 빛 같은 다른 해석도 있다. 후자는 남태평양 지역이 북반부에 비해 황혼 녘이 긴 것을 가리키는 것 같지만 정확한 기원은 알 수 없다.

민간어원에 따르면 초기 폴리네시아 항해자들은 낮에는 길고 하얀 구름을, 밤에는 길고 밝은 구름을 육지를 알려주는 등대로 삼았다. 그래서 탐험가이자 위대한 마오리족 족장인 쿠페가 항해 중 특이한 구름 형태를 보고는 그것이 땅이라고 믿었다. 쿠페의 아내 히네-테-아파랑기가 “He ao! Ha ao!”, 즉 “구름이다! 구름!” 하고 외쳤고, 쿠페는 그 땅에 그들을 맞아준 구름을 가리키는 이름을 붙였다. 이 이야기의 다른 버전으로는 ‘아오테아’가 쿠페의 카누 이름이었고, 그 이름이 새 땅의 이름이 되었다는 이야기도 있다.

진정한 기원이 무엇이건 아오테아로아는 식민지 시대 이후에야 토착 마오리족의 자칭 국명으로 널리 알려졌다. 20세기 전에 이 이름은 북섬만을 가리켰지만 오늘날에는 마오리족과 마오리족 아닌 모두에게까지 전에 없는 인기를 누리고 있다. 더불어 이 이름을 뉴질랜드와 동등한 공식 국명으로 취급하고, 식민 시대를 청산하여 마오리 세계관을 더 확실히 포용해야 한다는 목소리가 높아지고 있다.

나우루

Nauru

Anaoero

나는 해변에 간다!

아오테아로아 북쪽으로 5300킬로미터 정도를 가면 거대한 남태평양에 파묻혀 수백 년 동안 거의 아무도 모르던 20제곱킬로미터 면적의 작은 산호섬이 하얀 모래밭과 열대 숲을 거느리고 바다 위로 튀어나와 있다. 나우루공화국은 세계에서 가장 작은 섬나라지만 고립, 점령, 갑작스러운 부, 비극적 쇠퇴의 역사는 지리적 협소함에 다 담기지 않는다. 나우루는 너무 작아서 공식 수도조차 없다.

이 신비의 섬을 처음 목격한 유럽인은 1798년 11월 8일에 중국

해로 가던 영국 배 스노헌터호의 선원들이었다. 섬 주민들에게 이 일은 놀라웠을 테고 주민들은 단체로 선원들을 환영하러 나왔다. 선장 존 펀이 양측의 물리적 접촉을 금지한 탓에 모두 각자의 배에만 있었지만, 선원들은 이 낙원의 섬과 다정한 주민들에게 매혹되어 이곳에 쾌적하다는 뜻의 '플레전트Pleasant섬'이라는 이름을 붙였다.

섬의 주민인 나우루인은 3000년쯤 전에 거기 정착한 미크로네시아인과 폴리네시아인의 후손이었다. 이들의 열두 부족은 상대적으로 조화로운 고립 속에서 오랜 세월을 살며 이웃한, 하지만 여전히 매우 멀리 떨어진 미크로네시아 섬들과는 다른 독특한 문화와 언어를 발전시켰다. 펀 선장이 매혹적인 이름을 붙이기 전에 원주민들은 이 섬을 '나오에로Naoero'나 '아나오에로Anaoero'라 불렀고, 여기서 Nauru라는 좀 더 친근한 철자가 나왔다.

태평양 섬들의 동화와 신화를 수집하고 연구한 독일의 민족학자 겸 민속학자 파울 함브루크는 1908년에 출간한 책 『남태평양 원정Südsee-Expedition』에 이제는 흔히 언급되는 나우루와 아나오에로의 어원을 적었다. 함브루크의 말에 따르면 아나오에로는 나우루어 a-nuau-a-ororo가 줄어든 형태로 해석해야 한다. 이것은 단순히 '나는 해변에 간다'는 뜻으로, 오늘날에도 그곳에서 자주 들을 수 있는 말이다. 함브루크는 섬의 최초 거주자들이 긴 항해 끝에 해변을 보고 이 말을 외쳤다는 설을 언급한다. 이 설에 의문을 품는 다른 나우루 학자들은 나우루어의 특징상 이 설명은 맞지 않는다고 주장한다.

하지만 나우루 같은 섬에서 '나는 해변에 간다' 같은 표현이 나라 이름이 된다는 것은 충분히 납득이 가는 일이다. 사람들은 어쨌건 해변에 가서 고기를 잡고, 헤엄을 치며 놀고, 사람을 만나는 등 인생의 많은 부분을 해변에 의존하기 때문이다.

하지만 안타깝게도 그 후 몇 세기 동안 이들의 낙원 같은 생활이 매우 파국적인 방식으로 끝나면서 이국적 이름들에 어두운 아이러니가 담기게 된다. 세계화 과정의 익숙한 이야기다. 유럽 교역자들이 알코올, 담배, 총을 들여오면서 원주민들의 삶이 악화되었고, 평화롭게 공존하던 부족들이 술에 추동되어 수십 년간 내전을 치른 것이다.

그런데 1898년에 이 섬을 병합한 독일은 이곳이 수백 년 동안 침출된 구아노, 즉 새똥 덕에 비료로 가치가 높은 인燐이 막대하게 매장되어 있다는 사실을 발견했다. 그 뒤로 오스트레일리아, 뉴질랜드, 영국, 일본이 수십 년 동안 이곳을 점령하고 채굴하면서 그림 같은 풍경은 파괴되고 나우루의 삶은 완전히 망가졌다.

그로부터 80년 후인 1968년, 나우루는 마침내 독립을 얻고 일 년 뒤 영연방에 가입했다. 얼마간은 (새똥 덕분에) 상황이 낙관적이었고 이들은 GDP 기준으로 세계 최고 수준의 부국이 되었지만, 그렇다고 딱히 나우루인의 생활수준이 향상되지는 않았다. 그러다가 소중한 인 매장량이 바닥나고, 경제정책이 거듭 실패하고, 목가적이었던 풍경이 개발의 상처 아래 망가지자 상황은 다시 급격하게 악화되었다. 오늘날 나우루의 하얀 해변은 여전히 아름답지만 불과 두 세기 전 펀 선장이 본 쾌적한 섬과는 완전히 달라져버렸다.

파푸아뉴기니

Papua New Guinea

Pepuah Ghinawen

탄 얼굴과 부스스한 곱슬머리

세계에서 가장 작은 섬나라에서 넓디넓은 남태평양을 정서쪽으로 2400킬로미터 갔다가 남쪽으로 방향을 틀어 비스마르크해로 들어가면, 세계에서 세 번째로 큰 섬나라인 파푸아뉴기니독립국이 있다. PNG라는 약칭으로 자주 불리는 이 나라는 뉴기니섬의 동쪽 절반과 주변 섬들을 영토로 한다(뉴기니섬의 나머지 절반은 인도네시아에 속한다). 뉴기니섬은 세계에서 두 번째로 큰 섬으로, 파푸아뉴기니의 '뉴기니' 부분이 어디서 왔는지 알려준다.

하지만 본격적으로 어원 탐구에 들어가기 전에 이미 아프리카 여행에서 '파푸아뉴기니Papua New Guinea'라는 이름의 의미를 상당 부분 파악했다는 걸 떠올려보자. 특히 '기니' 부분이 그렇다. 이것은 15세기 서아프리카에 처음 온 포르투갈 탐험가들에게서 유래한 말이다. 그들은 세네갈강 이남의 아프리카인들을 뭉뚱그려 '기네Guiné'라고 불렀다. 기네의 어원은 아직 논쟁의 대상이지만, 기니 3국 편에서 말했듯 베르베르어파의 투아레그어 Ghinawen에서 왔다는 설이 널리 알려져 있다. 포르투갈인이 검은 피부의 토착민을 처음 보고 붙인 이름이라는 것이다.

그러면 포르투갈인들이 서아프리카 지역에 붙인 이름이 어떻게 지구 반대편 섬까지 왔을까? 이 수수께끼의 답은 스페인 탐험가 이니고 오르티스 데 레테스에게 있다. 1545년, 그는 이 크고 이국적인 섬에 상륙해 '뉴기니'라는 이름을 붙였다. 섬의 토착민이 그가 전에 탐험했던 서아프리카의 기니국들을 상기시켰기 때문이다.

이때 뉴기니섬에는 현대적인 국경이 없었고, 오르티스 데 레테스가 섬 전체에 붙인 뉴기니라는 이름은 이곳이 두 나라로 쪼개져 각기 다른 이름을 갖게 된 후에도 유지되었다. 이런 이야기를 읽으면 그가 유럽인 최초로 이곳에 왔고, 뉴기니라는 이름을 붙여 스페인 왕령으로 선언했을 거라 짐작하게 되지만 사실 그렇지 않다. 실제로 포르투갈 모험가들은 이미 그보다도 20년 전부터 그 바다를 드나들면서 그곳에 '파푸안제도'라는 이름을 붙였다.

그러니까 이미 1526년에 포르투갈 탐험가 돈 호르헤 데 메네세스가 유럽인 최초로 오늘날의 PNG 제도를 보고, 머리가 부스스한 이들의 나라라는 뜻의 '일랴스 도스 파푸아스Ilhas dos Papuas'라는 이름을 붙였다. 이는 파푸안제도의 포르투갈어 이름인데, 아마도 토착 멜라네시아인들의 특이한 머리가 깊은 인상을 준 모양이다. 문자 그대로의 명명이 아닐 수 없다!

하지만 이 정의는 확실하지 않고 어원도 논란의 대상이다. 정의에 따르면 Papua는 말레이어로 곱슬머리를 뜻하는 pepua에서 왔다. 이 설 덕분에 Papua는 더 넓게 퍼졌고, 현대에 와서 Papuan(Papouasie, Papounésie 같은 변이형도 있다)은 뉴칼레도니아 같은 다른 태평양 섬들의 머리가 부스스한 주민을 가리키게 되었다. 보통 멸칭으로 여겨지기는 한다.

이 못지않게 흥미로운 설은 이웃한 인도네시아의 작은 섬나라였던 티도레 술탄국을 기원으로 꼽는다. 티도레 술탄은 유럽인이 이 지역을 알기 한참 전에 뉴기니섬(당시 이름은 달랐다)의 몇몇 지역을 정복하고, 각각 '코라노 응가루하Korano Ngaruha' '파포 우아 감시오Papo Ua Gamsio' '마포르 소아 라하Mafor Soa Raha'라는 이름을 붙였다. 그리고 이것들을 한꺼번에 가리키는 말로, 결합한다는 뜻의 papo와 부정不正을 뜻하는 ua를 합쳐 Papua라는 단어를 만들었다. Papua는 다소 희한하게도 '통합되지 않은'이라는 뜻인데, 술탄은 이 명명으로 멀리 떨어진 이 지역이 티도레 본국과는 별개임을 나타냈다.

지금까지 파푸아뉴기니 국명의 모든 구성 요소를 살펴보았으니 이제 남은 질문은 이것들이 어떻게 결합했는가, 그리고 이 섬이 어떻게 분리되어 오늘날의 파푸아뉴기니가 태어났는가 하는 것이다. 여기에도 전형적으로 유럽의 식민지 건설을 둘러싼 복잡한 이야기가 들어온다.

1828년에 네덜란드는 이 섬의 서쪽 절반을 장악하고 '네덜란드령뉴기니'라 명명했다. 1884년에는 독일이 북동쪽 지역을 차지한 뒤 '독일령뉴기니'라는 이름을 붙였고, 같은 해에 영국이 따라와서 남아 있는 남동쪽 지역을 영국 보호령으로 삼다가 1888년에 인근 섬들과 통합해 '영국령뉴기니'를 만들었다. 그러다 1906년이 되자 영국은 이 지역의 정식 통치권을 오스트레일리아에 넘겨주었고, 이 지역은 '파푸아 준주'가 되었다.

파푸아뉴기니어의 다채로운 언어

파푸아뉴기니는 세계에서 언어가 가장 다양한 나라다. 파푸아뉴기니는 독립할 때 세 개의 언어를 공식 언어로 지정했다. 영어, 톡 피신(크리올어), 히리 모투(오스트로네시아 모투어의 간략 버전)가 그것이고 2015년에는 여기에 수어를 추가했다. 하지만 인구가 900만인 이 나라에는 알려진 토착어만 850개가량이라고 추정된다. 이 말들은 대개 바깥 세계는 물론이고 서로와도 거의 접촉이 없는 고립된 부족들이 사용한다.

가장 오래된 파푸아어들은 4만 년 전에 살았던 최초의 거주자들에게서 비롯되었다. 여기에는 서로 공통된 뿌리가 없으며 수십, 수백 개의 언어가 수만 년 동안 제각각 독립적으로 발달했다. 그러다 3500년쯤 전 오스트로네시아어에 토대한 새로운 파푸아어들이 나타났다. 이 언어들은 한 개의 대만어에서 온 것으로 추정된다. 그런 뒤 마지막으로 19세기에 포르투갈인, 스페인인, 영국인, 네덜란드인, 독일인과 함께 그들의 언어와 변형들이 왔다. 그 결과 만들어진 풍성하고 진한 언어의 수프는 다양한 인종이 합해져 태어났지만 각자의 역사와 정체성을 잃지 않은 한 나라의 이야기를 전한다. 그것이 말의 힘이다.

1914년에 제1차세계대전이 발발하자 오스트레일리아 군대가 독일령뉴기니를 점령했고, 1920년에는 '뉴기니 준주'라 새로이 명명된 이 지역을 다스리라는 국제연맹의 지시에 따라 영국 정부가 오스트레일리아 연방을 대리해 개입했다. 그러다 제2차세계대전이 벌어지던 1941년에는 일본이 뉴기니 준주를 점령했다. 이후 1945년에 일본이 항복하자 두 지역의 행정권을 가지게 된 오스트레일리아는 파푸아뉴기니 임시 행정법을 통과시키고 파푸아와 뉴기니를 하나의 행정 연합으로 통합해 '파푸아뉴기니'라는 나라로 만들었다. 그 후 원주민들이 UN에 호소해 파푸아뉴기니는 1975년 9월 16일에 영연방의 일원으로 독립하게 되었고, 파푸아뉴기니라는 이름에 얽힌 긴 이야기도 막을 내렸다.

지은이

덩컨 매든Duncan Madden

세계를 탐험하며 글쓰기를 좋아하는 여행 작가. 세계 방방곡곡을 여행하며 각 지역에 얽힌 재미난 어원들을 조사하고 수집해왔다. 지난 20년간의 경험을 바탕으로《선데이 타임스 트래블》부터《론리 플래닛》에 이르기까지 수많은 국제 신문, 잡지, 웹 사이트에 글을 기고해왔다. 지금도 지구 곳곳을 방문하며 쓴 다양한 종류의 글을《포브스》에 연재 중이다. 2017년에는 전문 여행 협회AITO에서 선정한 올해의 여행 작가상 최종 후보였다.

서문

레비슨 우드Levison Wood

열 권의 책을 쓴 베스트셀러 작가이자 저명한 사진작가이자 탐험가. 노팅엄대학교에서 역사학 명예 박사 학위를 받았다. 우드는 100개가 넘는 나라를 여행하고 탐험하며 자연스레 방대한 경험과 지식을 터득했다. 영국 낙하산 연대에서 수년간 장교로 복무했으며 왕립지리학회와 탐험가 클럽의 회원으로 선출되기도 했다. 그의 여행 다큐멘터리 시리즈는 전 세계에 방영되어 비평가들의 호평을 받았다.

옮긴이

고정아

연세대학교 영어영문학과를 졸업한 뒤 번역가로 활동 중이다. 번역한 책으로는『전망 좋은 방』『하워즈 엔드』『순수의 시대』『오만과 편견』『천국의 작은 새』『컬러 퍼플』『몰타의 매』등의 문학작품과『옥스퍼드 오늘의 단어책』『히든 피겨스』『로켓 걸스』『정원의 쓸모』등의 인문 교양서와 아동서를 포함해 250여 권의 책을 우리말로 옮겼다. 2012년 유영번역상을 수상했다.

여행자의 어원 사전

이 세계를 열 배로 즐기는 법

펴낸날 초판 1쇄 2024년 6월 12일

지은이 덩컨 매든

서문 레비슨 우드

옮긴이 고정아

펴낸이 이주애, 홍영완

편집장 최혜리

편집1팀 김혜원, 양혜영, 문주영, 김하영

편집 박효주, 장종철, 한수정, 홍은비, 강민우, 이정미, 이소연

디자인 기조숙, 김주연, 윤소정, 박정원, 박소현

마케팅 김태윤, 정혜인, 김민준

홍보 백지혜, 김철, 김준영

해외기획 정미현

경영지원 박소현

펴낸곳 (주)윌북 출판등록 제2006-000017호

주소 10881 경기도 파주시 광인사길 217

홈페이지 willbookspub.com 전화 031-955-3777 팩스 031-955-3778

블로그 blog.naver.com/willbooks 포스트 post.naver.com/willbooks

트위터 @onwillbooks 인스타그램 @willbooks_pub

ISBN 979-11-5581-728-5 (03700)